MODERN HUMANITIES RESEARCH ASSOCIATION
EUROPEAN TRANSLATIONS
VOLUME 1
General Editor
ALISON FINCH

BÖECE DE CONFORT REMANIÉ

Edition critique par
Glynnis M. Cropp

BÖECE DE CONFORT REMANIÉ

Edition critique par
Glynnis M. Cropp

MODERN HUMANITIES RESEARCH ASSOCIATION
2011

Published by

The Modern Humanities Research Association,
1 Carlton House Terrace
London SW1Y 5AF

© The Modern Humanities Research Association, 2011

Glynnis M. Cropp has asserted her right under the Copyright, Designs and Patents Act 1988 to be identified as the author of this work.

Parts of this work may be reproduced as permitted under legal provisions for fair dealing (or fair use) for the purposes of research, private study, criticism, or review, or when a relevant collective licensing agreement is in place. All other reproduction requires the written permission of the copyright holder who may be contacted at rights@mhra.org.uk.

First published 2011

ISBN 978-0-947623-97-5

Copies may be ordered from www.translations.mhra.org.uk

AVANT-PROPOS

Cette édition représente encore une étape dans la publication des traductions françaises médiévales de la *Consolatio Philosophiae* de Boèce. Elle doit beaucoup à l'édition, publiée par Marcel Noest, du *Böece de Confort*, dont les mètres ont été remaniés et unis ici à une nouvelle traduction des proses.

C'est un grand plaisir pour moi d'exprimer ma reconnaissance aux institutions et aux collègues qui m'ont aidée dans la préparation de cette édition.

En premier lieu, ma gratitude va à la Bibliothèque nationale du Pays de Galles (National Library of Wales), Aberystwyth, et aux conservateurs, Monsieur Dafydd Ivans et Monsieur le Dr Maredudd ap Huw, qui ont mis à ma disposition le seul manuscrit connu de cette traduction.

Je suis très reconnaissante à mon collègue australien, Keith Atkinson, qui m'a fait bénéficier de ses connaissances à des moments différents et qui a lu mon édition du texte. Je suis également reconnaissante à Monsieur Gilles Roques de ses conseils précieux sur la langue du XVe siècle.

Je tiens aussi à remercier de leur soutien la Bibliothèque universitaire et mes collègues, School of Language Studies, Massey University, Palmerston North, Nouvelle-Zélande, où j'ai mené à bien ce travail.

C'est un privilège de voir cette traduction inaugurer la nouvelle série MHRA European Translations. Je tiens à remercier Monsieur Gerard Lowe qui s'est chargé de la publication.

Glynnis M. Cropp

INTRODUCTION

L'Identité et la Genèse de la Traduction

La *Consolatio Philosophiae* de Boèce (mis à mort vers 525) s'est prêtée au Moyen Age à un nombre important de traductions en langues vernaculaires, et notamment en français.[1] Il s'agit ici d'une traduction anonyme, en vers et en prose, du XVe siècle, contenue dans un seul manuscrit connu: Aberystwyth, National Library of Wales, 5038D.[2]

Les mètres se composent d'une version quelque peu remaniée des mètres de la traduction *Böece de Confort*, qui date d'environ 1380.[3] Traduit par un dominicain anonyme, le *Böece de Confort* présente une révision totale du *Roman de Fortune et de Felicité sus Böece de Consolation* de Renaut de Louhans, lui aussi dominicain, qui a terminé son travail le 31 mars 1336 [1337] au monastère de Poligny dans le Jura.[4] Vu qu'il avait incorporé dans sa traduction quelque 165 vers de la traduction anonyme en vers et en prose, *Boeces: De Consolacion*, qui date d'environ 1320,[5] la traduction contenue dans le manuscrit

---

[1] Glynnis M. Cropp, 'The Medieval French Tradition', in *Boethius in the Middle Ages. Latin and Vernacular Traditions of the "Consolatio Philosophiae"*, éd. Maarten J. F. M. Hoenen et Lodi Nauta (Leiden: Brill, 1997), pp. 243–265; id., 'Boethius in Translation in Medieval Europe', in *Ein internationales Handbuch zur Übersetzungsforschung*, 2, éd. Harald Kittel et al. (Berlin: Walter de Gruyter, 2007), art. 141, pp. 1329–1338; id., 'Boethius in Medieval France: Translations of the *Consolatio Philosophiae* and Literary Influence', in *A Companion to Boethius in the Middle Ages*, éd. N. Harold Kaylor et Philip E. Phillips (Leiden: Brill, à paraître). Consulter aussi le site: <http://elec.enc.sorbonne.fr/miroir/boece/traduction>.

[2] Richard A. Dwyer, 'Another Boèce', *Romance Philology*, 19 (1965), 268–270; id., *Boethian Fictions. Narratives in the Medieval French Versions of the Consolatio Philosophiae* (Cambridge, MA: Mediaeval Academy of America, 1976), p. 16; Glynnis M. Cropp, 'The Medieval French Translation of the *Consolatio Philosophiae* in National Library of Wales Manuscript 5038D. Prose Style and Translation of Boethian Concepts', in *Medieval Codicology, Iconography, Literature and Translation. Studies for Keith Val Sinclair*, éd. Peter Rolfe Monks et D. D. R. Owen (Leiden: Brill, 1994), pp. 333–342.

[3] Marcel M. Noest, éd., 'A Critical Edition of a Late Fourteenth-Century French Verse Translation of Boethius' *De Consolatione Philosophiae*: The *Böece de Confort*', *Carmina Philosophiae. Journal of the International Boethius Society*, 8–9 (1999–2000), v-xviii, 1–331; 11 (2002), 9–15 (notes de l'Introduction).

[4] Béatrice Atherton, 'Edition critique de la version longue du *Roman de Fortune et de Felicité* de Renaut de Louhans, traduction en vers de la *Consolatio Philosophiae* de Boèce' (thèse de PhD., University of Queensland, 1994).

[5] *Boeces: De Consolacion. Edition critique d'après le manuscrit, Paris, Bibl. Nationale, fr. 1096, avec Introduction, Variantes, Notes et Glossaires*, éd. J. Keith

5038D, un des derniers exemples de la tradition française médiévale de la *Consolatio Philosophiae*, a un lignage des plus complexes.

Mais si les mètres dérivent d'une série de traductions antérieures, les proses constituent une nouvelle traduction. On y relève de temps en temps quelques correspondances lexicales avec le *Böece de Confort* ainsi que des traces d'une influence possible du *Livres de Confort* de Jean de Meun (vers 1300),[6] sans pouvoir déterminer des emprunts précis. Le traducteur a, semble-t-il, voulu livrer à un public cultivé du XVe siècle une nouvelle version de la pensée de Boèce, bref une réécriture de la *Consolatio Philosophiae*.

Description du Manuscrit

Sur papier mesurant 295×210 mm., le texte a été écrit en encre noire et aux initiales rouges et bleues par une seule main, dans une écriture cursive typiquement du XVe siècle. De l'encre brune a été employée pour gloser ou modifier le texte. Le papier a le filigrane d'une licorne, proche de Briquet 10 019, attesté 1459–1463.[7] Aujourd'hui le manuscrit a deux feuillets de garde et 72 feuillets, avec une foliotation moderne en chiffres arabes. La justification est de 195×125 mm. avec 36 lignes par page; les piqûres sont visibles. Espacé pour correspondre aux vers de la traduction, le texte latin accompagne les mètres, dans une colonne de droite. Le manuscrit a reçu une nouvelle reliure en 1848; c'est peut-être à ce moment-là que les feuillets perdus se sont égarés. Il manque au manuscrit le titre, le prologue, s'il y en avait un à l'origine, et les douze premiers vers du livre I, mètre i. Entre les feuillets 22 et 23 il manque sept feuillets contenant le texte entre le livre II, prose 8 et le livre III, prose 5, §13, et entre les feuillets 37 et 38, il manque encore un feuillet contenant le texte à partir du livre IV, prose 1, §5 jusqu'aux quinze derniers vers du premier mètre.

Le manuscrit porte aux feuillets de garde plusieurs inscriptions désignant des possesseurs antérieurs. Il avait appartenu à Monsieur

---

Atkinson (Tübingen: Niemeyer, 1996). Voir aussi J. Keith Atkinson et Glynnis M. Cropp, 'Trois Traductions de la *Consolatio Philosophiae* de Boèce', *Romania*, 106 (1985), 198–232.

[6] V. L. Dedeck-Héry, éd., 'Boethius' *De Consolatione* by Jean de Meun', *Mediaeval Studies*, 14 (1952), 165–275.

[7] Charles-Moïse Briquet, *Les Filigranes, dictionnaire des marques de papier dès leur apparition vers 1282 jusqu'en 1600*, 4 vols (Paris: A. Picard, Genève: A. Julien, 1907).

de Bertheaume qui, d'après l'inscription écrite par une main du XVIIe ou du XVIIIe siècle, l'avait reçu d'un Jésuite nommé Caspalan:

> Monsieur de Bertheaume
> De la Part de Son Tres humble
> Et tres obeissant Serviteur
> Caspalan
> De la Compagnie de Jesus. (f. ii^v)

Le manuscrit se trouvait dans la bibliothèque de sir Thomas Phillipps (1792–1872), où il portait la cote '4405 Ph' que l'on lit entre la première et la deuxième ligne de la dédicace à Monsieur de Bertheaume, écrite d'une main différente. Dans le catalogue des manuscrits de Phillipps on trouve l'indication: 'source Royez'. Vers 1823 Phillipps a obtenu de nombreux manuscrits du libraire Royez, 7 rue du Pont de Lodi, Paris, et parmi d'autres les manuscrits catalogués nos. 4364–4414.[8]

Ensuite le manuscrit a appartenu à l'auteur et médiéviste F. W. Bourdillon (1852–1921), dont l'ex-libris armorié, avec la cote 'Bdn 557', se trouve au plat intérieur. Son nom n'apparaît pas dans les listes, assurément sélectionnées, des visiteurs distingués ou érudits accueillis à la bibliothèque de Phillipps à Middle Hill pendant les années de la dispersion de la bibliothèque. Entre 1886 et 1914, 1916–38 des ventes ont eu lieu surtout chez Sothebys à Londres.[9] A part ses œuvres poétiques, Bourdillon est surtout connu pour ses éditions d'*Aucassin et Nicolette*, dont la première date de 1887 et l'édition définitive de 1919.[10] Dans l'Introduction Bourdillon fait la comparaison entre la forme en vers et en prose d'*Aucassin et Nicolette* et celle de la *Consolatio Philosophiae* de Boèce.[11] Le manuscrit a été acquis par la National Library of Wales en 1922.

---

[8] *Catalogus Librorum Manuscriptorum in Bibliotheca Phillippica*. Voir A. N. L. Munby, *Catalogues of Manuscripts and Printed Books of Sir Thomas Phillipps: their composition and distribution*, Phillipps Studies, 1 (Cambridge University Press, 1951), p. 3; *The Formation of the Phillipps Library up to the Year 1840*, Phillipps Studies, 3 (Cambridge University Press, 1954), p. 21, et Appendice A, p. 156.

[9] A. N. L. Munby, *The Dispersal of the Phillipps Library*, Phillipps Studies, 5 (Cambridge University Press, 1960), chapitres IV et V, notamment pp. 53, 66–67.

[10] Manchester University Press, 1919, repr. 1930.

[11] Ibid., p. xiii.

L'Auteur

Plusieurs inscriptions au recto du feuillet de garde (f. i) et au f. 1^r attribuent la traduction à Jean de Meun: 'Jean de Meun / Translation / de / Boece / sur la / consolation / de la / Philosophie' (f. i^r); et avec de plus amples détails:

> Jean Clopinel, surnommé de Meung parce qu'il etoit de Meung, ville de l'Orleanois, et parce qu'il etoit bon clerc, excellent poëte de son tems, de l'ordre de St Dominique, qui 40 ans apres la mort de Guillaume de Loris arrieres en 1260, auoit continuë le Romand de la Rose commencé par Loris, dédia a Philipe le Bel la traduction de la Consolation par Böece. Descript de la science d[e] par Piganiol de la Force. Tom .V. pag. 196 et 198.[12] (f. 1^r, marge droite)

Une autre inscription attribue la traduction à Alain Chartier (1385-1430):

> La Consolation de la Philosophie par Boece en latin et en français. La translation du français faite par Alain Chartier, Secretaire du Roy en l'an 1432. (f. 1^r, marge supérieure)

Mais tous les mots suivant 'faite par' (l. 2) ont été rayés, et le nom de 'Jean de Meun' a été écrit au-dessous de 'Alain Chartier' entre les deux lignes. Nous avons déjà étudié et éliminé la possibilité de ces attributions en comparant le style des proses de cette traduction au style de Jean de Meun dans *Li Livres de Confort* et à celui d'Alain Chartier dans son *Livre de l'Espérance* (1428), traité qui reflète son appréciation de la pensée et de la forme de la *Consolatio Philosophiae*.[13] Mais, en fin de compte le style et le lexique des proses se différencient de ceux de ces deux auteurs. Le traducteur anonyme emploie un lexique caractéristique de la langue des traducteurs contemporains. Il comprend et exprime d'une façon cohérente des notions complexes, mais sans trop insister sur le côté didactique, atteignant ainsi un style moins dense, plus ouvert que celui de Jean de Meun, mais qui suit parfois de près la syntaxe latine de la *Consolatio Philosophiae*.

---

[12] Jean-Aimard Piganiol de la Force (1673–1753), auteur de plusieurs ouvrages et précepteur pendant près de quarante ans des pages du comte de Toulouse, a publié surtout la *Description historique et géographique de la France*, 5 vols (Paris: Legras, 1715), 15 vols (1751–53).

[13] Cropp, 'The Medieval French Translation … Manuscript 5038D', pp. 333–342.

Introduction

L'Etablissement du Texte

Le texte du manuscrit de base a été conservé aussi intégralement que possible. Les leçons rejetées sont indiquées dans l'apparat critique. Les rubriques et les gloses marginales sont imprimées en italique, et les initiales en gras; le texte latin des mètres n'a pas été reproduit. Les gloses apparaissent comme notes en bas de la page. La division en livres, mètres et proses appartient à la tradition de la *Consolatio Philosophiae*. Les livres sont indiqués en chiffres romains majuscules, les mètres en chiffres romains minuscules, les proses en chiffres arabes. La division en paragraphes et la numérotation des sections des proses correspondent à celles de l'édition latine de Bieler.[14] La ponctuation, la séparation des mots, et l'emploi des majuscules pour certains noms sont les nôtres. Faute d'un manuscrit de contrôle, nous avons retenu certaines leçons qui risquent de sembler curieuses ou aberrantes, même si elles sont intelligibles.[15]

En transcrivant le texte, nous avons suivi les conseils de M. Roques, repris par A. Foulet et M. B. Speer, et récemment mis à jour par P. Bourgain et F. Vielliard,[16] surtout en ce qui concerne les accents, la cédille et la résolution de *i* et *u* consonantiques en *j* et *v*. Dans le cas du verbe *pouoir*, nous avons adopté les indications de O. Jodogne.[17] Le manuscrit a un léger flottement entre *c* et *t*, *u* et *n*. Nous avons résolu toutes les abréviations, en tenant compte des formes écrites en toutes lettres et en sachant que l'orthographe du copiste n'est pas toujours constante.

L'emploi du tréma nous a créé certains problèmes, surtout parce que le texte est en vers et en prose. Nous avons suivi en général

---

[14] *Anicii Manlii Severini Boethii Philosophiae Consolatio*, éd. L. Bieler, Corpus Christianorum, Series Latina, 94 (Turnhout: Brepols, 1957).

[15] Par exemple, au livre II, 2, 10, 'le jour de nostre jeu', correspondant à 'ludicri mei ratio' (éd. Bieler, p. 20, l. 28) que Jean de Meun, presque seul parmi les traducteurs, a traduit exactement: 'la raison de mon jeu' (éd. Dedeck-Héry, p. 189, l. 34).

[16] M. Roques, 'Establissement de règles pratiques pour l'édition des anciens textes français et provençaux. Société des anciens textes français, Compte rendu de la séance tenue à Paris les 18 et 19 octobre 1925', *Romania*, 52 (1926), 242–256; A. Foulet et M. Blakely Speer, *On Editing Old French Texts* (Lawrence: Regents Press of Kansas, 1979); P. Bourgain et F. Vielliard, *Conseils pour l'Edition des textes médiévaux, Fascicule III, Textes littéraires* (Paris: Ed. du CTHS, Ecole nationale des chartes, 2002).

[17] O. Jodogne, '*povoir* ou *pouoir*? Le cas phonétique de l'ancien verbe *pouoir*', *Travaux de linguistique et de littérature*, 4.1 (Strasbourg: Klincksieck, 1966), 257–266; C. Marchello-Nizia, *La Langue française aux XIVe et XVe siècles* (Paris: Nathan, 1997), pp. 277–78.

les principes énoncés par A. Foulet et M. B. Speer, à savoir que le tréma indique dans un vers qu'un *e* muet n'est pas élidé devant une voyelle qui le suit et dans un mot que deux (ou trois) voyelles d'origine étymologique distincte qui se suivent ne constituent pas un diphtongue (ou triphtongue). Dans les proses nous avons utilisé le tréma d'une façon modérée, surtout pour clarifier les cas où sans tréma une graphie pourrait se faire mal comprendre. On constatera parfois une différence de graphie entre les proses et les mètres (par exemple, les formes du verbe *müer*). La réduction de l'hiatus est en état de changement; par exemple, au livre IV, vi, 17–18 les infinitifs *chëoir* et *vëoir*, placés à la rime, sont dissyllabiques, tandis qu'à la rime au livre IV, vii, 365, le verbe *cheoir* est monosyllabique. Le traducteur disposait ainsi d'une 'facilité rythmique' utile.[18]

Le copiste a employé les terminaisons *-es* et *-ez* sans distinguer leur position accentuée ou non accentuée. Pour faciliter aujourd'hui la lecture et la compréhension du texte, il a fallu ajouter un accent aigu aux emplois accentués des deux graphies, pour les distinguer à la fois des pluriels et de la deuxième personne au singulier de certaines formes verbales. Par exemple, il faut lire *gouvernez* (I, v, 87) comme deuxième personne au singulier de l'impératif, suivant deux impératifs au singulier sans *-s* ou *-z* (vv. 85, 86); *merveillez* (II, i, 23), substantif féminin au pluriel, rime avec *veilles*. Les terminaisons *-ee*, *-ees*, *-eez* sont toujours considérées comme toniques. L'adverbe *tres/trez* et la préposition *pres/prez* n'ont pas d'accent, ce qui sert à distinguer la préposition du substantif *prés/préz*, 'pré'. Nous suivons ainsi les conseils généraux de M. Roques concernant l'emploi de l'accent aigu.[19]

Les Rubriques et les Gloses

Les rubriques initiales, accompagnées de lemmata, constituent une espèce d'intervention éditoriale de la part du traducteur ou du copiste, et servent à la fois à orienter les lecteurs et à marquer la division entre mètres et proses. Copiées dans la marge et d'une main plus serrée, les gloses n'accompagnant que quatre passages du texte: au livre I, pr. 1, m. iii, pr. 5, et au livre III, m. xii. Pour expliquer le texte, le remanieur a tiré parti d'une façon sélective d'une des rédactions

---

[18] Marchello-Nizia, *La Langue française*, p. 71.
[19] 'Etablissement de règles', p. 244.

du commentaire latin de Guillaume de Conches.[20] R. A. Dwyer avait constaté que les gloses dérivent d'une version du commentaire de Nicolas Trevet;[21] sans trancher, J. K. Atkinson a suggéré aussi la possibilité d'un emprunt aux *Glosae* de Guillaume de Conches.[22] Une comparaison, surtout de la glose accompagnant le livre III, m. xii, montre que, suivant le précédent du glossateur du *Livre de Boece de Consolacion*,[23] le remanieur a puisé son matériel explicatif dans une des versions du commentaire de Guillaume de Conches.[24] Néanmoins, son but était moins didactique, car en général le texte se comprend seul, sans explication supplémentaire. Le remanieur a en effet omis certaines explications intégrées dans le *Böece de Confort*; par exemple, au livre V, m. iv, 12-13, il s'est passé de la description de la Stoa (*Böece de Confort*, vv. 10431-34).

La Versification

Notre texte suit de près la prosodie du *Böece de Confort* qui ne s'écarte pas trop de celle du *Roman de Fortune et de Felicité*. Au livre I, les trois traductions ont une versification assez complexe. Dans le *Böece de Confort remanié*, le premier mètre se constitue de huitains d'octosyllabes du type *abababab*, correspondant ainsi au métrique du *Böece de Confort* et du *Roman de Fortune et de Felicité*. Le deuxième mètre a des octosyllabes avec des rimes principalement du type *aab aab ccd ccd*, avec une certaine irrégularité au milieu du mètre (vv. 15-27), que l'on relève aussi dans le *Böece de Confort* (vv. 359-368); les dix-neuf derniers vers des deux versions retournent aux rimes du type *aab aab* etc. Dans le *Roman de Fortune et de Felicité* le mètre ii comprend six douzains d'octosyllabes du type *aab aab bba bba*. Les mètres iii-vii du *Böece de Confort remanié* et du *Böece de Confort* ont des huitains d'octosyllabes du type *abababab*, où les rimes masculines et féminines alternent. A partir du livre II, les mètres des trois traductions ont des octosyllabes à rimes plates. Dans

---

[20] *Guillelmi de Conchis. Glosae super Boetium*, éd. Lodi Nauta, Corpus Christianorum, Continuatio Mediaeualis, 158 (Turnhout: Brepols, 1999).

[21] 'Another Boèce', p. 270.

[22] *L' "Orphée" de Boèce au Moyen Age. Traductions françaises et commentaires latins (XII*ᵉ*-XV*ᵉ *siècles)*, éd. J. Keith Atkinson et Anna Maria Babbi, Medioevi, Testi 2 (Verona: Edizioni Fiorini, 2000), pp. 119-120.

[23] Ed. Glynnis M. Cropp, Textes littéraires français, 580 (Genève: Droz, 2006), pp. 13-15, 18-19.

[24] Voir les Annexes 3 et 4.

le Prologue 2 du *Roman de Fortune et de Felicité*, au début du livre II, Renaut de Louhans justifie son passage des huitains d'octosyllabes aux rimes plates par son désir de donner la primauté au sens:

> Car quant la rime est plus legiere
> La sentencë est plus entiere
> Et baillee plus clerement;
> Pour ce vueil rimer autrement.[25]

Il a été suggéré que Renaut de Louhans avait modifié la forme métrique pour pouvoir y intégrer plus facilement les vers qu'il empruntait à la traduction antérieure, *Boeces: De Consolacion*.[26] L'auteur du *Böece de Confort*, lui aussi, a inséré entre les livres I et II un épilogue concernant le métrique:

> Ci fine le livre premier
> Qu'ay voulu en rimes croisier,
> Lequel contient en toutes choses
> .vii. mectres et avec .vi. proses;
> Les .iiii. autres feray en rimes
> Ou consonnans ou leonimes.[27]

En général, l'octosyllabe régulier est respecté et le compte des syllabes est juste, à de rares exceptions près (p. ex. III, viii, 4; IV, vi, 22). Les rimes sont variées et en general régulières. Les rimes féminines et les rimes masculines n'alternent pas régulièrement.

Etude linguistique

Pour l'essentiel le manuscrit présente les caractéristiques générales de la langue française du XVe siècle. On ne constate pas de grandes différences entre la langue des mètres et celle des proses.

La traduction dont dérivent les mètres, le *Böece de Confort*, comporte certaines caractéristiques picardes.[28] De même, nous avons relevé dans le *Böece de Confort remanié* des traits picards, mais non pas forcément les mêmes que Noest a signalés. Citons les traits qui apparaissent, d'ailleurs sporadiquement:

---

[25] Ed. Atherton, p. 68, vv. 1599–1602.
[26] Atkinson et Cropp, 'Trois Traductions …', pp. 205–09.
[27] Ed. Noest, p. 46, vv. 1549–1554.
[28] Ed. Noest, pp. xvii–xviii.

INTRODUCTION

- *c + e, i > ch*: *traches* (I, 3, 8), *courouchier* (I, iv, 16), *ochire* (I, 4, 36), *menaches* (II, 1, 15), *chinq* (III, 9, 27)[29]

- alternance de *o/oi*: *glore* (II, 3, 8), *memore* (I, 2, 6; I, 4, 32)[30]

- alternance de *ar/er*: la rime *armes*: *lermes* (III, xii, 77–78). L'alternance n'est pas régulière. Au livre IV, m. iii, on relève la rime imparfaite *herbes*: *chermes* (vv. 9–10), ainsi que la rime *charmez*: *armes* (vv. 55–56), et au début du vers *par ses chermes* (v. 48), et *charme* (v. 67)[31]

- yod + *-ata > ie*, surtout dans les participes passés: *blechie* (I, 1, 10), *chargie* (rime picarde: *clergie*, I, ii, 33, 37)[32]

- alternance de *ai/ei*, surtout dans *solail* / *soleil* (I, ii, 12; I, iii, 4; I, iii, 12, gl. note 7; I, v, 11, 21, 25, 32); *naige* (II, 2, 8), *neige* (IV, v, 39)[33]

- alternance de *-age* / *-aige*: par exemple dans les rimes *courage*: *usaige* (III, v, 3–4), *langaiges*: *umbrages* (III, xii, 51–52), et ailleurs: *saiges* (I, 4, 25)[34]

- hésitation entre les graphies *c* / *ch*: par exemple *pourchacer* (I, 4, 28) et *pourcache* (IV, vii, 413). Notons aussi la rime: *essaucié*: *cachié* (I, v, 74, 80)[35]

- quelques occurrences isolées de *le*, employé comme article défini ou pronom objet direct, dans un contexte où on attend *la*: I, vii, 13; II, 1, 17; III, 9, rub.; III, xii, 36; IV, 1, 3; IV, 3, 14; IV, 6, 35; IV, 7, 17.[36]

Ces tendances représentent sans doute des traces d'un copiste picard, soit de notre témoin, soit d'un texte qu'il a devant les yeux ou qu'un autre lui dicte.

D'autres graphies indiquent certaines tendances de la langue du XVe siècle, attestées pour la plupart dans le corpus du *Dictionnaire du Moyen Français*. A cet égard, Monsieur Gilles Roques nous a fourni

---

[29] Charles Théodore Gossen, *Grammaire de l'Ancien Picard* (Paris: Klincksieck, réimpr., 1976), pp. 91–99; Marchello-Nizia, *La Langue*, pp. 111–12.
[30] Gossen, *Grammaire*, pp. 52, §6, 2a; 82, §27, 3; Marchello-Nizia, *La Langue*, p. 81.
[31] Gossen, *Grammaire*, p. 50, §3; Marchello-Nizia, *La Langue*, pp. 89–91.
[32] Gossen, *Grammaire*, p. 55, §8; Marchello-Nizia, *La Langue*, p. 82.
[33] Gossen, *Grammaire*, p. 63.
[34] Ibid., p. 54, §2; Marchello-Nizia, *La Langue*, pp. 91–92.
[35] Gossen, *Grammaire*, pp. 91–99.
[36] Ibid., pp. 121–22, §63.

des références et des conseils très précieux, qui nous ont permis de situer de plus près les caractéristiques de la langue de ce témoin et de mettre en valeur les innovations lexicales.

1. - Vocalisme

• la graphie *ai* dans les formes du verbe *pouoir*, très fréquente dans l'Ouest mais qu'on peut rencontrer un peu partout, par exemple aux confins picardo-champenois (*pouair* I, iv, 23; I, 4, 28, 29; *pouaient* I, 5, 5; *pouait* V, 1, 9). Ainsi, *pouair* rime normalement avec *ardoir* (II, vi, 5–6)

• la graphie *ai* dans le futur de *savoir*, le radical ayant passé de -*a(u)*- à -*ai*-: *scairoyent* (I, 1, 8); c'est une forme qu'on rencontre quelquefois au XVe siècle

• la graphie *oi* au lieu de *e* ouvert est toujours courante en moyen français: *tonnoirre* (I, iv, 13), *ostoirent* (II, 6, 2), *espoirent* (IV, 2, 25)[37]

• *o* initial graphié *ou*: *prouffit* (I, vi, 24), *fourme* (III, 9, 1), et l'inverse: *tropeau* (III, xii, 14, gl. note 10). Notons la rime: *tonne / bourne* (IV, vi, 3–4)[38]

• *o* + nasale graphié *um*, *un*: *presumption* (I, 4, 41), *confundent* (II, 4, 22)

• les graphies -*es* et -*ez* peuvent être accentuées: *partés ... et le me laisséz* (I, 1, 11), *apréz, esmerveillés* (III, 8, 7), *beneuréz* (III, 8, 12), *scavéz* (rime avec *avés*, III, viii, 1–2), ou non accentuées, dénotant un pluriel: *lesquellez* (I, 1, 4), *Muses poetiquez* (I, 1, 7), *remedez* (I, 1, 8), *infructueusez espinez* (I, 1, 9), ou une terminaison adverbiale: *mesmez* (I, 1, 1), *jucquez, doncquez* (III, 8, 10).

2. - Consonantisme

• Le substantif *mer* rimant avec des infinitifs en -*er* semble manifester le maintien d'un -*r* final à l'infinitif: *en mer: enflammer* (II, ii, 3–4), *la mer: reveler* (IV, vi, 19–20)

---

[37] Ibid., pp. 66–67, §16.
[38] Dans le corpus du *DMF prouffit* est deux fois plus fréquent que *proffit, fourme* est presque deux fois moins fréquent que *forme*, et le type *trop(p)*- est beaucoup plus fréquent que *trou(p)*- jusqu'à la fin du XVe siècle.

INTRODUCTION

• La réduplication assez fréquente des consonnes, surtout de *l*, *p*, et *r*: *intollerable* (II, 1, 3), *deppartir* (II, 1, 8), *conclurre* (II, 6, 15)

• L'emploi du graphème *sc-* pour noter *s-* (un trait représenté au Nord), affectant surtout le verbe *s(c)avoir*: *scait* (I, ii, 32), *sceust* (I, iv, 24), *sceu* (I, 4, 27), *scavons* (II, 4, 29)

• La vocalisation de *l* affecte surtout la préposition *en*: *eu livre* (III, 9, 32)

• Des graphies latinisantes de type étymologique, très fréquentes au XVe siècle: *deubz* (IV, 5, 4), *escripvoye* (I, 1, 1), *neantmoins* (II, 5, 31), *subgectz* (I, 5, 4)

• Des graphies conservatrices avec *-l-*: *meult* (V, 6, 13), *olt* (II, 2, 12),[39] *peult* (I, vii, 23, 55),[40] *veult* (I, vii, 53)[41]

• La graphie d'un *-g* final: *ung petit* (I, 1, 7), *ung homme* (I, 1, 10)

• La préférence pour certaines graphies/formes savantes: *floibesse* (I, iii, 16; IV, 2, 3, mais dans la même phrase on relève aussi *fieble*).[42] La métathèse affecte aussi *fable* / *flabe*: *fables* (III, xii, 12), *flabes* (III, 12, 24)

• A l'initiale un *h* non étymologique apparaît parfois: *habandonnee* (IV, 3, 17), mais on relève aussi l'absence de *h* à l'initiale: *abilités* (III, viii, 7); l'usage est typiquement flottant.

3. - Morphologie et Syntaxe

• Formes des démonstratifs avec *i-*, caractéristiques de la langue littéraire de l'Ile-de-France et de la langue juridique, apparaissent

---

[39] Dans le corpus du *DMF*, cette forme ne se lit que chez Olivier de la Marche (1425–1502), où on en a relevé douze exemples. Il compléta ses *Mémoires* vers 1490.

[40] Dans le corpus du *DMF*, cette forme est près de trois fois moins fréquente que *peut*.

[41] Dans le corpus du *DMF*, cette forme est près de dix fois plus fréquente que *veut*.

[42] La forme *floibesse*, très rare en moyen français, fait défaut dans le corpus du *DMF*, où la forme *foiblesse* est assez fréquente. On lit cependant *floibesse* dans *La Vie et les Epistres. Pierre Abaelart et Heloys sa fame. Traduction du XIIIe siècle attribuée à Jean de Meun*, éd. Eric Hicks (Paris-Genève: Champion-Slatkine, 1991), p. 69, l. 286 et p. 157, l. 63, où le mot traduit les termes latins *imbecillitatem* et *debilitatis* respectivement. Cf. F. Villon, *Le Testament Villon*, I, Texte, éd. J. Rychner et A. Henry (Genève: Droz, 1974), v. 905, variante du manuscrit de Stockholm.

fréquemment: *icelle vesteure* (I, 1, 5), *icelui pris* (IV, 3, 2), *d'iceulx maulx* (V, 3, 32)

• Certains adjectifs épicènes apparaissent: *royal majesté* (I, 4, 32), *grant reverence* (I, 4, 40), *quel mauvaistié* (I, 4, 41), *parolez ... plaisans* (II, 3, 2), *majesté grant* (IV, ii, 5), mais l'usage est flottant: *grande et principale cause ... de grant admiracion* (IV, 1, 3)

• Le pronom personnel *ilz* s'emploie au lieu de *elles* (II, 3, 2; II, 5, 5–6, 20–21), et surtout quand il se rapporte au substantif *choses*: *Et aucunes choses ... se on croit qu'ilz soient bonnes, ilz sont desirees et requises ...* (III, 10, 38). Parfois *il* représente *ilz* ou *elles* (I, 6, 5)[43]

• Tendance à omettre l'article défini devant le deuxième substantif d'une série: *la haultesse et clarté d'engin* (II, 4, 7), *les affections et plaisirs mondains* (IV, 2, 31), et à l'omettre devant un substantif abstrait: *que laidure de peché* (IV, 4, 37)

• Une expression binaire entraîne souvent un accord au singulier: *est vice et mauvaistié boutee... resplendit vertu et bonté* (IV, 3, 1), *la cause et motif pour lequel* (IV, 3, 2)

• En général Boèce s'adresse à Philosophie en employant *tu* etc., ce qui correspond au texte latin, mais parfois on relève un cas aberrant de *vous*: *Demandéz ... ce qu'il vous plaira* (I, 6, 2).[44] Notons un contexte où le texte latin ne spécifie pas la deuxième personne (III, 9, 17, 22), mais Boèce emploie ici *vous*, recourant de nouveau à *tu* dans les sections suivantes 25 et 27. Ailleurs l'emploi de *vous* signifie que Philosophie s'adresse à l'humanité (II, 5, 22–30; IV, 7, 19–22)

• Usage flottant de la terminaison marquant l'impératif à la deuxième personne du singulier. Boèce supplie ainsi Dieu: *... change ... / Et repren, ... entend nostre priere / Et si nous gouverne ..., Regardes nous ..., ... ne nous desprise, / Maiz nous fay vivre ... / Et nous gouvernez ...* (I, v, 57–58, 63–64, 78, 85–87)

• Pré-position de l'objet direct du verbe: *Car se celui loyer ilz avoient prins ...* (IV, 3, 6)

• Le relatif sujet *qui* représente parfois *qu'il*: *ce qui peust faire ...* (II, 6, 12)

---

[43] Marchello-Nizia, *La Langue*, pp. 223–24.
[44] Texte latin: 'Tu ... tuo quae uoles ...' (éd. Bieler, p. 14, ll. 1–2).

- *Par* suivi d'un participe présent: *par leur donnant richesses et peccunes* (IV, 6, 45).[45]

4. - Lexique

Le remanieur disposait d'un lexique varié qui répondait aux besoins de la traduction. Il employa un certain nombre de termes caractéristiques de la langue des traducteurs des XIVe-XVe siècles et attestés souvent dans les traductions de Nicole Oresme (1320-1382): par exemple, *concurrence, duracion, inaccessible, incompatible, incredible, inevitable, inraisonnable*. Certaines occurrences servent à compléter les notices du *DMF*: *depulsion*,[46] *floibesse*,[47] *inestable*,[48] *infamer*,[49] *marese*,[50] *mucheur*,[51] *procedement*.[52] Et encore d'autres vocables sont attestés ici, semble-t-il, pour la première fois: *decis*,[53]

---

[45] Texte latin: 'collatae pecuniae remedio' (éd. Bieler, p. 83, l. 153). Cf. III, vi, 27-28. Marchello-Nizia n'enregistre que l'emploi de *par* suivi d'un infinitif (*La Langue*, pp. 336, 351), que l'on relève ici: 'par mal entendre' (I, 3, 7), 'par toy desvoyer' (V, 1, 5).

[46] Le *DMF* ne connaît *depulsion* que dans un glossaire latin-français (1400-1500), mais Monsieur Gilles Roques en a signalé un exemple d'environ 1470: 'Ceste prophetie fut veriffye en la dejection et depulsion de lisle de Bretaigne de Cadvale' (Jean de Wavrin, *Recueil des Croniques et anchiennes istories de la Grant Bretaigne*, éd. William Hardy (London, Rolls Series), p. 231). Le verbe *depulser*, 'chasser, repousser', s'emploie dès le XIVe siècle (*Gdf* 2, 521).

[47] Voir supra, p.17.

[48] Le parent *estable* est mieux attesté qu'*inestable*. Le *DMF* enregistre un seul exemple de Christine de Pizan, mais d'autres se rencontrent. Par exemple, dans *Perceforest* (1330-1350) on lit: '... estre homme inestable et croire de legier conseil sans aucunement regarder s'il pretendit a bien ou a mal' (4e partie, 1, éd. Gilles Roussineau (Genève: Droz, 1987), p. 520, ll. 83-85; et voir le glossaire, 2, p. 1340).

[49] Cette occurrence constitue une première attestation par rapport au *DMF*, mais on lit dans la *Chronique* de George Chastelain pour l'année 1470 que les princes de France 'infament et diffament l'un l'autre' (*Œuvres*, éd. Kervyn de Lettenhove, 8 vols (Bruxelles, 1863-66; repr. Genève: Slatkine, 1971), 5, p. 478. Cf. *TLF* 10, 168a, *infamant*.

[50] Le *Gdf* 5, 171b et le *DMF*, qui enregistrent le substantif féminin *maresche* sous l'adjectif correspondant, en citent une seule attestation d'environ 1400, relevée chez Jean d'Outremeuse (environ 1338- environ 1399), dans *La Geste de Liège*.

[51] Le *DMF* n'en a qu'une seule attestation, relevée dans un glossaire gallico-latin d'environ 1425-1450: *muceur: reconditor*.

[52] Au sens de 'manière de procéder, procédure', cette attestation pourrait devancer celle relevée dans les *Mémoires*, 1, d'Olivier de la Marche: 'le procedement de ceste guerre' (environ 1470), enregistrée dans le *Gdf* 6, 418a et le *DMF*.

[53] Il s'agit d'une première attestation par rapport au *Gdf* 2, 444c, qui cite des exemples du XVIe siècle.

expulseur,[54] *horaire*,[55] *immuablement*,[56] *inevitablement*,[57] *inexpuisible*,[58] *infalliblement*.[59] Vu que la date du manuscrit ne peut pas être établie avec précision (le filigrane est sans doute du troisième quart du XVe siècle), l'occurrence de ces termes ne nous aide pas à déterminer avec précision la date de leur entrée dans la langue.

Le remanieur a utilisé effectivement la richesse synonymique de la langue. Par exemple, au livre II, pr. 7, 12–18, où il s'agit de la durée de la renommée, ayant rendu *immortalitas* (§12) par *immortalité*, il a introduit le mot *pardurableté* pour en traduire une seconde occurrence (§14). De même, aux §15 et §18 il a traduit *aeternitas* par *eternité*, insistant sur les qualificatifs: *aeternitatis infinita spatia* – *la duracion de eternité qui est sans jaméz fin*; *inexhausta aeternitate* – *eternité inexpuysible*. Cette même insistance apparaît à la fin de §16 où l'expression *interminabilem diuturnitatem* est rendue par *la duracion de eternité interminable et sans fin*.

Au livre V, proses 3–6 de la *Consolatio Philosophiae*, on relève les substantifs *praecognitio, praenotio*, et surtout *praescientia*, indiquant la connaissance qu'a Dieu des choses futures. Jean de Meun rendit toutes ces occurrences par *prescience*,[60] terme qu'il avait employé dans le *Roman de la Rose* ('la divine presciance', v. 17073)[61] et qui

---

[54] *TLF* 8, 503b, avec un renvoi à George Chastelain. Il s'agit du vers: 'Soubs l'expulseur de vieille tirannie', de *La Mort du roy Charles VII* (Œuvres, 6, p. 455), hommage composé après la mort du roi en 1461.

[55] L'adjectif s'emploie au sens de 'd'une durée d'une heure', donc 'transitoire' (III, xii, 181), adaptation de 'un seul petit horaire' (*Böece de Confort*, v. 6637). Au *TLF* 9, 915a, le premier exemple cité est de Rabelais, 1532.

[56] Le *DMF* enregistre deux exemples relevés dans la *Somme abregee*, environ 1477–1481, 164.

[57] Dans les dictionnaires *Gdf* 10, 11 et *TLF* 10, 156b, le seul exemple cité est douteux. Donc, on peut tenir l'occurrence dans le *Böece de confort remanié* pour une première attestation de l'adverbe.

[58] Il s'agit d'une première attestation par rapport à *Gdf* 4, 576a et *FEW* 9, 630a; le *DMF* n'a qu' *impuisible*, daté de 1454–1474, mais plus probablement d'environ 1474. Le *TLF* 10, 152a enregistre *inexpuisable* à partir de la deuxième moitié du XVe siècle, avec des exemples d'environ 1463.

[59] Le *DMF* enregistre *infailliblement* avec un exemple relevé dans la *Somme abregee*, environ 1477–1481, 164.

[60] Denis Billotte, *Le Vocabulaire de la traduction par Jean de Meun de la "Consolatio Philosophiae" de Boèce*, 2 vols (Paris: Honoré Champion, 2000), 1, pp. 315–318; 2, pp. 409–410.

[61] Ed. F. Lecoy, 3 vols (Paris: Honoré Champion, 1965–1970).

continuera à être attesté dans les traductions,[62] y compris le *Böece de Confort remanié*. Mais les traducteurs venant après Jean de Meun ont aussi diversifié le lexique, en introduisant l'emploi, d'une part de *precognicion*, 'connaissance anticipée',[63] et de l'autre de *preco(n)gnoissance*,[64] et du verbe *precognoistre*, dont l'occurrence dans *Boeces: De Consolacion* (V, 3, 22) constitue un des premiers exemples.[65] Par contre, dans le *Böece de Confort remanié* on relève une seule occurrence de *precongnoissance* (V, iii, 7, à la rime), le traducteur ayant employé ailleurs exclusivement le substantif *prescience*. Il a ainsi, semble-t-il, suivi le précédent de Jean de Meun. En plus, au lieu de *precognoistre*, il a employé le verbe *prescavoir* ou les expressions *avant scavoir* (V, 4, 5, 14, 19–23) et *devant scavoir* (V, 3, 19). Le *DMF* n'a que des attestations postérieures de *prescavoir*, mais Monsieur Gilles Roques nous en a signalé dans les *Vigiles des Morts* de Pierre de Nesson (1383–environ 1442) des occurrences à la fois du verbe (vv. 1155–1158, 1179, 1252–1253) et de l'infinitif substantivé (vv. 1159, 1177).[66]

Une abondance d'adjectifs et d'adverbes au préfixe *im-*, *in-* apparaît, surtout au livre V; par exemple, au livre V, pr. 3: *immuablement, inaccessible, incertain, inestimable, inevitablement, infailliblement, inflexible, injuste*. Par contre, Jean de Meun n'en a pas employé dans le *Livres de Confort*, qui date du début du XIVe siècle.[67]

Quelques vocables méritent un bref commentaire:

- La forme *casuel(l)ement* (IV, 6, 20 et 53; V, 1, 8, 13 et 14) est attestée pour la première fois, environ 1350, dans un glossaire latin-français du type *Abavus* (BnF lat. 7692).[68] La forme *casuelment* apparaît

---

[62] Par exemple, *Boeces: De Consolacion*, V, 5, 10; *Le Roman de Fortune et de Felicité*, vv. 7729, 7852; *Le Livre de Boece de Consolacion*, V, 3, 16, 23, 24 etc.; *Böece de Confort*, vv. 9958, 10207, 10625, 10828.

[63] *Boeces: De Consolacion*, V, 3, 14, et voir p. 194; *Le Roman de Fortune et de Felicité*, v. 7304; *Böece de Confort*, v. 9920.

[64] *Boeces: De Consolacion*, V, 3, 5, et voir p. 194; *Le Roman de Fortune et de Felicité*, vv. 7435, 7447; *Böece de Confort*, v. 10132 etc.; *Le Livre de Boece de Consolacion*, V, 3, 5, 6, 9 etc., et voir p. 449.

[65] Voir l'édition, p. 194.

[66] Ed. A. Collet (Paris: Honoré Champion, 2002).

[67] Voir Billotte, *Le Vocabulaire*, 2, pp. 262–264.

[68] Mario Roques, *Recueil général des lexiques français du moyen âge (XIIe-XVe siècle)* (Paris: Honoré Champion, 1936), p. 274, no. 1158. Voir aussi DEAFBibl à: <http://www.rzuser.uni-heidelberg.de/-dx9/bibl/html/bib99g.html#GlParR>. Je dois cette précision à Monsieur Gilles Roques.

environ 1380 dans une glose du *Livre de Boece de Consolacion*.[69] Un autre exemple a été relevé dans *Le Temple de Bocace* (environ 1464) de George Chastelain: Jacques II d'Ecosse, mortellement blessé en 1460 '… avoit esté tué casuellement par un esclat de canon rompu'.[70] Mais les occurrences du mot sont rares avant la fin du XVe siècle.

• Par rapport au *DMF*, l'occurrence de l'adverbe *causellement* (I, ii, 36) constitue une première attestation. Mais *causelement* se lit pourtant dans le *Böece de Confort*, v. 377 (I, ii) et v. 8607 (IV, 6, où il correspond à l'occurrence de *casuellement* au IV, 6, 53 du *Böece de Confort remanié*). Il se lit aussi dans le *Dictionarius* de Firmin Le Ver, compilé entre 1420 et 1440: '*causaliter* – adverbium – causellement, occasioneusement'.[71]

• Participe présent du verbe *faire*, le mot *faisan(t)* s'emploie comme substantif masculin au sens de 'faiseur, agent' (V, 1, 18; cf. *faiseur*, V, 1, 16).

• L'adjectif *inseparable* traduit le terme latin correspondant: *de malorum … inseparabili poena* - la paine inseparable des mauvais (IV, 3, 11), à une époque où il exprime en général l'indissolubilité du mariage ou l'unité de la Trinité.[72]

• Le substantif *previdence* (V, 6, 17; tr. *praevidentia* que Boèce distingue de *providentia*) est rare.[73] Il apparaît dans le même passage dans le *Livres de Confort* de Jean de Meun et le *Livre de Boece de Consolacion*.[74]

• L'adjectif *reverend* s'emploie sans valeur honorifique dans l'expression *de tres reverend maintien* (I, 1, 1).[75]

---

[69] Ed. Cropp, IV, 6, 20, 195gl., et voir p. 73, n. 96.

[70] *Œuvres*, 7, p. 83. L'édition plus récente, due à S. Bliggenstorfer (Berne: Francke, 1988), a la leçon *casuelment* (p. 29, 10).

[71] Ed. Brian S. Merrilees et William Edwards (Turnhout: Brepols, 1994), p. 58a. Deux autres occurrences de *causaliter* - *causel(e)ment* se trouvent dans leur base de données. Je remercie vivement Monsieur Brian Merrilees pour cette précision.

[72] Gdf 10, 19; *DMF*. Cf. l'emploi de l'adverbe dans 'Naturelle Concupiscence … naturellement et inseparablement conjoincte a chacun homme' (III, xii, 14, gl. note 10).

[73] Gdf 6 402c; le *DMF* n'ajoute rien.

[74] *Livres de Confort*, p. 272, l. 70; *Le Livre de Boece de Consolacion*, p. 271, l. 141, et voir p. 332.

[75] Le même syntagme se trouve dans Jean Molinet (1433–1507), *Faictz et Dictz*, éd. N. Dupire (Paris: SATF, 1936-39), p. 145, l. 11.

Introduction

Les Proses

Dans les proses le traducteur a suivi assez fidèlement le texte latin. S'il l'a abrégé, il en a respecté le sens essentiel. Le manuscrit a néanmoins des omissions que nous signalons. On ne sait s'il faut les attribuer au traducteur ou au copiste.

Certaines tendances stylistiques se font remarquer:

• Le traducteur a employé des expressions binaires ou parfois ternaires pour amplifier une notion ou pour y insister, en coordonnant des termes synonymiques ou analogiques: par exemple, *tacitus – pensif et taisant* (I, 1, 1), *fidem – presumption et credence* (I, 4, 41), *constituta – assise et enclose, disponit – dispose et gouverne, nectit – ordonne et enlache, complectitur – enclot et comprent* (IV, 6, 9–10), *nostrorum actuum – tous nos faiz et euvres* (V, 6, 45).

• Au livre V, pr. 6, pour récapituler, pour préciser les exemples déjà expliqués (§22, §27, §34) et que Boèce laisse entendre, le traducteur a intercalé des rappels: 'Tout ainsi est il que les choses lesquellez Dieu voit en present advendront, mais les aucunes seront par la neccessité des choses, *comment le soleil lever*, et les autres par la voulenté des faiseurs, *comment l'omme cheminer*' (V, 6, 35). De même, l'allusion faite à Jules César (IV, 6, 33) est une amplification empruntée à la tradition des commentaires et attestée dans le *Böece de Confort* (vv. 8347–362).[76]

• Parfois le traducteur a infirmé la dialectique, soit en omettant les réponses de Boèce: par exemple, ses réponses 'Rectissime, inquam', 'Ita est, inquam' (III, 10, 16–17),[77] soit en transformant en déclaration une question: par exemple, une série de cinq questions sont rendues en propositions (IV, 2, 31–32).[78]

Ces tendances apparaissent parfois ensemble: 'Se tu t'efforces de arrester et tenir sa roe tournant impetueusement, tu seras le plus ignorant de tous les hommes, car, se elle commençoit a soy arrester et estre estable, elle ne seroit plus dicte Fortune' (II, 1, 19). Les deux expressions binaires, 'arrester et tenir', 'soy arrester et estre estable'

---

[76] Cf. *Le Livre de Boece de Consolacion*, p. 227, ll. 256–264, et p. 318, note; voir aussi les *Glosae* (éd. Nauta), p. 263, ll. 285–87.

[77] Cf. II, 5, 32; IV, 2, 41; IV, 4, 10; V, 6, 19.

[78] Cf. III, 11, 21–26; III, 12, 18–21; IV, 3, 13; IV, 4, 30–31; IV, 6, 26; V, 3, 16; V, 6, 19 et 33.

correspondent chacune à un seul verbe latin: *retinere* et *manere*. La question rhétorique: 'Tu uero uoluentis rotae impetum retinere conaris?'[79] a été transformée en subordonnée hypothétique ('Se tu t'efforces...'), qui préfigure la deuxième hypothèse concernant l'existence de Fortune. Le traducteur a-t-il été influencé ici par la syntaxe des vers correspondants du *Böece de Confort*?

> Qui vouldroit Fortune arrester
> Et tousjours a un point ester,
> Qui se tourne plus c'une roe,
> On li devroit faire la moe;
> Car se tant ne quant s'arrestoit
> Fortune ditte ne seroit. (vv. 1715–1720)[80]

Tandis que cette modification syntaxique est d'une insistance éloquente insufflant à l'option présentée à Boèce un élément de menace, on relève d'autres cas où le traducteur est resté tout près de la syntaxe latine, créant ainsi des phrases alourdies. Témoin l'exemple suivant où subordonnées de cause et de comparaison, participes, et pronoms relatifs et démonstratifs s'enchaînent pour unir la phrase:

> ... mais pour ce que, en ayant gouvernement et auctorité sur le peuple, leur sapience est mieulx excercitee et leur bonté redonde et est communiquee a ceulx que ilz gouvernent, lesquelx d'icelle bonté participent et amendent, comme semblablement ilz soient plusieurs tourmens et paines constitués et establis par les loys pour les mauvais, comment sont exil, prisons, et autrez pugnicions legales. (IV, 5, 3)[81]

Néanmoins le traducteur est arrivé à rendre les notions complexes d'une façon claire et cohérente, par exemple au livre IV, 6, 9–10, où il résume dans des définitions nettes la distinction entre la providence et la destinée.

On relève des échos du *Livres de Confort* de Jean de Meun, surtout dans les deux premiers livres. Certaines phrases ont la même structure; par exemple au livre II, 5, 1 et 3:

> Mais pour ce que les nourrissemens de mes raisons descendent
> ja en toy, je veul ung petit user de plus fortes raisons. ...

---

[79] Ed. Bieler, pp. 18–19, ll. 52–54.
[80] Cf. *Le Roman de Fortune et de Felicité*, vv. 1837–842.
[81] Cf. I, 3, 8; II, 2, 11.

> Richesses sont elles precieuses ou par la nature de vous, ou par la nature d'elles mesmez?

Il est difficile de penser que cette traduction ne doit rien à celle de Jean de Meun:

> Mais pour ce que li norrissement de mes raisons descendent ja en toy, je cuit que bon seroit user de medecines un petit plus fors. ... Richeces sont elles precieuses ou par la nature de vous ou par la nature de elles meismes?[82]

Ailleurs, le traducteur s'est écarté un peu, en se trompant peut-être sur les rapports entre les partis désignés par Boèce; la phrase

> ... la folie des hommes, cuidans qu'ilz fussent mes familliers ... persecuterent aucuns d'iceulx (I, 3, 8)

ressemble à la traduction de Jean de Meun:

> ... la folie des hommes cuidant que cil fussent mi familier, deçut et perverti pluseurs ... de ceus.[83]

Dans le remaniement, au lieu d'un verbe au singulier, dont le sujet est 'la folie', on a 'persecuterent', dont le sujet est 'des hommes'. Au livre V, 4, 17, on relève des phrases presque identiques:

> Les choses doncquez, dit elle, lesquelles, quant on les fait, n'ont nulle neccessité que on les face, aussi celles mesmez, avant qu'ilz soient faictes, sans quelconquez neccessité advendront.

> Les chosez donques qui, quant on les fait, n'ont nulle neccessité que on les face, aussi celles meismes, avant que elles soient faitez, sont a faire sans neccessité.[84]

Ailleurs de petits détails se correspondent d'une traduction à l'autre: l'addition du chiffre *quatre* (V, 4, 31), l'emploi du mot *serpilleres*, *sarpillieres*, pour traduire le latin *sarcinulas*, 'petits ballots' (I, 3, 13), mot qui a perplexé des traducteurs successifs. En fin de compte, on ne peut pas éviter l'hypothèse que dans les proses le traducteur s'est inspiré à l'occasion du *Livres de Confort* de Jean de Meun.

---

[82] Ed. Dedeck-Héry, p. 195, ll. 1-2, 5-7.
[83] Ed. Dedeck-Héry, p. 175, ll. 24-26. Cf. 'imprudentia ... pervertit' (éd. Bieler, p. 5, ll. 25-26).
[84] Ed. Dedeck-Héry, p. 265, ll. 56-58.

Le Remaniement des Mètres

Dans l'état actuel du manuscrit, les mètres ont un total de 2077 vers, suivis d'un épilogue de vingt-deux vers.[85] Etant donné que certains mètres sont tronqués et d'autres omis, il est difficile de faire une comparaison exacte avec les mètres du *Böece de Confort*. Mais si on ne considère que les mètres complets du *Böece de Confort remanié* et les mètres correspondants du *Böece de Confort*, le remaniement a dans tous les livres, sauf dans le livre V, moins de vers que le *Böece de Confort*. Au livre V la différence est très petite: le *Böece de Confort remanié* a 256 vers, le *Böece de Confort* en a 254. En fait, c'est au livre V que les mètres des deux traductions ont une plus grande parité qu'ailleurs. Les mètres i et v ont un nombre identique de vers, ce qui ne veut pas dire pourtant que les mètres sont identiques, car au mètre i le remanieur a omis deux distiques du *Böece de Confort* (vv. 9619-620, 9627-28) et ajouté quatre vers différents (vv. 25-28, insérés entre les vv. 9632-33). Les deux traductions ont le même nombre de vers et un texte presque identique dans les livres I, m. iv et vii, II, m. i et ii, et V, m. v. Elles ont le même nombre de vers et quelques différences textuelles dans les livres III, m. v, IV, m. iv, et V, m. i . En général, le remanieur a réduit le nombre de vers en omettant des détails et en condensant la pensée.

La table (Annexe 1) montre le nombre total des vers de chaque mètre dans le texte latin et dans les deux traductions.

Il dépasse les limites de cette Introduction de faire une comparaison globale des mètres des deux traductions et de déterminer la mesure précise dans laquelle le remaniement dépend du *Böece de Confort*. Nous nous limitons donc à commenter quelques exemples pour découvrir la façon dont le remanieur a travaillé.

Dans les récits narrés, le remanieur a souvent abrégé en omettant des détails considérés comme superflus et qui dérivent d'un commentaire latin ou d'une autre source secondaire. Par exemple, au livre II, mètre vi, concernant l'empereur Néron, les sept vers du texte latin ont donné cinquante-six vers dans le *Böece de Confort* que le remanieur a réduit à trente-quatre, dont vingt décrivent les actions de Néron et quatorze son pouvoir illimité et corrompu. Il se passe assurément de l'explication du vent de midi (*Böece de Confort*, vv.

---

[85] Les mètres du *Böece de Confort* ont 2534 vers, sans compter le prologue (vv. 1-156), l'épilogue du livre I (vv. 1549-554), le prologue du livre V (vv. 9415-460), et les deux épilogues du livre V (vv. 11063-11108).

3438-440), sans rapport avec le sujet. Au mètre vii, où le *Böece de Confort* a 158 vers, la réduction est plus importante: le remanieur ne s'est pas élargi sur les individus cités, mais s'est contenté d'exprimer en soixante vers l'essentiel de la pensée de Boèce.

En ce qui concerne les mètres mythologiques, le livre III, xii commence d'une façon indépendante (vv. 1-14) et continue en suivant de près le *Böece de Confort*; ce mètre est accompagné des plus longues gloses du remaniement. Le livre IV, iii est un peu moins long que sa source dont il s'écarte à deux reprises: les vers 9-29 ne correspondent pas précisément aux vers 7349-369, et, l'allusion à la fleur blanche de Mercure ayant été omise, les vers 44-48 ne correspondent pas non plus aux vers 7384-94. Au livre IV, vii, on constate l'omission de plusieurs distiques (par exemple, vv. 8917-18, 9061-62, 9135-36 etc), l'ordre inversé du combat avec la Hydre (vv. 293-322) et le conflit avec Achéloüs (vv. 229-292), dont l'étape finale est plus brièvement décrite (vv. 285-390, contre les vv. 9219-232 du *Böece de Confort*), ainsi que l'expansion des vers 9409-412 correspondant aux vers 487-496. Proportionnellement la réduction n'est pas très importante: le mètre remanié a 498 vers. Renaut de Louhans et l'auteur du *Böece de Confort* avaient déjà bien étoffé les trente-cinq vers du texte latin de matériaux tirés des commentaires latins pour en faire respectivement un mètre de 484 et de 530 vers.

A titre indicateur, nous examinerons quelques modifications textuelles exécutées par le remanieur dans le premier mètre attesté à la fois dans le *Böece de Confort* et dans le remaniement. On a raison d'attendre qu'au début de son travail le remanieur ait fait un effort particulier, et que ses modifications apportées au texte servent à exprimer la pensée d'une façon nouvelle, à enlever des obscurités, et à soigner l'expression, aussi bien qu'à réduire des longueurs. En plus, il avait le droit de conserver tel quel, ou à peu près, l'état du texte qu'il avait devant lui.

Au livre I, mètre ii, vv. 1-16, suivant un premier vers identique, les deux traductions s'écartent l'une de l'autre, mais le remaniement fait toujours l'écho du *Böece de Confort* et en conserve certains mots importants:

Böece de Confort remanié	*Böece de Confort*
"Helas, comme humaine pensee	"Helas, comme humaine pensee
En parfonde fosse est noyee	En parfonde fosse est boutee
Qui laisse sa propre clarté	Et sa propre clarté laissie

De raison, et est aveuglee	Tout en tenebreuse contree,
En la cure desmesuree	Des biens terrïens fort soufflee,
De terrïenne vanité.	Sanz fin croist sa merancolie.
C'est homme a coustume avoit,	C'est homme Böece, jadis
Lors qu'en sa franchise il estoit,	Plain de franchise ou ciel ravis
De faire du ciel ouverture	D'ouvrir le ciel coustume avoit
Quant par sa scïence jugoit	Et jugoit par certain avis
Et proprement determinoit	Du rouge soleil le pourpris
Du rouge solail la nature,	Et proprement determinoit
De la lune et de la froidure,	Des estoilles a leur nature
Et par certains nombres comptoit	De la lune et de sa froidure,
Des planetes les mouvemens	Et par certain nombre comptoit
Et divers avironnemens.	Les mouvemens des cours hautains.
(vv. 1-16)	(vv. 341-356)

Les vers 1 et 11 sont identiques aux vers 341 et 352 (mais les vers 11-12 ont l'ordre inverse des vers 351-352)[86] et les vers 13 et 14 sont presque identiques aux vers 354-55. Les rimes se correspondent d'une version à l'autre, à l'exception de -té (vv. 3, 6) et de -mens (vv. 15, 16), mais les mots à la rime ne sont plus ceux du *Böece de Confort*; par exemple, *noyee*, *aveuglee* et *desmesuree* (vv. 2, 4, 5) remplacent *boutee*, *contree* et *soufflee* (vv. 342, 344, 345). D'une part, le vers 353 a été omis, mais d'autre part, le vers 16 a été ajouté. Les vers 17-20 et 357-361 montrent les mêmes tendances d'adaptation, mais à partir des vers 21 et 362 respectivement les deux traductions se ressemblent de plus près, la plupart des vers pouvant être considérés comme identiques ou presque identiques. Cependant deux nouveaux termes apparaissent à la rime: au vers 40 *obscurcie* remplace *esvuidie* (v. 381) et au vers 43 *amatie*, 'baissée, abattue', remplace *enlacie* (v. 384) avec une

---

[86] Les vers 351-52 sont inversés dans le manuscrit de contrôle du groupe C (huit manuscrits) des manuscrits du *Böece de Confort* (éd. Noest, p. xiii). L'édition publiée ne fournit pas les variantes, qui font partie de la thèse de M. Noest et que J. Keith Atkinson m'a communiquées.

modification du sens. Au vers 44 *chetivement*[87] remplace *hastivement* (v. 385), sans changer la rime:

Böece de Confort remanié	*Böece de Confort*
Helaz, or est tant obscurcie	Helas, or voy si esvuidie[88]
Sa lumiere d'entendement	Sa pensee d'entendement
Et pesans chaynes durement	Et de chaiennes durement
Ont sa chiere si amatie,	Est sa chiere si enlacie
Que contraint est chetivement	Que contraint est hastivement
De regarder honteusement	De regarder honteusement
La terre, de face esbahye".	La terre de face esbahie".
(vv. 40–46)	(vv. 381–87)

Le remanieur a, semble-t-il, réfléchi au sens et modifié l'expression dans un désir de rester aussi fidèle que possible au texte latin, par exemple, en restituant l'image de la lumière obscurcie (vv. 40-41),[89] absente du *Böece de Confort*.

Au livre II, mètre ii, le remanieur a fait des dix vers du *Böece de Confort* (vv. 1985-994) un mètre de dix-huit vers, en s'étendant sur le sujet de la convoitise humaine avec une amplification sensible de la pensée et certaines modifications lexicales: *gravelle* (v. 3) remplace *arainnes* (v. 1985), *cupidité* (v. 9) remplace *convoitise* (v. 1991), et d'autres termes associés au thème apparaissent: *appeter* (v. 7), *saciété* (v. 10), *naturel desir* (v. 13), *soif d'avoir* (v. 16), ainsi qu'une allusion à l'influence de Fortune (vv. 14-16). Néanmoins, les deux traductions se terminent avec deux vers identiques et presque identiques: 'Tant ne puet avoir couvoiteus / Qu'il ne se tiengne a souffreteus' (vv. 1993-

---

[87] *Chetivement* est une variante du manuscrit de contrôle du groupe *B* (sept manuscrits) des manuscrits du *Böece de Confort* (éd. Noest, pp. xii-xiii). Les modifications correspondant aux variantes du *Böece de Confort* flottent sans constance d'un groupe de manuscrits à l'autre.

[88] L'édition a la leçon *estudie*, qui est difficile à comprendre dans le contexte. Sur la base des leçons *esvuidie* et *est vuidie*, relevées dans dix-neuf manuscrits, nous avons corrigé le texte, après avoir consulté Keith Atkinson.

[89] Cf. 'effeto lumine mentis' (éd. Bieler, p. 4, v. 24).

94) et 'Ne tant n'aura ja couvoiteux / Qu'il ne se tiengne a souffreteux' (vv. 17-18).⁹⁰

Ces exemples servent à indiquer les façons différentes dont ces traductions coïncident l'une avec l'autre et se séparent aussi l'une de l'autre.

Le remanieur a travaillé consciencieusement pour réécrire les mètres du *Böece de Confort*, se reportant aussi sans doute au texte latin. On ne peut pas éliminer la possibilité que parmi les trente-cinq manuscrits connus (et peut-être d'autres inconnus) du *Böece de Confort* il existe un témoin qui ressemble de plus près aux mètres remaniés que le texte édité, ou qu'il en a existé au XVe siècle.⁹¹ La frontière est parfois difficile à tracer entre des variations effectuées par un remanieur et d'éventuels accidents de la transmission manuscrite. Mais dans ce cas, avec un seul témoin, on est obligé d'attribuer au remanieur ou au copiste toutes les variations. Incorporant d'une façon continue ses ajouts et en respectant son modèle, le remanieur a recherché la clarté et la cohérence. Il a ainsi remis au goût du jour une œuvre véhiculant des leçons philosophiques de valeur permanente.

---

⁹⁰ Cf. *Boeces: De Consolacion*, p. 66, vv. 13-14; *Le Roman de Fortune et de Felicité*, p. 88, vv. 2153-54. Dans ces deux traductions antérieures, la leçon est identique à celle du *Böece de Confort*.

⁹¹ Nous avons attribué à notre édition le titre de la traduction en vers, dont les mètres dérivent, accompagné de l'indication qu'il s'agit d'un remaniement, en fait total. Dans l'édition du texte, le nom de Boëce, qui n'apparaît pas dans les mètres, a la graphie du manuscrit, sans l'addition d'un tréma.

Böece de Confort remanié

Livre I

Le manuscrit est acéphale; il lui manque un prologue et la traduction des vers 1-12 du texte latin de la *Consolatio Philosophiae*, représentés par les vers 157-192 du *Böece de Confort* dans l'édition de Marcel Noest, pp. 7-8.[1]

Mètre i

Elle le souffrit solacier;
Puis quant en povreté vendroit
Et ne se pourroit plus aider,
Lors acourust vers luy tout droit.   4
Helas! ce ne fait elle mie;
Ce n'est pas sa propre maniere
Car, quant ung home en ceste vie
Vist en douleur et en misere,   8
Il l'appelle fort et la prie,
Mais a en despit sa priere.
En quoy appert sa felonnie
Quant en tel point se trait arriere.   12
Quant Fortune m'estoit privee
Et me maintenoit haultement,
Ma vie fu a pou finee
Par son assault subitement;   16
Mais quant ma fortune est muee,
Elle m'a deceu faulsement,
Adonc s'est tantost arrestee
Et a prins jour d'avisement.   20
Jadis quant Fortune avoye drue,
Chacun pour eureux me tenoit;
Bien estoit la raison perdue
De mon amy qui s'en vantoit.   24
Il appert bien a ma venue
Qui plus hault monte qu'il ne doit,
Quant sa fortune se remue,
De plus hault chiet qu'il ne vouldroit.   28

---

[1] Voir l'Annexe 2.

Prose 1

Premiere prose, Hec dum mecum etc., en laquelle Boece introduit Philosophie soubz espece de femme pour ce que Philosophie ou Sapience est nommee tant en langue grecque que latine par nom feminin.

1. Ainsi comment ces choses, pensif et taisant, je consideroye en moy mesmez et mes lamentables complaintes escripvoye, je apperceu sur mon chief[2] une dame de tres reverend maintien, laquelle avoit les yeulz ardans [1ᵛ] et clers par dessus la commune faculté des hommes, avec une vive couleur et vigueur inexpuisible, ja soit ce qu'elle fust de si grant aage que jamez on ne croirroit qu'elle fust de nostre temps. 2. La quantité d'elle estoit de doubteux jugement, car aucunes fois elle se demonstroit de la commune grandeur des hommes, autres fois sembloit par sa haulteur qu'elle touchast le ciel de sa teste; et quant elle se vouloit plus hault eslever, elle penetroit le ciel tellement que le regard des hommes n'y pouoit actaindre ne parvenir. 3. Ses vestemens estoient fais de tres delyé fil par subtil artifice et de matiere indissoluble, lesquelz, comme par aprez me demonstra, elle avoit tissus de ses mains, mais par negligence de maintenue leur beauté estoit obscurcie et enfumee. 4. En la bordure d'em bas estoit tyssue[3] une lectre .p. qui signifioit philosophie active, et en celle de hault une autre lectre .t. qui designoit philosophie contemplative. Et entre ces deux lectrez y avoit degrés en maniere d'eschellez, par lesquellez on pouoit monter de la plus basse lectre en la plus haulte. 5. Et toutesvoyes icelle vesteure estoit par violentes mains derompue, et chacun en avoit emporté telle partie comme il pouoit. 6. En sa main dextre portoit ung livre et en sa senestre ung ceptre.[4]

7. Et quant elle apperceust les Muses poetiquez estans en ma chambre et parlans a moy, elle, ung petit esmue et enflammee d'un fol regard, dist: 8. "Qui est celui qui a permis approucher

---

[2] Glose marginale: *Notéz que Philosophie ou Sapience a son siege eu chief de l'omme, car en la partie de devant du chief siet l'engin pour congnoistre et comprendre, en meilleu siet la vertu judicative pour discerner, et au derriere siet la vertu retentive, c'est assavoir la memore.* Voir l'Annexe 3.

[3] Leçon rejetée: tyssus.

[4] Glose marginale: *Notés que sapience doit estre en la vie contemplative, qui est la principale et destre partie, instruire l'omme par estudes, par quoy en icelle [main] porte livres; et en la vie active, avoir le regime des choses publiquez, et pour ce elle porte ung sceptre en sa main senestre.* Voir l'Annexe 3.

de ce malade ces[5] communes ribaudelles qui ses douleurs par quelconquez manieres ne remedez ne scairoyent adoulcir, mez plus tost les nourriroient de leurs doulx venins? 9. Ce sont celles qui par infructueusez espinez d'affections mondaines mortissent l'a[r]bre portant les fruis de raison. Ilz entretiennent en coustume les pensees des hommes et de leurs douleurs ou maladies ne les delivrent pas. 10. Se par leurs blandissemens ilz me fortraïssent ung homme rude, comme plusieurs en a parmy le peuple, je le porteroye plus pacianment, car en ce je ne seroye de rien blechie, mes cestui qui de tout son temps a esté nourry de mes estudes ilz me veullent fortraire. 11. Partés d'icy, douces Seraines, et le me laisséz curer et garir par mes [2r] sciences".

12. Ces choses dictes, la compaignie des Muses, leurs faces jectees vers terre par honte et couroux, yssirent hors. 13. Et moy, qui par lermes avoye la veue troublee tellement que congnoistre ne pouoie qui feust ceste dame de tant imperial auctorité, m'esbahy, et, mes yeulx fichés en terre, pensif actendoie qu'elle feroit par apréz. 14. Lors elle se approucha plus prez de moy et se assist sur mon lict, et en regardant ma face tres plouree, agravee de lermes et enclinee vers terre, s'est complainte de la perturbacion de nostre pensee, en disant les vers qui ensuivent:

Mètre ii

> "Helas, comme humaine pensee
> En parfonde fosse est noyee
> Qui laisse sa propre clarté
> De raison, et est aveuglee   4
> En la cure desmesuree
> De terrïenne vanité.
> Cest homme a coustume avoit,
> Lors qu'en sa franchise il estoit,   8
> De faire du ciel ouverture
> Quant par sa scïence jugoit
> Et proprement determinoit
> Du rouge solail la nature,   12
> De la lune et de la froidure,

---

[5] Leçon rejetée: ses.

Et par certains nombres comptoit
Des planetes les mouvemens
Et divers avironnemens.   16
Clerement aussi congnoissoit
Dont sont[6] causés les soufflemens,
Les orages et soudains vens
Qui esmeuvent la mer serie.   20
Aussi scait il et estudie
Qui c'est qui meult le ciel estable,
Pourquoy l'estoille delectable,
Lucifer, apréz qu'est couchee   24
Dessus la mer en occident,
Puis au matinet resveillee
Clere reluit en orïent. [2ᵛ]
Aussi discernoit prop[r]ement   28
Qui cause en printemps le doulx vent
Dont la terre toute fleurye
Est atournee cointement
De roses. Aussy scait comment   32
Authompne en sa vigne chargie
De raisins donne plainement.
A brief parler finablement,
C'est homme scait causellement   36
Et si congnoist par sa clergie
De la terre et du firmament
Tout le secret contenement.
Helaz, or est tant obscurcie   40
Sa lumiere d'entendement,
Et pesans chaynes durement
Ont sa chiere si amatie,
Que contraint est chetivement   44
De regarder honteusement
La terre, de face esbahye.

Prose 2

Sed medicine etc. .iiᵉ. prose, en laquelle Philosophie invite Boece a la congnoistre.

---

[6] Leçon rejetée: sons.

1. Mais maintenant il est temps, dit elle, de donner remede et medecine plus que plaindre sa maladie". 2. Lors elle, mectant sur moy son entente et piteusement me regardant, dist: "N'es tu pas celui qui pieça fu nourry de nostre laict et alevé et acreu de nos viandes jucquez en l'estat de homme parfait, 3. et auquel nous donnasmez telz armez que, se tu ne les eusses premier jectees, elles te deffendissent par invincible fermeté? 4. Ne nous congnoys tu point? Pourquoy ne parles tu? Esse par honte ou par paour? Je vouldroye mieulz par honte, mez je voy que paour t'a sourprins". 5. Et comme elle m'eust veu du tout sans parolle, doucement mist sa main sur ma poictrine et dist: "Icy n'a point de peril. Il est en litargie qui est maladie qui donne illusion es pensees. 6. Il est ung petit oublié de soy mesmez, maiz s'il nous a recongneue, de legier retournera [3ʳ] son memore. Et affin qu'il nous puisse mieulx congnoistre, torchons ses yeulz obscurcis par la nuee des choses transitores et mortellez". 7. Et quant elle ot ce dit, de sa robe ployee tordist et secha mes yeulx des grans lermes, dont ilz estoient troublés.

Mètre iii

  Adonc m'est ma clarté rendue
  Et mez sens retournéz a point;
  Com quant vent mol maine la nue,
  Le solail de clarté n'a point,   4
  Maiz quant la bise la remue
  Et a force le chace et point,
  La clarté qui estoit perdue
  Tost retourne en son premier point;   8
  Ainsi le vent d'aversité,
  Dont vient la nue de tristesse,
  A troublé et debilité
  Ma raison et osté leësse.[7]   12
  Maiz la scïence en verité
  Que j'ay aprinse en ma jennesse

---

[7] Glose marginale: *Ainsi comment le soleil enlumine le monde, aussi raison et entendement enluminent l'omme. Et comment la clarté du soleil est obscure par les nues que le vent mol amaine, ainsi est raison offusquee par la tristesse procedant d'aversité. Maiz le vent de bise qui chasse celle obscurté et fait descouvrir la clarté du soleil est comparee a philosophie, laquelle oste et purge les tenebres d'icelle tristesse causee par adversité.* Voir l'Annexe 3.

M'a demonstré la vanité
Des biens mondains et leur floibesse.   16

Prose 3

Haud aliter etc. .iiie. prose. Come Boece commença a congnoistre Philosophie.

1. Ainsy la nue de tristesse de moy departie, je prins a veoir le ciel et a congnoistre la face de ma miresse. 2. Et comme je eus en elle fichié mon regard, congnoissant que c'estoit ma nourrice es maisons de laquelle j'avoye esté nourry et conversé des ma jennesse, lui dis: 3. "O, Maistresse de toutes vertus, descendue du souverain ciel, pourquoy es tu venue en ce lieu solitaire de nostre exil? Es tu pour ce venue que tu soies accusee de faulx blasmez comme je suis?" 4. "O, dit elle, mon filz et ma nourreture, te delaisseroye je et ne partiroye avecquez toy par commun labeur a la charge que pour l'envye de mon nom tu as soufferte? 5. Il ne seroit pas licite a Philosophie de laisser sans compaignie le chemin de l'innocent. J'en doubteroye estre blasmee comme de chose nouvel advenue. 6. Crois tu que sapience a present premierement assaillie par [3ᵛ] ceulx de mauvaises meurs? N'avons nous pas bataille et anciennement mesmez devant l'aage de nostre Platon encontre la⁸ folie des mauvais? Et Socrates, son maistre, moy presente, injustement souffry paine de mort. 7. Autre peuple, Epycuriens et Stoïciens, voulans ravyr l'eritage de ses sciences, detrencherent et rompirent la robe que j'avoye tyssue de mes mains, par mal entendre ses dictz, et cuidans que je m'en allasse avec eulx, se departirent de moy. 8. Esquelz, pour ce que aucunes traches de nostre habit y apparoient, la folie des hommes, cuidans qu'ilz fussent mes familliers, deceus et pervertis par mauvais erreurs, persecuterent aucuns d'iceulx. 9. Et se tu n'as congnoissance de l'exil d'Anaxagoras, du venin de Socrates, ne des tourmens de Zenon, pour ce qu'ilz sont estranges et anciens, au moins as tu peu congnoistre de Canions, de Sorains et de Seneque, dont la noble renommee n'est pas ancienne, 10. lesquelz nulle autre chose ne fist mourir si non que leurs meurs estoient dissemblables et contraires aux meurs des mauvais. 11. Ne te merveilles point donc se en ceste amertume de vie nous sommes persecutés des mauvais hommes, 12. auzquelz desplaire et despareiller nostre vie nous nous devons principalement

---
⁸ Leçon rejetée: la la.

emploier. Et combien que le nombre en soit grant, neantmoins il est a despriser, car il n'est gouverné par aucun ducteur, 13. maiz seullement par erreur qui follement les maine. Et se aucunes fois ilz nous assaillent asprement, nostre ducteure retrait ses meilleurs biens en sa tour, en laissant hors aucunes serpilleres et choses inutiles, ausquellez prendre et ravir ilz s'occuppent. 14. Mais nous du hault de la tour rions et nous moquons de leur folie ravissant si tres villes choses, seurs de toute leur fureur pour la force et fermeté d'icelle tour, laquelle est a eulx inaccessible et inprenable.

Mètre iv

  Quiconquez demener vouldroit
  Vië ordonnee et honneste,
  Et Fortune regarderoit,
  Qui oncquez en ung lieu n'arreste,   4
  Rage de mer ne doubteroit,
  Undes volans ne sa tempeste; [4ʳ]
  En pacïence porteroit
  Toute villennie et moleste.   8
  Ne la montaigne de Vesee
  Qui soubz terre fait engendrer
  Aucunes fois orbe fumee,
  Puis apréz la flambe et feu cler,   12
  Ou tonnoirre d'ardant nuee
  Qui haultez tours fait trebucher,
  Ne pourroit personne affermee
  Faire douloir ou couroucher.   16
  Convoitise de grant avoir
  Des biens de ceste mortel vie
  Et paour de deffault avoir
  Donnent aux tirans seigneurie.   20
  Qui vouldroit faire son devoir
  Qu'a ces deux ne eust compaignie,
  Le tirant n'aroit point pouair
  Dont lui sceust faire villennie.   24
  Maiz cil que couvoitise abat
  Et que ire trouble a sa venue,
  Quant paour d'autre part s'embat,
  Il n'a ne force ne tenue;   28

Ses armes pert et ferme estat;
Ainsi de franchise s'esnue
Et tantost est vaincu et mast
Par sa pacïence perdue.   32

Prose 4

Sentisne inquit. .iiii^e. prose.

1. "[E]ntens⁹ tu, dit elle, ces choses? Entrent elles point¹⁰ … age. Es tu comme ung asne au son de … [p]leures tu et habondes en larmes … Se tu actens a avoir l'aide du … tu lui monstrez et descouvrez …".

2. … [p]our lui respondre ple¹¹ … [4ᵛ] "de cruelle Fortune contre nous. Ne t'esmeut point l'obscurté de ce lieu? 3. Esse cy la librairie de nos maisons de Romme ou tu disputoies souvent avec moy des sciences divines et humainez? 4. Estoit tel mon habit et telle ma face quant je estudioye avec toy les grans secretz de nature, quant tu me monstroyes les cours des estoilles et planetes, quant tu me informoyes comment nos meurs et la raison de nostre vie doivent estre regléz a l'exemple du ciel et selon l'ordre et disposicion des corps et mouvemens celestieux, laquelle science vient de toy, dont je te mercye?

5. Tu as dit par la bouche de Platon que beneurees seroient les choses publiquez, se les recteurs d'icelles estoient estudians a sapience. 6. Et qu'il estoit neccessité que les sagez empreïssent a les gouverner, affin que les gouvernemens des cités, delaisséz aux mauvaiz et ignorans, ilz ne portassent dommage ou destruction aux bons. 7. Je doncquez, ensuivant ceste auctorité, ay desiré ce que j'avoye aprins en tes secretes estudes mectre en effect de publique administracion. 8. Je appelle Dieu et toy a tesmoingz que oncquez

---

⁹ Le premier caractère est déformé par la déchirure.

¹⁰ Une déchirure du feuillet enlève aux cinq premières lignes de la prose les premiers mots du texte ainsi que deux lignes tout entières du texte de la phrase §2. Une réparation ancienne leur a substitué les débuts de lignes des sections §20 et §21: 'L'en nous impose au … des senateurs. La m … blasmés d'avoir empesché … lectres par lesquellez il eust fait … contre la majesté royal. O Ma … que juges tu de ce? Serons nous reprouchés pour bien faire? J'ay voulu le bien et salut des senateurs et tousjours'. Il n'y a aucune lacune dans le texte des sections §20–§21 (f. 5ᵛ).

¹¹ La leçon est douteuse, surtout le premier caractère, et le mot incomplet, semble-t-il, en raison de la déchirure.

autre chose ne me meust a parvenir a dignité de gouvernement fors le desir du bien commun. 9. Pour la garde et deffence duquel et de droit, j'ay eu avec plusieurs grandes discordes et offensé les plus grans du paÿs a tousjours.

10. Quantesfoys ay je corrigé et pugny Trigille, prevost de la maison royal, des choses qu'il avoit mal faictes? Quantesfoys ay je preservé, en moy exposant a peril, par mon auctorité, le povre peuple que l'avarice impugnye des estrangiers travailloit par infinies oppressions? Oncquez personne ne me tira ne flechist de droit a faire tort. 11. Quant j'ay veu les biens du peuple ravyr ou par privees ra ... ou par publiquez truagez, j'ay a ce ... se moy mesmez eusse soustenir ce q ... 12. ... grant famine le roy voulant ... acheter ses blés a hault pris ...[12] [5ʳ] l'estrif pour le prouffit commun encontre le prevost du pretoire, le roy ce congnoissant, et empeschay que l'edict royal ne sortist en excecucion. 13. Paulin, consule de Romme, duquel les chiens du palais royal avoient devouré les richessez, je les feÿs retraire et restituer. 14. J'ay gardé le consule Aubin de l'accusacion faicte contre lui par Cyprien, son adversaire et haygneux. 15. Ne voit on doncquez que j'ay assés assemblé grans discordes contre moy? Mais envers les autrez que j'ay soustenus et gardés, je deusse estre plus seur, qui pour amour de justice oncquez ne reservay riens a moy envers les gouverneurs du roy, par quoy je deusse estre plus asseur. Ainchois sommes condampné par leur rapport et accusation. 16. Desquelz Basille, pieça debouté du service du roy, a esté induit en l'accusacion de nostre nom par neccessité, et convoitist de peccune d'autry. 17. Aussi me accuserent Epilion et Gaudaces, lesquelz comme la justice royal les eust jugez aller en exil pour leurs demerites, et eulx non voulans obeÿr, tenans franchises es sains lieux. Ce venu a la congnoissance du roy, ordonna que, se ilz ne partoient de la cité de Ravenne dedens jour prefix, ilz fussent boutés hors et leurs frons signés de certaines empraintes. 18. Quelle cruaulté pourroit estre pareille, car certes en celui jour mesmez fu receue l'accusacion de nostre nom par leur relation? 19. Quoy doncquez? L'avons nous ainsi desservy? Leur dicte accusacion les fist elle justes accuseurs? N'eust point Fortune de

---

[12] Les effets de la réparation ancienne apparaissent encore ici. Les vers 1-6 du texte latin du mètre iv complètent dans une colonne de droite les lignes tronquées (§11-§12). Dans une colonne de gauche, les vers 30-32 du mètre iv, qui se trouvent aussi en bas du f. 3ᵛ, suivent 'a hault pris'.

honte de tel fait? Se elle n'eust honte de l'innocence accusee, au moins deust avoir honte de la vilité des accuseurs.

20. Maiz tu demandes de quel crime nous sommes accusés? L'en nous impose avoir voulu sauver la compaignie des senateurs. 21. La maniere tu desires a ouÿr? Nous sommes blasmés d'avoir empesché ung message qu'il ne portast lectres par lesquellez il eust fait coulpables les senateurs contre la majesté royal. 22. O, Maistresse Philosophie, que juges tu de ce? Serons nous reprouchés pour bien faire? 23. J'ay voulu le bien et salut des senateurs et tousjours [5ᵛ] le vouldray, nonobstant qu'ilz ayent sur moy assis jugement. 24. Maiz les mensongez de mes accuseurs ne peuent müer la verité de mon fait, et n'eust pas esté par le jugement Socrates a moy chose juste celer verité ou dire mensonge. 25. Mais comment qu'il en soit, je le remect au jugement de toy et des saiges; et affin que ceulx qui sont advenir congnoissent le vray du cas, je le laisse par escript pour memore. 26. Car des lectres faulsement composees, par lesquellez je suis accusé avoir pourchassé liberté aux Rommains et les delivrer de la servitude royal, se j'eusse esté appellé et present a la confession des accuseurs, comme droit et raison est de faire en tous cas semblables, 27. la fraude et traïson eust esté clerement descouverte et declaree; et eusse respondu par la parolle de Canius, lequel comme il feust accusé de Gayus Cesar, filz de Germain, d'estre coulpable d'une conspiracion faicte contre luy, respondi: 'Se je l'eusse consentu, certes tu ne l'eusses pas sceu.'

28. En laquelle chose mon deul n'a pas tant mon sens aveuglé que je me complaingne de ce que les mauvais ont desir et voulloir de mal faire et pourchacer aux vertueux. Maiz je me merveille grandement qu'ilz ont le pouair de executer sur eulx leur mauvaiz desir. 29. Car leur voulloir de mal vient par avanture de nostre deffaulte. Maiz le pouair et mectre en effect, c'est chose estrange et merveilleuse comme Dieu, ce voyant, ne les en retraict et empesche. 30. Dont ung de tes familliers fist question, disant: 'Se Dieu est, dont viennent les maulx? Et se Dieu n'est point, dont viennent les biens?' 31. Maiz posé ores que Dieu permecte aux mauvaiz d'acomplir leur mauvaiz desir qu'ilz ont sur les bons, au moins n'avons nous pas desservi ce mal envers les senateurs. 32. Tu scais bien que en toutes choses que j'avoye a faire ou a dire, tousjours tu me adrechoies, et as bien memore come le roy par sa tyrannie s'efforça du crisme de royal majesté, mis sus a Aubin,

retorquer icelui crisme sur tous les senateurs, en combien grant et evident peril de moy mesmez leur innocence deffendi et le crisme a eux imposé. 33. Tu scais bien que ces choses sont vraies et que oncquez ne me vantay [6ʳ] en nulle louenge de moy, car toutesfois que aucun, par vantance, reçoit glore et renommee mondaine, il descroit et apetice le merite secret de sa conscience. 34. Maiz tu vois a quelle fin est venue nostre innocence; pour les loyers de vertus nous recevons les paines des vices. 35. Quel crisme magnifestement confessé en jugement feust oncques en si grant rigeur de justice pugny? 36. Se je feusse accusé d'avoir voulu brusler eglises ou de ochire les prebstres, ou machiné la mort des bons, sentence de bonne justice me deust avoir pugny present, recougnoissant, et convainqu du cas. Maiz sans estre ouÿ ne present, sommes condampné et envoyé en exil environ .vᶜ. mille pas de Romme.

37. Et pour mieulx couvrir leur malice m'ont faulsement imposé que pour ambicion de parvenir a dignité et hault estat j'ay fait invocacion de privés ennemis. 38. Et certes toy, entee en nous, boutoyes hors du siege de nostre courage toute couvoitise de choses mortelles; et devant ton regard si detestable vice n'eust peu avoir lieu, car tous les jours tu frappoies en ma pensee le dit de Pithagoras: 'Tu sacrifieras a ung seul Dieu, et non pas a plusieurs'.[13] 39. Ne il ne m'estoit pas besoing avoir aide de mauvaiz esperis qui en telle excellence m'as constitué comment avoir esté fait a la semblance de Dieu. 40. Oultre, la maison innocente et compaignie de nos tres honnorables amys, mon bon sire Simachus de tant grant reverence et saincteté, nous deffendent de toute suspicion de tel blasme. 41. O, quel mauvaistié! Ilz prennent de toy presumption et credence de si grant crisme, cuidans que es secretes estudes que je faisoie souvent pour estre enseigné de tes disciplines et instruit de tes meurs, je quisse affinité et locucion avec les privés ennemys. 42. Et ne leur suffist mye d'avoir imposé ce crisme sur moy, mes encore te vilipendent et desprisent tes sciences. 43. Et ce qui acroit mon mal, c'est que le jugement de plusieurs ne considere pas le merite des choses, mes le advenement de Fortune. 44. Et jugent ceulx que Fortune a hault eslevéz avoir meri les biens, et ceulx qu'elle a deprimés et abaissés avoir desservi les maulx qu'ilz portent. 45. Et je, qui suis de tous biens debouté, de

---

[13] Précepte cité en grec dans le texte latin. Le sens propre est 'Suivez Dieu'. Voir l'Annexe 5.

dignités despoullé, [6ᵛ] et de renommee despoincté, pour bien faire je porte tourment. 46. Certes il me semble que je veoye les mauvaiz et envieux habonder en joye et leesse, et eulx appliquer a controuver nouveaulx blasmez pour les bons accuser, et les bons esbahis et prosternés pour l'erreur de nostre exil. Et pour ce que je voy que les mauvais sont incités et enhardis a mal faire, non pas seullement pour estre non pugnis, maiz aussi par dons et loyers que pour ce ilz en reçoivent, et les innocens et bons, non pas seullement privés de surté, maiz aussi de toute deffension, je suis esmeu et contraint de crier devers Dieu, disant ainsi:

Mètre v

    O Createur du firmament
    Et de toute chose creable,
    Qui es assis tres fermement
    En ton hault siege pardurable!   4
    Le ciel tournes ynellement
    Et mües toute riens muable;
    Estoilles variablement
    Euvrent selon ta loy estable.   8
    Ordonné as par loy certaine
    Toutes les choses de ce monde:
    La lune du soleil loingtaine
    Si est sans cornes toute ronde,   12
    Adonc est elle toute plaine
    Et en lumiere moult habonde,
    Maiz quant du soleil est prochainne
    Il fault que sa clarté s'esconde.   16
    Lucifer, selon t'ordonnance
    A sa maniere desguisee,
    Aucun temps[14] luyt par habondance
    Devers le soir a l'avespree,   20
    L'autre fois le soleil devance
    Au matin vers l'aube ajournee;
    En tout le ciel il n'a muance
    Qui par toy ne soit ordonnee.   24
    Le soleil sa vertu retrait [7ʳ]

---

[14] Leçon rejetée: tempt.

Et le jour descroit a merveille
Quant le temps vers yver se trait,
Qui les arbres desapareille. 28
En esté les jours ont grant trait,
La vigne raverdist sa treille,
La nuyt a tantost son cours fait
Quant le soleil matin s'esveille. 32
Tu fais selon ta voulenté
En l'an quatre divisions:
Antompne, yver, printemps, esté,
De diverses condicions; 36
Leur estrange proprieté
Fait en terre mutacions
Et si monstrent diversité
Es humaines complexions. 40
Par toy fait le doulx Zephirus
En printemps feulles retourner
Es arbres qui estoient ferus
Du vent de bise en temps d'yver; 44
En antompne appert Arturus
Quant on doit les fourmens semer;
En esté reluyt Syrïus
Quant vient le temps de messonner. 48
Tu gouvernes tout par mesure
Et selon ta loy souveraine
Tu as fait toute creature,
Et ordonnes a fin certaine, 52
Reservé que humaine nature
Sans toy se gouverne et demaine,
Car tu en as baillé la cure
A Fortune faulse et villaine. 56
Doulx sire, change sa maniere
Et repren le gouvernement!
Que Fortune soit mise arriere
Qui nous maine si fierement! 60
Les bons hommes sont mis derriere, [7ᵛ]
Mauvaiz sont assis haultement.
Ha, sire, entend nostre priere
Et si nous gouverne autrement! 64
Au jour d'uy regne tricherie

Et est maistresse souveraine;
Bontés, vertus et saincte vie
Sont entrés en male sepmaine; 68
Les mauvais font leur villennie
Et les bons en portent la peine;
Barat, mensonge et flaterie
Sont gouverneurs et capitaine. 72
Quant le mauvaiz est hault assis
Et par son mensonge essaucié,
Les grans seigneurs neys du paÿs
Veult il mectre dessous le pié; 76
Nous sommes hommes de grans pris;
Regardes nous, sire, en pitié!
Car Fortune nous a souppris
Et foy et raison hors cachié. 80
Fortune souvent se desguise
Et change son gouvernement;
Assez tost abat et debrise
Celui que tenoit haultement. 84
Sire, pour Dieu, ne nous desprise,
Maiz nous fay vivre establement,
Et nous gouvernez a la guise
Et a la loy du firmament". 88

Prose 5

Hec ubi continuato etc. Comment Philosophie fait recitacion de la complainte faicte par Boece. En laquelle complainte il dit aucunes choses contre raison, comme chetif et dolent, pour monstrer qu'il a grant besoing de consolacion. Et aucunes fois dit il par raison, a ce qu'il se monstre estre tel que encores puisse recevoir confort et garison.

1. Quant ces choses je eus en grant douleur racontees, ma dame Philosophie, sans estre pour mes complaintes aucunement esmue, doulcement parla et dist: 2. "Comment je t'eusse veu en [8ʳ] si grans couroux et tristesse, j'ay tantost congneu que tu estoies chetif et exillié, maiz non pas loing de ton paÿs, car ton adversité a exillee et forvoyé ta raison et toy mesmez.[15] 3. Maiz se tu te veulx dire estre bouté hors

---

[15] Glose marginale: *Nota que le paÿs de chacun, il appelle la transquilité et paix de sa pensee, laquelle l'en pert par les cures et turbacions des choses terriennes. Et icelle paix on receuvre en soy deppartant d'icelles cures.* Voir l'Annexe 3.

de ton paÿs, combien que en cela tu erres, toy seul t'en es bouté hors, et nul autre ne le pouait faire. 4. Car se tu consideres de quel paÿs tu es natif, il n'est pas gouverné par multitude de recteurs, comme jadis estoit Athenes, maiz ung roy et ung seul seigneur est – c'est Dieu – qui le gouverne, lequel ne prent pas plaisir a la depulsion et exil de ses subgectz, maiz en leur demourance; et ceulx qui par ses loys sont gouvernés et obtemperent a sa justice sont en souveraine liberté. 5. Ne scays tu pas bien que par l'ancienne loy de Romme les cytoiens d'icelle n'en pouaient estre banis, se ilz ne laissoient le vouloir de y habiter? Aussi ne peus tu estre bany ou exillié de ton paÿs, se tu ne laisses et deposes la voulenté de obeÿr a Dieu, ton Seigneur. 6. Je ne suis de riens esmue ne troublee pour l'obscurté de ce lieu; ne je ne considere, ne complains tes belles chambres parees et aournees d'yvoire et sumptueusement voyrrees, mais seullement l'estat de ta pensee, en laquelle ta raison est fort troublee pour les tors et griefz que tu dis, qui t'ont esté fais.[16] 8. Lesquelz tu m'as distincteement declairés, toy complaignant des accuseurs qui frauduleusement ont de toy relaté, dont le peuple est assez congnoissant. 9. Tu blasmez aussi les senateurs qu'il n'ont pas usé vers toy par voye de droit. Tu t'es aussi doulu de nostre blasme, et as plouré les dommages de ta renommee blechie. 10. Aprés de Fortune te complains que ses loyers ne sont pas egaulx ne correspondens aux merites, maiz aux mauvais depart plus ses biens qu'elle ne fait aux bons; finablement de ta raison forcenee te complains du Createur qu'il a baillé le fait des hommes au gouvernement de Fortune, luy faisant priere que par tel loy et accord qu'il gouverne le ciel, il veulle gouverner aussy les terres. 11. Maiz pour ce que tu es impetueusement assailli d'affections terriennes, et que ire, douleur et pleur ont distrait diversement le jugement et usage de ta raison, en l'estat eu quel [8ᵛ] je te voys a present, tu n'as pas mestier encores de fors remedes. 12. Mais nous userons avant de legieres et doulces medecines pour disposer ta maladie a recevoir par aprés petit a petit la force de plus fors remedes.

Mètre vi

>Quant le soleil eu Cancre hault
>Au point que plus ne peult monter

---

[16] Il manque du texte correspondant à §7; le sens de §8 est abrégé, mais celui de §10 a été amplifié.

Est, qu'il art et bruit tout de chault,
Qui vouldroit lors fourment semer 4
De sa moisson auroit deffault;
Pour ce n'est pas bon trop haster;
Ainçois trop mieulx actendre vault
Temps convenable pour ouvrer. 8
Qui la violette d'esté
Quiert en yver parmy les bois,
Quant celle bise a tant venté
Que les arbres despouillés vois, 12
A bon maistre n'a pas esté;
De nature ne scait les loys
Qui donne selon verité
Aux choses leur temps et leur moys. 16
Cil qui veult boire de bon vin
Fort et de bonne nourreture
Ne doibt pas cueillir le raisin,
Tant comme il est en sa verdure, 20
Car ce que l'en fait trop matin
Et contre l'ordre de nature
Ne portera ja vers la fin
Prouffit aucun a creature. 24
Tu vois que Dieu ne seuffre pas
Que l'un temps a l'autre mesface
Maiz tout bellement pas pour pas
Chacun a office et espace; 28
Ainsy convient il qu'en tous cas
Chacun ouvrier son euvre face
Par certain ordre et droit compas,
Se de son fait veult avoir grace. [9ʳ] 32
Se fors remedes te donnoie
A ce premier commencement,
Trop matin te desjuneroie,
Qui au malade est griesvement; 36
Et pour ce que je mesprendroie,
Commencer veul legierement
A ramener a ton cuer joye
Et toy donner advisement. 40

Prose 6

Primum ergo pateris. .vi^e. prose, en laquelle Philosophie fait aucunes interrogacions a Boece pour congnoistre l'estat de son mal, affin de lui donner remede.

1. Premierement doncques pour congnoistre l'estat de ta pensee et pour mieulx entendre quelle sera la maniere de ta curacion, souffriras tu que je te face aucunes petites interrogacions?" 2. "Demandéz, diz je, ce qu'il vous plaira affin que je responde". 3. "Cuides tu, dit elle, que ce monde soit gouverné par cas de Fortune, ou par l'ordonnance de raison?" 4. "Certes, diz je, en nulle maniere je ne cuideroye que choses si certaines feussent menees ne gouvernees par euvre de Fortune qui de soy est incertaine et muable, maiz scay que Dieu le Createur preside et a gouvernement de son euvre, ne oncquez en quelque jour ne tins opinion contraire". 5. "Ainsi est il, dist elle, et ce mesmez as tu congneu ung pou cy devant, excepté que tu plouroies que les hommes tant seullement estoient hors de la cure de Dieu, et de toutes les autres choses tu ne doubtoies point qu'il ne feussent gouvernés par raison et entendement. 6. Dont je me merveille fort comment de celle congnoissance tu ne retournes en ta santé et que ton entendement n'en reçoit plus grant lumiere, maiz il fault aller plus parfont. 7. Dy moy, puisque tu ne doubtes point que cest monde ne soit par Dieu gouverné, scais tu point par quelz gouvernaulx il se gouverne?" 8. "De celle question, dis je, je congnoy si poy que a paine en scayroie respondre". 9. "Ha! dit elle, je voys bien que tu as besoing d'aucune chose a purger la maladie de perturbacion de pensee, qui est dedens ton courage entree, et en a rompu et ouvert la closture de fermeté. 10. Maiz, dy moy, scays tu [9^v] point qui est la fin de toutes choses, et ou tend l'intencion de toute nature humaine?" "Autres foys, dy je, l'avoye ouÿ dire, maiz douleur et tristesse ont offusqué mon memore". 11. "Et scais tu dont ces choses sont venues?" "Oÿl, dy je, de Dieu qui est commencement de tout". 12. "Et comment se peult il faire que tu ignores la fin des choses et tu congnois leur commencement? 13. Maiz telles sont les coustumes des perturbacions que elles peuent bien aucune chose oster de memore, et non pas toutes. 14. Or me respons a ceste question: te souvient il point que tu es homme?" "Pourquoy, dy je, ne m'en souvendroit il?" 15. "Di doncques, quelle chose est homme?" "C'est, respondis je, une beste raisonnable et mortelle. Et confesse que je suy tel". 16. "Et congnoys tu point que tu soies nulle autre chose?" "Nennil". 17. "Or

congnois je, dit elle, maintenant la tres grant cause de ta maladie, car tu ne scais pas qui tu es; tu congnois la vie mortelle, maiz l'immortelle tu descongnois, pour quoy j'ay plainement trouvé la rachine de ta maladie ou l'entree de recouvrir ta santé. 18. Car, pour ce que tu es confondu par l'oubliance de toy mesmez, te es tu doulu et complaint d'estre exillié et avoir esté despoullié de tous tes biens. 19. Et ce, que tu ignores quelle est la fin de toutes choses, est la cause pour quoy tu cuides et juges que les mauvaiz et desloyaulx hommes soient puissans et beneurés; et ce, que tu as oublié par quelz gouvernaulx Dieu gouverne ce monde, est la cause pour quoy tu ymagines que Dieu ait commis et laissé a Fortune le fait et gouvernement des hommes; ces choses certes sont grans causes non pas seullement de maladie, mais aussi de mort. Maiz je rens graces a Dieu, acteur de santé, qu'il ne t'a pas encores de toute science destitué. 20. Car nous trouvons en toy ung grant nourrissement de santé, c'est ce, que tu crois que le gouvernement de ce monde est subgect a raison divine, et non mie aux cas de Fortune. Preng doncquez ceur en toy et n'aies de riens doubte, car de ceste petite estincele de congnoissance te revendra ta santé et la lumiere de ta pensee. 21. Maiz pour ce qu'il n'est pas encores temps de bailler fortes medecines et que la [10ʳ] nature d'entendement humain est qu'il ne peult estre oyseux, et s'il se despoulle de vraies sciences, il fault qu'il se veste de faulses opinions, desquelles procede l'obscurté de perturbacion de pensee, je essaieray ung petit a toy tirer par legieres instrucions de ton erreur, affin que, les tenebres de tes affections mondaines et falacieuses ostees, tu puisses parvenir a la splendeur de vraie lumiere de congnoissance et consolacion de tes douleurs.

Mètre vii

Cy aprés demonstre par trois similitudes que les passions de l'ame empeschent congnoissance de verité.

> Il est ainsi de toy, sans doubte,
> Com des estoilles et des nues,
> Car quant la nue est noire toute,
> Les estoilles sont abscondues;   4
> Lors sur la terre on ne voit goute
> Et sont les choses mains esmeues;
> Maiz quant vent arriere les boute,

Les clartés en sont tost reveues. 8
Estoilles dont la clarté vient
Signifie nostre raison;
Et ce qui la clarté retient,
C'est ire et tribulacion 12
Qui en tenebres le maintient,
Maiz quant sa clere vision
Il receuvre, lors il convient
Qu'il change son opinion. 16
Aussi voions nous que la mer,
Tant comme elle est sans mouvement,
Elle ressemble au voirre cler
Et voit on par my clerement; 20
Maiz quant le vent la fait troubler,
Il y mect tel empeschement
Qu'on n'y peult parfont regarder
N'en faire certain jugement. 24
Tout ainsi, quant ceur se repose
Et en paix sans ire s'apure,
La verité parfont enclose [10ᵛ]
N'est pas lors a raison obscure; 28
Maiz quant ire ung cueur si transpose
Et le remple de douleur dure,
Lors clarté de raison repose,
Juger ne peult selon droicture. 32
Quant le ruissel du mont descent
Et commence tout droit aller,
La dure roche lui deffent
Et le fait autre part tourner; 36
Tout ainsi, quant raison se prent
A droit juger et regarder,
La pierre d'ire le reprent
Et fait son jugement errer. 40
Se tu veulx aller droicte voie
Et faire jugemens certains,
Oste tout ce qui te guerroie
Et fait les ceurs des hommes vains: 44
Le premier a nom faulse joye,
Que les gens ont des biens mondains,
Qui le ceur de raison forvoye

Dont ne fait jugemens certains; 48
La seconde chose qui meult
C'est tristeur trop desmesuree,
Car quant tristeur le ceur esmeult
La raison est toute aveuglee; 52
Et pour ce, qui bien juger veult
Et avoir raison ordonnee,
Oste toute tristeur, si peult,
De son ceur et de sa pensee;[17] 56
La tierce est la folle esperance
Que l'en a de la mortel vie;
La quarte paour et doubtance
De perdre cë, ou l'en se fie. 60
Quant ces .iiii. sans frain puissance
Ont sur ung homme et seigneurie,
La raison pert sa congnoissance
Et la memore tout oublie". 64

Cy fine le premier livre. [11ʳ]

---

[17] Vers écrit par le copiste dans la colonne de droite.

Livre II

Cy commence le second livre, eu quel Philosophie commence a donner legiers remedes en reprouvant tous les biens de Fortune.

Prose 1

Post hec paulisper obticuit. .i^e. prose.

1. Aprés qu'elle eust ainsi parlé, elle se teust ung petit; et quant elle aperceust que j'estoie ententif a escouter ses parolles, elle reprint son langage et commença ainsi: 2. "La cause de ta maladie, ainsi comme je puis congnoistre, est l'affection et desir oultrageux que tu as de ta premiere fortune, laquelle, muee, a perverti et mué l'estat de ton courage. 3. Fortune est ung monstre plain de diverses deceptions, et quant elle s'efforce a decepvoir et actraire aucuns a soy, elle leur monstre grant familiarité, amour, et debonnaireté; et lors qu'ilz esperent plus hault monter, elle les fait bas trebucher et les laisse en douleur et tristesse intollerable. 4. De laquelle, se tu congnois bien la nature et les meurs, tu scairas certainement que d'elle tu ne eus oncquez aucun bien. Maiz, pour toy rememorer de tes choses, il ne me fault pas fort travailler. 5. Car, au temps de ta prosperité qu'elle usoit vers toy de ses blandissemens, tu la desprisoies et la vanité de ses biens par courage vertueulx et par paroles dont tu avoies aprins les sentences de nostre doctrine. 6. Maiz nulle soudaine mutacion n'advient que le courage ne soit aucunement esmeu et troublé, et c'est qui t'a fait ung pou departir de la paix de ton courage. 7. Mais il est temps que je te face prendre et savourer aucune chose doulce et joyeuse qui fera preparacion et chemin a plus fors remedes. 8. Or vienge donc Rethorique en doulces et delectables persuasions sans soy deppartir du droit sentier de nos institucions; et avec elle Musique, ancelle de nostre maison, chantant par armoniques modulacions pour le soulas de nostre pacient.

9. O, homme, qui est ce qui t'a jecté en tristesse et en pleur? Je croy que tu as veu aucune chose nouvelle et non acoustumee. Tu cuides que Fortune soit envers toy muee. Certes tu erres. 10. Tousjours sont telles ses coustumes et aussi est sa nature. Elle a gardé en toy son droit estat et propre constance par sa grant mutabilité. Telle estoit elle lors qu'elle te flatoit par faulse prosperité. 11. Tu congnois maintenant par [11^v] experience ses deux faulx visages. A plusieurs

elle se cele et muche, maiz a toy elle se est toute manifestee. 12. Se elle te plaist, use de ses coustumes et ne t'en plaing pas; se faulseté te desplaist, jecte hors de toy et desprise celle qui faulsement joue. Ce qui est maintenant cause de ta tristesse te devroit mieulx estre cause de paix et de leesse. Se Fortune t'a delaissé, aussi ne fu oncquez homme asseur ne ja ne sera qu'elle ne le delaisse. 13. Juges tu eureuse fortune estre chose chere et precieuse qui tost s'en fuyt, et ne la peult on retenir? Et quant elle s'en sera allee, elle fait l'omme chetif et demourer en tristesse. 14. Je dy donc que fortune eureuse n'est autre chose que signe et presumpcion d'aucune chetiveté advenir. 15. Il ne suffist pas de penser a ce qui est present devant les yeulx, maiz prudence doit prevoir et mesurer la fin et l'issue des choses. La grant mutabilité d'elle fait et demonstre assés que ses menaches ne sont a doubter ne ses blandissemens a appeter. 16. Finablement il convient que tu seuffres par egal courage toutes les choses qui adviennent en ce monde puisque une fois tu es submis a sa servitude. 17. Et se tu la vouloyes garder d'aler et venir, elle, que tu as esleue[1] voluntairement pour ta dame, tu lui feroyes injure et le animeroyes contre toy et si ne la pourroyes müer. 18. Se tu mectoyes en la mer ton voile au vent, tu ne pourroies pas aller ou il te plairoit, maiz la ou le vent te chasseroit. Quant tu as jecté aux champs tes semences, il te fault prendre l'annee soit sterile ou fertile, ainsi qu'il en advendra. Aussy puisque tu te es submis et donné du tout au gouvernement de Fortune, il fault que tu obtemperes et obeÿsses du tout a ses loys et coustumes. 19. Se tu t'efforces de arrester et tenir sa roe tournant impetueusement, tu seras le plus ignorant de tous les hommes, car, se elle commençoit a soy arrester et estre estable, elle ne seroit plus dicte Fortune.

Mètre i

Cy demonstre Philosophie la grant mutabilité de Fortune.

> Quant Fortune, dame orgueilleuse,
> Changant et melencolieuse,
> Et qui d'estre en ung lieu n'a cure,
> Veult monstrer sa puissant nature, [12ʳ]   4
> Lors elle ressemble a ung fleuve
> Qu'oncquez en ung point ne se treuve,
> En Grece est et a nom Euripe.

---

[1] Leçon rejetée: esleu

Ainsi fait Fortune la lippe   8
A ceulx qu'elle avoit honnorés,
Quant ung pou hault sont sourmontés.
Les roys qu'avoit mis a honneur
A fait mourir a grant douleur;   12
Riches abat, povres mect hault;
De roys ne de ducz ne lui chault
Ne de leur plourer ne fait force;
Ains lors de rire trop s'efforce,   16
Quant elle a fait bien fort plourer
Ceulx qu'elle souloit honnourer.
Qui verroit bien toute sa vie,
Ce n'est fors une moquerie.   20
Quant elle veult riches trouver,
Lors sa force veult esprouver
Et monstrer qu'elle fait merveillez,
Car, sans grant temps et sans grans veilles, 24
Soudainement et en pou d'eure
Leur fait faire la chantepleure.

Prose 2

Vellem autem pauca. .ii^e. prose, en laquelle Philosophie introduit Fortune parlant a Boece et luy offrant justice.

1. **O**r je vouldroye bien ung petit avecquez toy debatre eu nom de Fortune, en usant de ses parolles. Et advise bien se elle te demande autre chose que raison, laquelle pourroit ainsi dire: 2. 'Homme, pourquoy me troubles tu et blasmes tous les jours, en faisant complaintes de moy? Quelle injure t'avons nous faicte? Quelz biens t'avons nous ostés qui tiens feussent? 3. Pren tel juge qu'il te plaira devant lequel tu contendras avecquez moy de la possession des richesses et dignités, et se tu peulz monstrer que aucun homme mortel ait eu riens propre ne sien de toutes ces choses, je t'accorderay rendre voulentiers les choses que tu demandes, et dis a toy appartenir. 4. Quant Nature te produit du ventre ta mere, [12ᵛ] je te receu tout nu et souffreteux de toutes choses, je t'ay nourry de mes biens et richesses en grant affluence; et de tant que je t'ay monstré plus de faveur, tu es plus impacient contre moy. 5. Il me plaist maintenant retraire ma main. Tu me deusses rendre graces que je t'ay baillé l'usage des biens d'autry, et n'as pas cause de toy plaindre, comme se tu les eusses perdus. 6. Je ne t'ay fait

tort ne violence. Honneurs, richesses, dignités, et toutes telles choses sont miennes, et mes chamberieres. Ilz me congnoissent comme leur dame: quant je vieng, ilz viennent avecques moy, et quant je me depars, ilz s'en vont. 7. Je t'afferme seurement que, se les biens que tu complains avoir perdus eussent esté tiens, tu ne les eusses peu perdre; car on ne doit pas tenir sien ce que l'en ne pourroit garder.

8. Cuideroyes tu bien changer ma nature et me priver et garder que je ne excerce mes drois et mes coustumes plus que les autrez choses naturelles? Le ciel pourroit il estre empesché qu'il ne face aucunes fois les jours clers et puis par les tenebres de la nuyt les obscurcir et mucher? Les ans peuent par aucun temps parer la terre de fleurs, et par ung autre de fruis, et aprés de naiges et froidures; la mer a droit et pouair maintenant estre serie et paisible, et tantost par orages estre impetueuse et terrible. Et la couvoitise insaciable des hommes nous contraindra a constance et stabilité qui sont choses contraires et estranges a nostre nature? 9. Nostre vertu et euvre continuele est de tourner une roe sans arrest, par laquelle nous faisons les basses choses venir haultes, et les haultes devenir bassez. 10. Monte, s'il te plaist, mais ce sera par telle loy que, quant le jour de nostre jeu le requerra, tu ne cuides pas que je te face tort de descendre. 11. Ne congnois tu point mes condicions? As tu point memore comment Cresus, roy des Lydiens, qui fu tant puissant et estoit tant craint et redoubté du roy Syrus de Perse, poy de temps aprés icelui roy de Perse le print et conquesta, et comment il fust[2] envoyé miserablement aux champs pour ardoir, la grant habondance de la pluye du ciel l'en deffendi? 12. Ne te souvient il pas comment Paulus, quant il olt prins en bataille le roy de Perse, ploura piteusement ses infortunes [13ʳ] et miseres? Quelle autre chose pleure la clameur des tragedies, si non que Fortune par coup soudain tourne et renverse les eureuses prosperités des royaumes en miserables subversions? 13. N'as tu pas aprins en ton enfance que en l'entree du temple de Jupiter il convenoit boire de deux brevages, dont l'un estoit doulx et l'autre amer? 14. Se tu as donc receu de moy des biens plus plantureusement que des maulx, se du tout je ne me suis pas departie de toy, se ma mutabilité te donne occasion de esperer a mieulx avoir, pourquoy te complains tu? Or ne deffailles pas donc de esperance avoir en ceste adversité, et si ne

---

[2] Lecon rejetée: eust.

cuides ou desires par avoir en ce monde, qui est commun a tous, ung singulier droit d'avoir continuelle prosperité plus que les autrez.

Mètre ii

Comment Philosophie se complaint de l'avarice insaciable des hommes.

  Se tant homme d'or et d'avoir
  En ce monde pouait avoir
  Qu'il y a de gravelle en mer
  Ou que d'estoilles enflammer   4
  Et l[u]yre on voit au firmament,
  Pourtant ne lairoit nullement
  A plus appeter, et soy plaindre,
  Ne de plus demander soy faindre.   8
  Car humaine cupidité
  Jamais fin ne sacïeté
  Es biens temporelz ne prendra,
  Maiz a plus grant chose tendra   12
  Tousjours son naturel desir,
  Et quant plus Fortune saisir
  De plus larges dons le vouldra,
  Tant plus de soif d'avoir ardra;   16
  Ne tant n'aura ja couvoiteux
  Qu'il ne se tiengne a souffreteux".

Prose 3

Coment Philosophie demonstre a Boece qu'il n'est pas maleureux pa[r] sa beneurté du temps passé.

1. Se Fortune donc, dist Philosophie, parloit ainsi a toy, tu n'auroies riens a dire a l'encontre; ou se tu scais aucune chose a ta querrelle deffendre, il fault que tu le mectes avant. Nous t'en donnons lieu". 2. Lors je dy: "Voz parolez [13ᵛ] sont plaisans et bien aournees et polyes par la doulceur de rethorique et de musique, et, en icelles öant, ilz sont fort delectables, maiz ilz ne actaingnent pas au parfont de ma douleur, car quant ilz cessent de sonner en mes oreilles, la douleur et racine de mal qui est fiché dedens mon courage demeure, qui le griefve et confont". 3. "Ainsi est il, dit elle. Telles parolles ne sont pas les vrais remedes de ta maladie, ja soit ce qu'ilz te facent

aucun allegement de ton mal et preparacion a plus grans choses recevoir. 4. Maiz quant opportunité sera, je te donneray telz remedes qui jucquez au parfont de ton ceur te trespercheront, et cureront ta maladie. Mais toutesvoyes pour le present, affin que tu ne te cuides pas estre maleureux, as tu oublié la grandeur et la maniere de la félicité mondaine, laquelle tu as eue? 5. Aprés la mort de ton pere, les plus grans et nobles de la cité de Romme te prindrent en leur amour et cure; et fus acueilli en prochaineté de leur affinité aprés la propinquité d'amour et de chierté. 6. Qui est celui qui ne te jugeroit tres beneureux d'estre uni par mariage a tant noble et chaste femme, et de la joye de ta lignie masle? 7. Tu as esté en ta jennesse constitué es singulieres felicités. 8. S'il y a aucun fruit es choses mortellez qui puisse avoir quelque valeur de beneurté, tu ne devroies jamais oublier, pour quelque mal qui te soit advenu, la journee en laquelle tu veïs tes deux filz, esleus et establis conseilliers de Romme, partir de ta maison et estre menés et conduis par la Cité par grant nombre des plus nobles et anciens seigneurs, tu veÿs assis es sieges ordonnés a la dignité des juges. Et toy, assis eu meilleu des deux en presence de la multitude du peuple, emportas le bruit et la glore sur tous d'engin et de loquence. 9. Je cuide que tu as Fortune enchantee, quant ainsi elle te nourrist delicieusement et t'a plus donné que a nulle autre privee personne. Veulx tu compter avecquez Fortune? 10. Se elle t'a ung pou regardé de mauvais œul, et tu veulx considerer et comparer les biens, honneurs et prosperités que tu as receu d'elle, et a l'encontre tes tristesses et adversités, tu ne pourras [14^r] nyer que tu ne soies par elle beneureux. 11. Et se tu veulx dire que ce n'estoit pas beneurté pour ce que si tost elle est departie de toy, je te respons que doncquez n'est ce pas maleurté en quoy tu es a present, pour ce que aussi elle passera et prendra fin. 12. Penses tu trouver en ceste vie transitoire aucune chose estable et permanente, en laquelle tu vois chascun jour en briefve heure les hommes mourir? 13. Car ja soit ce que Fortune soit poy feable d'estre longuement avec ceulx qu'elle gouverne, toutesfoys a la mort convient qu'elle faille, tant ait elle esté permanente. 14. Quelle difference donc cuides tu qu'il y ait entre ce qu'il fault que tu la laisses en mourant, ou qu'elle te habandonne en toy fuyant et delaissant?

Mètre iii

Comment Philosophie demonstre toutes chosez en ce monde estre muables et transitores.

    Quant le soleil aprés la nuyt
    Eu ciel en son rouge char luyt,
    La lune et toute autre planete,
    Par nuyt rougissant clere et nete,   4
    Palist et son visage mue
    Pour la plus grant clarté veüe.
    Es bois qui sont beaulx et jolis
    De roses et de fleurs polis   8
    En printemps quant est revenus
    Le doulx vent qu'on dit Zephirus,
    Quant le froit vent si vente apréz,
    Il ne demoure en bois n'en préz   12
    Beaulté de roses ne de fleurs;
    Mais tantost perdent leurs couleurs
    Et leurs odeurs fresches et fines
    Et n'y demeure fors espines.   16
    Encor est la mer plus muable:
    Ore est serie et tout estable,
    Tantost aprés elle se tourne
    Et ses undes vire et bestourne.   20
    Se tu vois donc choses müer
    Du ciel, de terre, et de la mer,
    N'ymagines pas que Fortune   [14^v]
    Es hommes soit estable et une,   24
    Ains se change es subgectz humains
    Ainsi que es autrez biens mondains.
    L'ancïenne loy de nature
    Deffendi que la creature   28
    Qui vient par generacion
    N'eust cy estable mansion".

Prose 4

Comment Philosophie demonstre a Boece qu'il n'est pas chetif par les biens qu'il a encores de present. Et aussi monstre en general que la beneurté mondaine n'est pas beneurté vraye par les miseres qui y sont.

1. Lors je respondi: "O, dame de toutes vertus nourrice, vous racontés toute verité, et ne puis mescongnoistre le hatif cours de ma beneurté passee. 2. La souvenance de laquelle est la chose qui plus me tourmente et fiert au cuer, car en toute adversité la tres plus miserable espece de toute infortune est avoir esté beneureux". 3. "Boece, dit Philosophie, tu as faulse opinion de toy tenir avoir esté beneureux pour les biens que tu avoies, et maintenant que te dix maleureux pour la deffaulte d'iceulx. 4. Se tu veulx debatre avecquez moy d'icelui vain nom de fortunele felicité, je te dy que toutes les choses que tu as oncquez eues en toute ta beneurté, plus precieuses et plus cheres, tu les as encores, et te sont demourees entieres. 5. Encores vit sain et haitié icelui homme de grant pris en honneur et science et parfait en vertus, Symacus, ton sire, pere de ta femme, que tu n'as pas mains cher que ta vie mesmez, lequel, asseur de son fatz, plaint et poursuit les injures qui te sont faictes. 6. Encores vit ta bonne espouse, sage et actrempee et precelente en honneur de chasteté. Et pour toutes ses perfections assembler, elle ressemble a son pere, laquelle, hayneuse de ceste vie, languist en larmes et en douleur pour desir de ta presence. 7. Que diray je de tes filz, conseilliers de Romme, esquelz en leur jennesse reluit la haultesse et clarté d'engin de leurs parens? 8. Comme donc la vie de chacun lui soit la principale et plus curieuse chose a garder et retenir, et les biens dessusdictz qui te sont demourés soient a toy plus chers que ta propre vie, se tu recongnois encores [15ʳ] avoir ces biens, tu te reputaras beneureux. 9. Et secheras tes larmes, car Fortune ne s'est pas monstree a toy du tout hayneuse. Ne ceste tempeste venue sur toy n'est pas grande, car, comme une nef est seure en tourmente de mer quant ses ancres la retiennent fermement, aussi iceulx tes amis, qui sont tes fermes ancres en ceste tempeste, ne souffriroient que confort du temps present et esperance du temps advenir te deffaillissent".

10. "Or te prie, Dieu, dis je, qu'ilz puissent fermement tenir, car tant que ilz me dureront, quelque chose qu'il me adviengne, je le passeray. Mais vous voiés combien d'onneurs et d'aournemens j'ay perdus". 11. Lors elle parla et dist: "Nous t'avons aucun poy esmeu a confort, car

toute ta fortune ne t'est pas maintenant desplaisant. Mais je ne puis souffrir ne porter ce que tu complains, si angoisseux et dolent, que a ta beneurté il deffault aucune chose. 12. Qui est celui en ce monde tant habondant en felicité qui tousjours en son estat n'ait aucun mal qui lui desplaist, ou qu'il ne lui deffaille aucun bien? La condicion des biens mondains est que jamais ne viennent tous ensemble, ou de tant comme il en vient, jamais ne demeurent perpetuelement. 13. On voit l'un habonder en richesses, maiz il est honteux de son bas lignage; l'autre est de haulte et noble lignie, maiz il est en si grant povreté qu'il amast plus estre mescongneu. Aucun est noble et riche, et il pleure et complaint qu'il n'a pas femme a son plaisir. 14. L'autre est eureux de bonne femme; or n'a il nulz enfans, et espargne son avoir pour gens estranges. Aucun a des enfans, maiz leurs condicions sont mauvaises, et pleure et complaint en grant douleur les deffaultes de son filz ou de sa fille. 15. Pour ce ne se contente nul de l'estat de sa fortune, car chacun a aucune chose qu'il ignore pour ce qu'il ne l'a point experimentee, ou lui en desplait aucune pour ce qu'il l'a[3] experimentee. 16. Mais posons que aucun soit tres beneureux en richesse, lignage, femme et enfans, il sera trop delicatif et trop mol. Et pour ce qu'il n'est acoustumé d'avoir aucune adversité, se tout ne vient a sa voulenté, il se trouble de legier, et par petites choses [15ᵛ] est abatue et abaissee sa beneurté. 17. Quans hommes penses tu qu'il y ait au monde qui cuideroient actaindre jucquez au ciel, si ilz avoient une petite partie des remenans et reliques de ta fortune? Ce present lieu[4] que tu appelles exil est paÿs a ceulx qui y habitent. 18. Nul n'est chetif ne maleureux, si non celui qui le cuide estre. Et a l'encontre, toute fortune est beneurté qui est paciamment portee du souffrant. 19. Qui est celui tant beneureux qui ne desire la mutacion de son estat, quant il s'abandonne a impacience? 20. De quantes amertumes et douleurs est meslee et occupee la doulceur de beneurté mondaine, laquelle, combien que elle semble plaisant et joyeuse a celui qui en peult jouÿr, toutesfois ne pourroit elle estre retenue ne gardee qu'elle ne se departe, quant il plaist a Fortune. 21. Il appert doncquez comment est chetive et vaine la beneurté des mondains, laquelle de ceulx qui d'elle se contentent, tantost se depart, et ceulx qui a plus avoir angoisseux labeurent, elle laisse en pou de plaisir ou delectacion.

---

[3] Leçon rejetée: il a.
[4] Leçon rejetée: lien.

22. O vous, hommes mortelz, pourquoy querés vous felicité es choses mondaines hors de vous? Erreur et ignorance vous confundent l'entendement, car dedens vous mesmez la trouverés. 23. Je te monstreray briefvement le commencement et l'entree de souveraine felicité. Est il riens que tu aymes plus que toy mesmez? Tu respondras que nennil. Se tu es doncquez seigneur et maistre de toy mesmez et de ton courage par bonne raison ordonner et regler, tu possederas telle seigneurie que jamais ne vouldroies perdre, ne Fortune tollir ne pourroit. 24. Mais affin que tu congnoisses que beneurté ne peult estre es choses fortuneles et mondaines, recueil et entend ce que je veul dire! 25. S'il est ainsi que beneurté est le souverain bien de nature raisonnable et icelui bien n'est pas souverain, lequel par aucune maniere peult estre tollu, car celui que l'en ne peult oster ne perdre le prefere et sourmonte en dignité, il est donc tout magnifeste que es biens de Fortune, lesquelx n'ont aucune stabilité, ne peult estre beneurté. 26. Oultre, je dy que celui qui a telle beneurté vaine et caduque, ou il scait qu'elle est muable et perdable, ou il ne le scait pas. S'il [16ʳ] ne le scait pas, il est aveugle par folie et par ignorance. Et par consequent il ne peult estre beneureux. Se il le scait, il est neccessité qu'il ait crainte et paour de perdre ce dont il est certain qu'il peult estre perdu. Et ainsi telle continuelle crainte ne le souffriroit estre beneureux. 27. Ou s'il estoit ainsi que de la perdre ne lui chalut, ou ne tenist compte, il s'ensuirroit que tel bien seroit de petite valeur, duquel autant lui seroit le perdre que le retenir. 28. Et pour ce que tu as aprins par plusieurs demonstracions que les ames des hommes sont immorteles, comme il soit tout cler que la beneurté mondaine fine et deffaille par la mort du corps, on ne peult doubter que, se les biens de Fortune pouaient donner beneurté, que a la mort, ou est perdicion d'iceulx biens, ne viengne et s'ensuive maleurté. Ce qui n'est pas vray. 29. Car se nous scavons que plusieurs bons et sages hommes ont quis le fruit de beneurté souveraine non pas seullement par mort, mais aussi par douleurs, tourmens et martires, par quelle maniere pourroit donc ceste presente vie faire les hommes beneurés, quant elle mesmez ne les fait pas chetifz ne maleureux, quant elle est passee et finee?

Mètre iv

Comment Philosophie nous invite a tenir et amer moyen estat par similitude d'une maison.

Quiconquez veult faire ung chastel
Ou ung fort et durant hostel
Cauteleusement, sans deffault,
Si ne le face point trop hault,   4
Car on voit advenir souvent
Que la force d'un tres grant vent
Trop haultz edifices mect bas.
Aussi sur sablon ne doit pas   8
Sage homme sa maison fonder,
Car tant ne la peult parfonder[5]
En terre vaine et sablonneuse
Qu'elle n'ait petite duree.   12
Se seurement veulx habiter
Pour tous perilz mieulx eviter,
Fay ta maison edifier   [16ᵛ]
Sur basse roche, et deffier   16
Tous orages et vens pourras,
Quant l'air courouché tu verras,
Et ton temps vivras en seurté,
En repos et en[6] beneurté.   20
Par le semblable de l'ostel
Te dy de ton estat autel:
Qui seür estat veult avoir
Ne desire pas grant avoir   24
Ne grant haultesse en ceste vie,
Car sur les riches court envie;
Aussi povres ne veulles estre,
Car, quant Fortune est trop senestre,   28
Pacïence se pert et font,
Tant ne peult estre en ceur parfont.
Suffise toy moyen estat
Ou vent d'envïe ne s'embat,   32
Ou l'en peult garder sa chevance
Et sa vertu de suffisance.

---

[5] Leçon rejetée: parsonder.
[6] Leçon rejetée: et beneurté.

Prose 5

Comment Philosophie preuve particulierement que es biens mondains ne peult estre beneurté, c'est assavoir en richesses, puissances, glore, dignité, et delict. Et premierement des richesses preuve qu'il n'y a aucune perfection de bien, et aussi que elles sont nuysibles.

1. Mais pour ce que les nourrissemens de mes raisons descendent ja en toy, je veul ung petit user de plus fortes raisons. 2. Or entend. S'il estoit ainsi que les dons et biens de Fortune feussent estables – ce que non – quelle chose ont ilz en eulx, se elle est clerement congneue et bien regardee, qui ne soit vile et desprisable?

3. Richesses sont elles precieuses ou par la nature de vous, ou par la nature d'elles mesmez? 4. Certes ilz resplendissent et rendent plus nobles et mieulx renommés ceulx qui les despendent que ceulx qui les amassent et assemblent, car l'omme avaricieux est tousjours en la hayne de toutes gens, et le large est amé et prisé de tous. 5. Se richesses donc, quant ilz sont transportees de l'un a l'autre, ne peuent avec chacun demourer, elles sont lors precieuses et de valeur, quant par l'usage de largesse ilz sont [17ʳ] transportees a autry et delaissees a estre possidees par celui qui les avoit. 6. Se toute la peccune de toutes les gens du monde estoit a ung seul homme, elle fera tous les autres povres et souffreteux. Et une mesmez voix toute, sans estre en riens diminuee, remplist tout ensemble les oreilles de plusieurs hommes. Maiz les richesses, se ilz ne sont diminuees, ne peuent venir ny estre transportees a plusieurs. Et se transportees ilz sont, il est de neccessité qu'elles facent povres ceulx que elles delaissent. 7. O, que moult sont doncquez richesses estroictes et souffreteuses, quant plusieurs ne les peuent point toutes avoir ne elles ne peuent venir a chacun de tous ceulx[7] sans porter mal, destruction, ou povreté aux autres! 8. Les pierres precieuses sont aussi moult appetees des hommes pour leur resplendissement et bonté, maiz se aucune bonté ou beauté est en elles ou en leur resplendissement, elle est de eulx mesmez et non pas des hommes. De quoy je me merveille fort que les hommes les prisent et tiennent tant cheres. 9. Car il n'est chose qui soit sans mouvement, sans ame, et sans joinctures de membres, qui par droit doye sembler de grant beaulté a creature raisonnable. 10. Et ja soit ce qu'ilz aient aucun petit de la derreniere beaulté des

---

[7] Leçon rejetée: eulx

euvres du Createur pour leurs distincttes proprietés, toutesfoys, pour ce qu'ilz sont soubz vostre excelence constituees, vous ne les devés tant esmerveiller ne priser. 11. Et en la beauté des champs ne vous esjouÿssés pas?" "Pourquoy non? dis je. C'est une des belles porcions de la tres belle euvre de ce monde. 12. Aussy nous esjouÿssons nous a veoir la mer serie, le ciel cler, le soleil, la lune et les estoilles, et de leur beauté nous merveillons".[8] "La beauté, dit elle, de ces choses est elle a toy? Comment te oses tu glorifier du bien qui est d'autry, et non pas de toy? 13. Es tu fait bel pour les fleurs de printemps? Est la bonté des fruis d'esté tienne? 14. Quelle vaine glore y dois tu prendre? Veulx tu actribuer les biens des autres a toy? Jamaiz Fortune ne feroit les choses estre tiennes, lesquelles leur nature a fait de toy estranges. 15. Neantmoins, toutesfois que les fruis des terres sont ordonnés pour vostre nourreture et soustenance, [17ᵛ] maiz se tu veulx emplir et assazier ton indigence selon ce qui suffist a Nature, il n'est pas besoing que tu pourchasses grant habondance de biens de Fortune. 16. Car Nature se contente de pou, et fuit et reffuse toute superfluité comment chose nuysible. 17. Cuides tu estre bel ou plus honnoré d'avoir vestu robes diversement aournees? Esquelles, s'aucune beauté plaisant et agreable a veoir y a, je loeray et merveilleray ou la nature de la matiere d'ou elle est faicte, ou l'engin de l'ouvrier qui le feïst. 18. Te veulx tu tenir beneureux et glorifier se tu as grant nombre de serviteurs en ta maison et service? Lesquelz, se ilz sont mauvais en meurs, c'est une dangereuse charge et dommagable a la maison et ennemye de leur maistre. Et se ilz sont de bonnes meurs, la bonté d'autry ne doit pas estre nombree avec tes biens. 19. Et ainsi il appert clerement par les choses dessusdictes que nulles d'icelles choses que tu comptes en tes biens ne sont pas tiennes, maiz a eulx mesmez est leur bonté, beauté, ou valeur. Et pourtant tu n'as cause de toy douloir et plaindre, se tu les as perdues, ne toy resjouÿr, se tu les possides et retiens. 20. Et se ces choses sont belles de leur propre nature, aussi bien le seroient elles par eulx mesmez quant ilz seroient sequestrees de toutes richesses. 21. Ne ilz ne sont pas de hault pris ou valeur, pour cause de ce qu'ilz

---

[8] 'Pourquoy non? … merveillons' (§11–§12). En attribuant à Boèce la question et la réponse, le traducteur s'est écarté du texte latin où 'Quidni?' se présente comme une question rhétorique de la part de Philosophie qui explique ensuite la beauté du monde (éd. Bieler, p. 27, ll. 28–30). La traduction se conforme pourtant à celles de Jean de Meun (éd. Dedeck-Héry, pp. 195–96, ll. 35–38) et du *Böece de Confort* (éd. Noest, p. 82, vv. 2814–823).

sont contees avec tes richesses, maiz pour tant qu'ilz sont de grant valeur de leur nature, tu les as voulu nombrer avec tes biens.

22. A quelle fin querés vous et pourchassés si ardanment par tant grans labeurs et advantures les mondaines richesses? Je croy que vous cuidés chasser vostre indigence et povreté par l'abondance d'icelles. 23. Maiz certes le contraire de ce vous en advient, car a garder et deffendre grant quantité de possessions, il est besoing d'avoir grans cures et solicitudes, et plusieurs aides, mercenaires et serviteurs. Dont ceulx qui plus possedent, de plus de choses ont indigence. Et par le contraire, ceulx qui leur suffisance reglent et mesurent selon la neccessité de Nature, et non pas selon superfluité de couvoitise, de mains de choses sont souffreteux.

24. N'est il aucun bien propre ne naturelement assis en vous que vous allés cercher [18ʳ] et querre vos biens des choses estranges? 25. C'est bestourner l'ordre et nature des choses, que a l'omme raisonnable et divin il ne lui est pas advis qu'il soit assés noble ne aourné si non par la possession des viles choses sans ame. 26. Les bestes inraisonnables sont de leurs beaultéz contentes; et vous, hommes, qui avés les ames a la semblance de Dieu, querés les aournemens de vostre noble nature es choses baisses et viles, en quoy vous faictes injures au Createur, 27. lequel a voulu l'omme presider sur toutes choses terriennes; et vous mectés vostre dignité au dessoubz des choses tres basses. 28. Car se tout le bien de chacune chose est plus precieux que la chose mesmez de qui le bien est, quant vous tenés les tres viles choses estre vos biens, vous les preferés a vous mesmez en dignité. 29. Et ce chiet bien en raison, car telle condicion est en nature humaine que elle est au dessus des autres choses pour ceste raison tant seullement, pour ce qu'elle congnoist soy mesmez. Et quant doncquez elle delaisse a soy congnoistre, elle est ramenee au dessoubs des bestes, lesquellez, se ilz ne se congnoissent, c'est leur nature; maiz aux hommes, eulx descongnoistre vient de leur vice.

30. Il appert donc vostre erreur, qui croyés que une personne puisse estre aourné de la beaulté ou valeur d'autry chose; 31. ce qui ne peult estre, car s'il y a beaulté en la chose, elle en est loee, et non pas celui qu'elle ceuvre ou muche, qui neantmoins se demeure tel qu'il estoit par avant.

32. En oultre, je nie icelle chose estre bonne qui nuyst a celui qui l'a. 33. Maiz les richesses ont maintes fois porté dommage et nuysance a ceulx qui les avoient; et plusieurs ont esté tués et occis pour couvoitise de leurs biens. 34. Celui doncquez qui maintenant est en crainte de glaive et en grant soussy pour garder son avoir, se il ne portoit aucunes richesses en chemin de ceste vie, il pourroit seurement chanter devant les larrons. 35. O, quelle noblesse et beneurté c'est de mondaines richesses, lesquelles, quant on les a acquises, on delaisse repos et seurté!

Mètre v

Comment Philosophie loe suffisance ou moyenne richesse par les vies des anciens du premier aage.

    Hé, Dieu, que de grant excellence
    Fu le premier temps d'innocence!
    Chacun des biens content estoit [18ᵛ]
    Que Nature lors lui donnoit.   4
    Point ne se vouldrent dilater
    Ne de bien en mal translater;
    Jamais aussi n'avoient cure
    D'oysiveté ne de luxure.   8
    Quant jeüné le jour avoient,
    Au vespre glans sans plus mengeoient;
    Ilz ne scavoient qu'estoit vin,
    Point ne cueilloient le raisin;   12
    Encor n'estoit point declairé
    Ne congneu, comment le clairé
    Se fait de miel et d'espices.
    Aussi n'estoit li artifices   16
    De taindre par couleurs diverses
    Pourpres, rouges, vertes ou perses,
    Les toisons de soie ou de laine.
    Ilz dormoient aussi en la plaine   20
    Sur l'erbe verte, en grans delictz,
    Sans avoir ne coissins ne lictz.
    Eaue courant sans plus bevoient.
    Dessoubz les umbres habitoient   24
    Des pins ou d'autres arbres haultz.

Oncquez n'estoit entré vaisseaulx
Dessus la mer, ne marchandise
N'avoit couru en nulle guise.　　　　　28
Ne lors il n'estoit homme néz
Qui sceust appareiller les nefz.
Pellerin ne hoste n'estoit,
Chacun en sa terre arrestoit.　　　　　32
Oncquez n'avoit sonné trompete
Pour armes faire ne conqueste,
Dont sang humain feust espandu,
Car alors nul n'estoit tendu　　　　　36
A l'autry avoir, mais comme ung
Tous avoient les biens en commun.
Helaz! pleust a Dieu qui tout voit [19ʳ]
Que le temps feust tel orendroit　　　40
Comment estoit le temps de lors!
Maiz plus ardent d'avoir tresors
Les ceurs qu'avarice esprins a
Que les feux du mont Ethna.　　　　　44
Helaz! qui fu premierement
Celuy qui tant subtillement
Trouva les façons et manieres
De traire l'or hors des mynieres,　　　48
L'argent et pierres precïeuses
Muchés en terres tenebreuses,
Quant, par la forche d'avarice,
Tant fouÿ que par artifice　　　　　　52
A fait les choses reveler
Que Nature vouloit celer;
Il tira precïeulx perilz
Dont plusieurs ont esté peris.　　　　56

Prose 6

Comment Philosophie demonstre que es dignitéz n'y a aucune perfection de bien.

1. **Que** dirons nous des dignités et des puissances, lesquellez vous, qui ne congnoissés vraye dignité ne vraye puissance, les eslevéz jucquez

au ciel? Maiz se ilz escheent et viennent aux mauvaiz hommes, oncquez les feux de la montaigne de Ethna ne quelque deluge ne donnerent autant de persecucions ne dommages. 2. Tu as bien memore comment anciennement Romme estoit gouvernee par les roys, lesquelz, pour ce qu'ilz oppressoient et oultrageoient le peuple par leur orgueil, les anciens ostoirent le nom royal et ordonnerent consules a gouverner la chose publique,[9] dont vint le commencement de franchise aux Rommains; lesquelz anciens, pour celle mesmez cause d'orgueil qui estoit es dictz consules, abolirent icelle office et dignité. 3. Et s'il advient aucunes foys que dignités et puissances soient donnees aux bons, ce que poy l'en voit advenir, la bonté de la personne ne fait pas la dignité bonne. Et ne appartient pas l'onneur ou louenge a vertu pour cause de la dignité, maiz a la dignité vient et appartient honneur pour cause de vertu.

4. Vous, hommes, bestes terriens qui tenés vostre puissance tant noble et appetable, considerés [19ᵛ] sur quoy vous presidés et avés pouair! Se vous voyiés une souris attribuer a soy droit et puissance sur les autres, vous en seriés esmeus a rire. Vos puissances mondaines sont aussi vaines et petites, 5. car ilz sont seullement sur le corps qui est la plus fresle et fieble chose que l'en pourroit trouver, lequel souvent est mort pour la pointure d'un ver ou d'un serpent. 6. Ou sera trouvé l'omme qui ait ou puisse excercer aucun droit ou puissance sur ung autre, fors seullement sur le corps et sur ce qui est dessoubz le corps, c'est assavoir sur les biens de Fortune? 7. Pourroyes tu jamaiz avoir puissance ne commandement sur ung franc courage? Pourroyes tu müer ou oster de l'estat de son propre repos ung courage d'omme fermement adheré a raison et droicture? 8. Comment ung tirant se feust efforcé de contraindre par tourmens ung homme franc et ferme en cuer qu'il recongneust et accusast aucuns estre coulpables d'une conjuracion faicte contre lui, il mordist et trencha sa langue de ses dens, et la jecta au visage du prince tirant. Et les tourmens qu'il cuidoit estre matiere de cruauté, l'omme sage les feïst matiere de vertu.[10]

---

[9] Les mots 'et ordonnerent ... publique' ont été insérés par le copiste dans la marge de droite.

[10] Il s'agit sans doute du destin de Zénon, philosophe déjà évoqué (I, 3, 9).

9. Item, quelle puissance est il en ce monde par laquelle on puisse faire a autry chose qu'on n'en puisse autant souffrir et soustenir par ung autre en soy mesmez? 10. Nous avons ouÿ que Bursidus estoit acoustumé de tuer ses hostes, et par aprés il fu tué par Hercules, son hoste. 11. Regulus avoit prins en bataille plusieurs Auffricans et les tenoit en ses prisons, maiz tantost aprés par ceulx qu'il avoit vaincus fu prins et lié de chaynes. 12. Ne cuides point doncquez que celui ait puissance, qui ne pourroit eschiver que ung autre ne peust faire sur lui ce qui peust faire sur autry? 13. Item, se il n'avoit aucune bonté propre et naturelle es dignités et puissances, jamaiz ne vendroient ne ne se joindroient aux mauvaiz hommes, il appert; car Nature reffuse que choses contraires aient aliance et se acompaignent les unes aux autrez. 14. Maiz il est ainsi que les mauvaiz le plus souvent tiennent et occuppent les dignités; il s'ensuit donc bien qu'ilz ne sont pas bonnes [20^r] de leur nature. 15. Et ce mesmez pouons nous licitement conclurre de tous les biens de Fortune, lesquelz plus habondanment viennent aux mauvaiz qu'ilz ne font aux bons.

16.–17. De toutes lesquelles choses est a considerer et a dire que puissance, richesses, et dignité ne sont que telles comment leurs noms le signifient, car une chacune chose baille a son effect la nature et proprieté d'elle mesmez, et ne se mesle ou conjoinct avec les effectz des choses contraires, maiz les chace et deboute, comme force fait celui en qui elle est fort, legiereté fait l'omme qui l'a legier; aussi fait musique les musiciens, medecine les medecins, et rethorique les rethoriciens. 18. Maiz richesses ne font pas les hommes riches, car ilz ne pourroient restraindre ou contenter leur avarice insaciable, maiz l'acroissent et atisent; ne puissance ne fait pas que celui soit puissant de bien ordonner soy mesmez qui est assailli et estraint de chaynes de charnel desir, ainçois lui est matiere de luy obtemperer et obeÿr. Et la dignité qui est conferee aux mauvaiz ne les fait point dignes, maiz plus tost magnifeste et desceuvre leur indignité. 19. Et pour ce vous nommés ces choses par faulx noms, qui sont d'autre nature et contraires a leur significacion, comment par leurs effectz a esté demonstré. Et ne se peuent ou doivent par bon droit appeller richesses, puissances, ne dignités. 20. Et pour conclusion ainsi est de tous les biens de Fortune, en tous lesquelz il est magnifeste n'avoir aucune bonté naÿve ne appetable, quant ilz ne joingnent point tousjours aux bons, ne ne font meilleur[s] ceulx auxquelz ilz sont adjoings.

Mètre vi

Comment Philosophie preuve ce mesmez par l'exemple de Neron, tres mauvaiz homme et en grant dignité constitué.

    Nous avons bien congneu d'un homme,
    Neron, lors empereur de Romme,
    Les maulx et les destructions
    Et cruelles oppressions   4
    Qu'il fist par grandeur et pouair.
    Grant partie de Romme ardoir [20^v]
    Il fist pour sa folle plaisance;
    Plusieurs hommes de grant vaillance   8
    Et les senateurs mectre a mort
    Sans voie de droit, maiz a tort.
    Comme felon ochist son frere
    Et respandi le sang sa mere.   12
    Aprés lui fist le ventre ouvrir
    Pour regarder et descouvrir
    En quel lieu nourry il estoit
    Lors que sa mere le portoit;   16
    Le corps moult print a regarder,
    N'oncquez pour ce ne voult plourer;
    Maiz tant dit, quant l'ot regardé,
    Que belle femme avoit esté.   20
    Si estoit il seigneur du monde,
    Des quatre parties en la ronde,
    Tant que le soleil est espars
    Et fait son tour en quatre pars,   24
    En midi et en orïent,
    Septemtrion et occident;
    Oncquez pour le pouair qu'il eust,
    Tourner sa cruaulté ne peust,   28
    N'atremper ne peult congnoissance
    La rage de haulte puissance.
    Helaz! quel dolent compaignie
    De puissance et de felonnie!   32
    Venin et glaive tant ne poingnent
    Com puissant et felon quant joingnent".

Prose 7

Comment Philosophie demonstre que glore et renommee est inutile et poy appetable.

1. **Lors je dy:** "Tu congnois bien que couvoitise des biens mortelz n'eust oncquez seigneurie sur nous, maiz nous avons desiré avoir gouvernement es choses publiquez, affin que nostre vertu ne feust teue et muchee, maiz eust matiere pour estre excercitee et occuppee". 2. Et elle respondi: "Certes il n'est chose qui plus actraye a soy les ceurs et les pensees des hommes, posé mesmez qu'ilz soient de grant sens naturel, [21ʳ] se ilz n'actaingnent jucquez a l'extreme perfection de vertu, come fait appetit de glore et d'onneur, et de desservir grant renommee en la chose publique. 3. Mais combien ceste glore est petite, vaine, et voyde de toute valeur! Je le te demonstre ainsi: Tu scais par les demonstracions d'astrologie que tout le circuite de la terre n'est riens fors ung point au regard de l'espace du ciel. Et se elle est comparee a la grandeur du ciel, elle est comme de nulle quantité. 4. Encore de ceste tant petite region de terre, come le preuve Ptolomee, il n'y a pas la quarte partie habitee. 5. Et de ceste partie habitee, se tu ostes par pensee combien les mers, les palus et les desers en occuppent, il en demourra pour l'abitacion des hommes tres petite porcion. 6. Et vous, qui estes enclos en si petite espace, y querés multiplier et acroistre vos renommees, et avoir glore ample et magnifique en si estroicte habitacion. 7. En laquelle encores habitent diverses nations et differences en langages, en meurs, et en toutes manieres de vivre, ausquelles ou pour la difficulté des chemins, ou pour diversité de langaiges, ou pour faulte de frequentacion de marchandise, non pas seullement la renommee des singuliers hommes, maiz aussi la renommee des grans cités, ne peult parvenir. 8. Car, comme dit Tules, combien que en son temps la cité de Romme feust en grant bruit et redoubtee des Turcz et des païs d'environ, si ne peust oncquez passer sa renommee le mont de Cancassus. 9. Ne voys tu doncques pas que la glore que vous pourchassés dilater et acroistre est tant petite et estroicte? Pourra doncques la renommee d'un homme rommain actaindre la ou la renommee de Romme n'a peu parvenir? 10. Et encores sont tant discordans les meurs et les loys de diverses gens que ce que les aucuns tiennent a louenge les autrez jugent dignes de tourment. 11. Dont il advient que, se aucun prent delectacion d'avoir renommee, plusieurs peuples seront, esquelz jamaiz elle ne pourra parvenir. 12. Or se tendra doncquez chacun contenté de la

glore qu'il pourra avoir entre ses voisins, et icelle noble immortalité de renommee sera restrainte avecquez petit nombre de gens.

13. Et au regard de la duracion d'icelle glore, plusieurs hommes ont esté en leur temps tres nobles [21ᵛ] et de grant façon, desquelz par deffaulte d'escripvains n'est aucun memore a present, ja soit ce que leurs escrips feussent de pou de valeur, car de vielles hystores on ne fait pas grant compte. 14. Et neantmoins il vous semble que vous acquerés pardurableté en vostre vie, quant vous pensés que voz renommees demeurent le temps advenir en escriptures ou croniques. 15. De tout lequel temps advenir, se tu le compares a la duracion de eternité qui est sans jaméz fin, tu n'as cause de toy esjouÿr de la longueur de temps de ta renommee. 16. Car se l'espace d'un seul moment de temps estoit comparee a la duracion du temps de dix mille ans, pour ce que l'un et l'autre est fini et determiné, toutesfoys icellui moment est une partie de dix mille ans, combien qu'elle soit petite; et peult on scavoir par multiplicacion arismetique quans momens sont contenus dedens le dit nombre d'ans? Maiz iceulx dix mille ans ne peuent estre comparés a la duracion de eternité interminable et sans fin. 17. Car des choses qui prennent fin peult on faire compareson entr'eulx, maiz des finies a celles qui sont sans fin, jamaiz compareson ne peult estre faicte. 18. Et pour ce la renommee de temps, tant soit long, comparee a eternité inexpuysible, ne te semblera pas seullement petite, maiz de nulle duree; dont s'ensuit que glore de renommee n'est riens.

19. Maiz vous ne scavéz riens faire a droit ne bien, fors aux oreilles du peuple, et pour vanité de louenges et, la valeur de conscience et vertu delaissee, querés vostre loyer en congnoissance et parolles d'autry. 20. Dont souvent ceulx qui querent telle legiereté d'arrogance en reçoivent honte et derision. Comme il apparu d'un homme qui pour vaine glore avoir et louenge mondain, et non pas par vraye vertu, avoit faulsement a luy usurpé le nom de philosophe; ung autre, voulant esprouver sa sapience par injures et villennies qu'il luy disoit pour veoir se doulcement et pacianment il[11] les souffriroit; aprés ce qu'il olt ung pou prins pacience, et des oultrages a lui dictes ne monstrast aucun semblant d'ire ne couroulx, finablement dist: 'Ne aperçois tu point bien maintenant et entens que je suis [22ʳ]

---

[11] Leçon rejetée: ilz.

philosophe?' Adonc lui respondi l'autre trop asprement: 'Je l'entendoie ainsi, se tu te feusses tu'.

21. Ainsi les hommes parfais et vertueux ne querent point en ce monde de leur vertu glore et renommee. Que leur vauldroit celle renommee aprés leur mort? 22. Car se l'ame mouroit avec le corps, ce que nos raisons reffuyent estre creu, celle glore est nulle du tout aprés la mort, puisque cellui de qui elle estoit dicte ne seroit du tout ne jamais riens. 23. Et se l'ame bonne et vertueuse, deslyee de la prison du corps, s'en va franche et delivre eu ciel, ne desprisera elle pas toute terrienne glore et renommee comme chose faulse et vaine, laquelle, ayant fruicion du ciel, prent joye et glore d'estre delivree des labeurs terriens?

Mètre vii

Comment et par quelles consideracions nous debvons contempner glore mondaine.

Quiconquez quiert honneur et glore	
Et faire durer sa memore,	
Voye le ciel de toutes pars	
Comment il est grant et espars;	4
Aprés la terre ou l'en habite	
Comme elle est estroicte et petite;	
Adoncquez pou devra curer	
De son renom faire durer.	8
Hee! Orgueilleux! Pourquoy levés	
Vos testes hault? Pour tant que avés	
Nobles parens, nobles lignies,	
Nobles maisons, nobles maignies,	12
Nobles chasteaulx et terre fort,	
De tout ce ne chault a la mort;	
Ains prent le petit et le grant,	
Le riche aussi, le non puissant,	16
Et les testes haultes mect bas,	
Elle fait egaulx tous estas.	
Ou sont les os du bon Fabrice	

Qui vesqui tout son temps sans vice, 20
Dont les ancïennes hystores
Font grans mencions et memores
De sa parfaicte loyaulté? [22ᵛ]
Ou est Brutus, qui royaulté 24
Ne puissance de grant seigneur,
Ne de ses enfans la saveur,
Ne polt oster de lui droicture?
Ou est Cathon, qui par mesure 28
Tint roide vie et ordonnee
Par honnesteté compassee,
Dont il est dit estre exemplaire
De vertus et de tout bien faire? 32
Se tu responce quiers avoir,
Je te fais pour certain scavoir
Que la mort tient en sa prison
Fabrice, Brutus et Cathon; 36
Leur renommee et leur memore,
Leur grant puissance, honneur et glore
Est en ung bien pou d'escript mise,
Car tout contient et tout devise 40
Ung epitaphe et escriptel
Qui est mis dessus leur tombel;
Et tout y convendra finir
Et en la fin riens devenir; 44
Au mains au jour du jugement
Finera tout finablement.
Baissés les testes, orgueilleux,
Qui tant estes presumptueux, 48
Qui cuidés apréz la mort vivre
Quant vostre nom demeure en livre!
Vous cuidéz vostre prouffit faire,
Maiz vous faictes tout le contraire; 52
Car quant vous desirés deux vies,
Deux mors vous sont appareillies
Et deux fois mourir vous convient:
La premiere mort vous advient 56
Quant l'ame du corps se depart
Pour s'en aller vivre autre part;

La seconde mort si sera
Quant vostre nom s'effacera". [12]   [23ʳ]   60

---

[12] Ce vers est écrit en bas de la page, dans la marge droite, où se trouverait une réclame, s'il y en avait. Quelques feuillets suivants ont été perdus. Le texte reprend vers la fin de la prose 5 du livre III.

Livre III

Prose 5

13. "… besoing. Certes celui que prosperité a fait amy, adversité le fera ennemy. 14. Or n'est il peste plus nuysible et perilleuse que ung familier ennemy.

Mètre v

Cy demonstre quelle est vraye puissance en ce mectre.

       Se tu veulx vivre sans doubtance
       Et acquerir vraye puissance,
       Pense de dompter ton courage
       Contre son fier et fol usaige;   4
       Sourvaincre ne te laisse pas
       Par cha[r]nelz et villains soulas,
       Car se ta puissant renommee
       Estoit en Ynde redoubtee,   8
       Et ceulx qui habitent en l'ille
       Derreniere, qu'on nomme Tylle,
       Estoient en ton obeïssance,
       Si n'auras tu vraye puissance,   12
       Se tu ne peulx tes passions
       Et chetives affections
       Sourmonter vertueusement.
       Se ce ne peulx, certainement   16
       Conclurre peult ton cler engin
       De ta puissance povre fin,
       Ne tel pouair nommer ne fault
       Qui sur soy mesmez riens ne vault.   20

Prose 6

Cy preuve que glore et renommee mondaine ne donnent pas vraye noblesse.

1. Aprés voyons comment glore et renommee mondaine est faulse et decepvable, dont ung poete grec en sa tragedie s'escria et dit: 'O glore, glore, qui autre chose ne fais en millers de mortelz hommes fors que grans soufflectz es oreilles!' 2. Car plusieurs ont eu souvent

grans renommees par les faulses opinions du peuple. Et telz gens a tort renommés, il convient qu'ilz ayent honte en eulx mesmez de leurs louenges, quant ilz se congnoissent estre indignes de les avoir. 3. Et se aucuns par leur merite et valeur ont acquis renommee et glore, ilz n'en font pas grant compte, car ung homme sage regarde et mesure son bien non pas par paroles de peuple, mais par la verité de sa conscience. 4. Et se il est ainsi que avoir acreu [23ᵛ] et estendu sa renommee semble estre chose loable, aussi convient il juger que icelle non estre acreue soit vituperable. 5. Mais, comment dessus j'ay dit, ilz sont plusieurs gens ausquelz la renommee d'un homme ne peult point parvenir. Et celui que tu estimes estre glorieux et renommé, il est pour la pluspart des terres sans glore et sans renommee. 6. Et telle glore de peuple, je croy qu'elle n'est pas digne de memore, car elle ne procede point de vray jugement, ne n'est jamaiz longuement durable.

7. Il est une autre glore, laquelle vient de noblesse de lingnage. Qui est celui qui ne congnoist combien elle est vaine et inutile, quant elle vient par la vertu d'estrange personne, et non pas par la vertu de celui qui s'en glorifie? Car noblesse de lingnage est une louenge venant des merites et vertus des parens. 8. Se louenge donc fait noblesse, ceulx sont nobles qui doyvent estre loéz. Ainsi donc ceulx qui n'ont vertus ne merites propres, dont ilz soient dignes de louenge, la noblesse d'autry ne les fera pas nobles. 9. Et s'il y a aucun bien en ceste noblesse, c'est seullement qu'elle doit contraindre et imposer neccessité aux nobles d'ensuyr les meurs et vertus de leurs nobles parens et qu'ilz ne forlingnent point par vilaines et reprouchables euvres.

Mètre vi

Comment tous hommes, se ilz ne sont mauvaiz, sont nobles.

    Toute raisonnable substance
    Descend de semblable naissance,
    Car tout homme a ung noble pere,
    C'est Dieu, ou nul ne se compere,   4
    Qui comme sires tout puissans
    Les estoilles par nuyt luysans
    A assises eu ciel lassus

Et les hommes a mis ça jus; 8
Qui solail de rays environne,
Qui a la lune cornes donne;
Qui les ames a la semblance
Du hault siege de sa puissance 12
Fait descendre ça bas en terre
Et es corps humains les enserre. [24ʳ]
Donc mortelle nature humaine
Faicte est toute de noble graine. 16
Pourquoy avés vous tant de plait
En vous vantant qu'estes extrait
De nobles parens ancesseurs,
Vos peres et predecesseurs? 20
Se vostre Dieu considerés,
Lequel vous a fait, vous scairés
Que tous estes de lui venus,
Riches, povres, grans et menus; 24
Tous donc estes de noble lingne.
Nul n'est vilain, s'il ne forlingne
Par pechiéz et vices faisant
Et Dieu, son faiseur, delaissant. 28

Prose 7

Cy preuve que es voluptéz et plaisirs charnelz n'a aucune beneurté.

1. **Quelle** chose te dyray je des delices corporelles? L'entree desquelles est ung grant et ardant desir tout plain d'angoisse. Et quant ce desir est saoulé, la fin et la felicité de celui est toute plaine de repentance. 2. Quel fruit apportent et engendrent ces delices es corps de ceulx qui largement en usent, si non maladies et douleurs intollerables? 3. Es mouvemens desquelles je ne congnoy point qu'il y ait riens joyeulx. Maiz tous ceulx qui vouldront remembrer leurs delictz cha[r]nelz congnoistront que les yssues en sont tristes et douloureuses. 4. Et se ces delices donnoient beneurté, il s'ensuirroit que les bestes mues seroient beneurees, lesquelles poursuyvent de toute leur cure estre remplies et saoullees de leurs corporelz plaisirs. 5. Item, c'est une tres honneste et joyeuse delectacion d'avoir femme et belle lingnee d'enffans; maiz en icelui estat sont plusieurs miseres et deffaultes, car on trouve plusieurs peres avoir esté tourmentés et meurdris de

leurs enffans. Et n'est pas besoing que je te declaire quantes angoisses et amertumes peuent advenir en mariage, car tu en as aucunes esprouvees. 6. En quoy je appreuve la sentence de mon disciple Euripides, qui dit et repute la maleurté ou infortune de non avoir enffans estre beneurté. [24ᵛ]

Mètre vii

Comment les delis charnelz laissent apréz eulx une pointure au ceur.

 La charnel delectacion
 Porte le poingnant aguillon,
 Car quant le delict charnel passe,
 Les ceurs des hommes poingt et casse.   4
 Assés a la mouche ressemble,
 Laquelle nous voyons qu'ensemble
 L'aguillon et le miel porte,
 Desquelz l'un poingt, l'autre conforte;   8
 Ung petit de doulx miel donne,
 Maiz apréz tres fort aguillonne.
 Ainsi quant la char se delite
 A delectacion petite,   12
 Ung aguillon lui en demeure,
 Qui le ceur point, mort et deveure.

Prose 8

Cy demonstre que ces .v. biens mondains, c'est assavoir richesses, dignités, glore, puissance et voluptés, sont acompaignés de plusieurs maulx.

1. Or est il doncquez tout cler que les biens dessusdis font forvoyer de leur chemin ceulx lesquelz ilz promectent conduire et mener a vraye beneurté. 2. Pour quoy je te demonstreray tres briefvement de quans maulx ilz sont remplis. 3. Se tu t'efforces d'assembler peccunes, il fault que tu les ayes d'aucun qui les avoit devant. Se tu veulx avoir office ou dignité, il convient supplier le donnant. Et toy qui desires par honneur d'aler devant les autrez, t'avileras par humilité de requestes. 4. Se tu appetes puissance, tu seras submis a plusieurs perilz et aux agueictz et gardes de tes subgectz. 5. Se tu quiers glore, tu seras demeuré par tant de paines, travaulx, et dangiers de ton corps que tost perdras

toute seurté. 6. Se tu maines ta vie par voluptés et delices, qui est ce qui ne desprisera et delaissera celui qui se fait serf et subgect a tant fraille et tres vile chose comment est le corps humain?

7. Or voyons apréz comment ceulx desirent petite et fieble possession qui appetent les biens du corps, qui sont force, grandeur, legiereté, et beaulté. Car les elephans vous passent de grandeur de corps, les toreaulx vous sourmontent de force, les tigres vous [25ʳ] preferent en legiereté corporele. Ne vous esmerveillés point de telles choses viles! 8. Maiz esmerveillés vous et regardés la grandeur du ciel tant spacieuse! Considerés sa force et fermeté, et qu'il est de substance et matiere naturellement incorruptible! Pensés aussi la legiereté et ysneleté de son mouvement! Et encores n'est pas le ciel pour ces choses tant a esmerveiller sans compareson, comment est la puissance de celui qui l'a fait, et la sapience par laquelle il le meult et gouverne. 9. Et au regard de la beaulté du corps, elle est de tant de petite duree et si hastivement passee, comme sont les fleurs de printemps qui maintenant s'espennisent et tantost sont flaitries et faillies. 10. Et comment dit Aristote, se la veue des hommes estoit aussi forte que la veue du lins et qu'elle peust tresperchier tous obstacles et empeschemens, qui regarderoit le corps de celle dame Alcipiades de tant excellente beaulté par dehors, et la verroit jucquez dedens les entrailles, il la jugeroit et sembleroit estre tres laide et plaine d'ordure. Se doncquez tu sembles estre bel, ce ne fait pas ta nature; mais ce fait la fieblesse des yeulx regardans, qui ne peuent penetrer jucquez es parfons lieux. 11. Quelque estimacion ou grant loz et pris que vous faictes de ces biens du corps, sachés qu'ilz peuent estre destruis par la chaleur d'une fievre de trois jours.

12. De toutes lesquelles choses je puis ramener en une somme que tous les biens mondains, dont dessus a esté parlé, ne pourroient donner les biens, lesquelz ilz promectent. Ne ilz ne sont pas parfais par congregacion de tous biens, car en eulx a plusieurs deffaulx, come il a esté monstré. Aussi ilz ne sont pas le chemin et sentier qui maine et conduit a beneurté. Ne aussi ne sont ceulx beneuréz qui les ont et obtiennent.

Mètre viii

Cy Philosophie se complaint de l'ignorance des hommes de congnoistre le bien souverain.

Helas! hommes, tant vous avés
D'ygnorance, qui ne scavéz
Congnoistre le chemin qui maine
A beneurté souveraine. [25ᵛ]   4
Et pour les povres biens de terre
Pourchasser, avoir, et acquerre,
Vous avéz tant d'abilités,
Cauteles, et subtilités.   8
Vous n'alés pas les arbres batre
Pour l'or de leurs branches abatre;
Bien scavéz toutes les manieres,
Comment on le treuve es mynieres.   12
Ne n'alés es vignes vineuses
Pour trouver pierres precieuses;
Bien scavéz cercher les contrees
Ou marguerites sont trouvees.   16
Vous n'alés pas voz rays estendre
Es montaignez pour poissons prendre;
En la mer les scavés querir
Pour vous de poisson enrichir.   20
Qui veult prendre chievre sauvage
Ne va pas chacer au rivage;
Bien scavéz que tousjours seult faire
Es haultez roches son repaire.   24
Vous scavéz en la mer parfonde
Les lieux ou poisson plus habonde;
Et neantmoins, come folz meschans,
Les ceurs avéz si ignorans   28
Que ne curés ne tenés compte
Du bien qui tous autrez sourmonte.
Se ce bien cy trouver voulés,
Prenés ailles et si volés   32
Et l'allés la sus eu ciel querre,
Car il n'est pas cy bas en terre
Ou vous, ignorans, le querés;
Maiz trouver vous ne lui pourrés   36
Par erreur ne par ignorance
Qui vous ont tolu congnoissance.
Or ne scay je comment je prye
Pour vostre meschante folie, [26ʳ]   40

Fors que pry Dieu, le tout puissant,
Qu'il ne vous soit pas si nuysant
Que des biens mondains ne vous doint;
Maiz aprés, quant vendra au point 44
De leur saveur qui est amere,
Congnoissance vous doint si clere
Que pour leur goust, qui est amer,
Les vrays biens vous puisséz amer. 48

Prose 9

Apréz ce que Philosophie a monstré quelle est la beneurté mondaine faulse et imparfaicte, maintenant demonstre quelle est la vraye et parfaitte beneurté avecquez aucunes raisons pour quoy les hommes errent en le cuidant obtenir en ce monde, et qu'il[1] la fault ailleurs querir.

1. **Or** nous suffist jucquez cy d'avoir demonstré la fourme de la mensongiere felicité mondaine, laquelle se tu congnois clerement, il est temps desormaiz de t'enseigner quelle est la vraye felicité".

2. "Certes, dis je, je congnoys asséz que suffisance ne peult venir par richesses, ne puissance par royaumes, ne honneur par dignités, ne noblesse par glore, ne leesse par voluptéz". "Et as tu aussi bien congneues les causes pour quoy il est ainsi?" 3. "Il me semble que je les congnois ung pou tendrement, maiz je vouldroye bien que plus ouvertement par vous me feussent declarees et donnees a entendre". 4. "Il y a certes raison tres prompte, car la chose qui est de sa nature simple, indivisible et une, quant erreur humain la divise, separe, et depart en plusieurs pieces et parties, elle pervertist et maine les courages du vray bien et parfait aux faulx et imparfais biens. Cuidez tu que celui ait suffisance qui a souffrete de puissance?" "Nennyl," dis je. 5. "Il est ainsi, dit elle, car s'il est aucune chose qui en aucune partie soit de fieble puissance, en icelle partie convient il qu'elle ait besoing d'aide d'autry. 6. Il s'ensuit donc que suffisance et puissance sont tousjours ensemble et qu'ilz sont d'une mesme nature". "Il le me semble ainsi". 7. "Et tu ne jugeras pas que ces deux choses conjointes ensemble facent a despriser, maiz par le contraire qu'ilz sont tres

---
[1] Leçon rejetée: qui.

dignez de reverence et d'onneur". "Certes, dis je, nul ne peult de ce doubter". 8. "Adjoustons donc [26ᵛ] reverence avec suffisance et puissance, et jugons que ces trois sont une seulle chose". "Ainsi les fault il joindre, se nous voulons confesser verité". 9. "Que dis tu doncquez? dit elle. Juges tu que ceste chose qui contient suffisance, puissance et reverence soit a tenir vile et degectee? 10. Ou se elle est point de soy digne d'avoir noblesse de glore et de renommee?" 11. "Il est force, dys je, que je confesse celle chose estre tres noble et digne de glore". 12. "Doncquez s'ensuit il que glore est une mesme chose avecquez les trois autrez dessusdictes". "La consequence est bonne", dis je. 13. "Icelle chose doncquez qui enclot en soy suffisance, puissance, honneur, et glore, n'est elle pas tres joyeuse?" 14. "Je ne pourroye, dis je, penser dont tristesse lui pourroit venir". 15. "Il fault donc, dit elle, confesser que celle chose ou sont les biens dessusdictz soit plaine de leesse et de joye. Et aussi convient neccessairement conclurre que suffisance, puissance, noblesse, reverence, et leesse sont seullement divers et differens par la diversité de leurs noms, maiz ilz sont d'une mesme substance et nature". "Il le convient", dis je.

16. "La chose doncquez qui est une et simple de sa nature, humaine perversité la deppart et divise. Et quant elle s'efforce d'avoir et obtenir une partie de la chose qui n'a nulle partie, elle ne obtient ne acquiert ne celle partie laquelle est nulle, ne la chose mesmez". 17. "Monstrés moy, dis je, en quelle maniere!" "Celui, dit elle, qui veult acquerir grans richesses ne fait pas grant compte de puissance ne de honneur, et ayme mieulz estre vil et mescongneu. Il sustrait et oste a lui mesmez plusieurs voluptés naturelles, affin qu'il ne diminue ses peccunes. 18. Et tel homme, delaissé de puissance, plain de soings, cures et travaulz, et qui se tient vil, secret et incongneu, a de plusieurs choses besoing, par quoy il ne peult avoir suffisance, ce que richesses faingnent promectre. 19. Et celui qui seullement desire puissance, il dissipe et espart ses richesses, il desprise plaisances et voluptés, il ne tient compte de glore ne de honneur, qui sont sans puissance. 20. Et a tel homme tu vois que plusieurs biens lui deffaillent, car aucunes fois il a besoing de choses qui lui sont neccessaires, et maintes angoisses le mordent et travaillent. Et comme [27ʳ] il ne puisse eschiver telz deffaultes, aussi ne peult il parvenir a ce a quoy principalment il contendoit, c'est assavoir a puissance. 21. Et semblablement peult on arguer et silogiser de honneurs, glore, et voluptés, car comme il soit ainsi que une chacune de ces choses soit ce mesmez que toutes

les autrez sont, quiconquez pourchasse l'une d'icelles sans les autres, il n'en obtient aucune, ne celle mesmez qu'il pourchassoit". 22. "Mais que dirés vous, dis je, se aucun desiroit avoir et acquerir tous ces biens ensemble?" "Je diroye, dit elle, qu'il desireroit la plenitude de vraye beneurté. Mais il ne la trouvera pas es choses que nous avons demonstrees, lesquelles ne pourroient donner les biens qu'ilz promectent". 23. "Non, certes" dis je. "Il fault doncques, dit elle, querir ailleurs que es biens mondains telle beneurté". "Je confesse, dis je, que riens plus veritable ne peult estre dit".

24. "Tu as doncquez, dit elle, toute la fourme et les causes de la faulse beneurté mondaine. Or retourne maintenant et flechis ton entendement en la contraire partie! Et tantost tu y congnoistras et entendras la vraye beneurté, laquelle nous te promeïsmes". 25. "Certes, dis je, elle est si evidentement declairee que ung aveugle l'entendroit. Et icelle me demonstras ung pou cy devant, quant tu declairas les causes de la faulse felicité. 26. Car se je l'entens bien, icelle vraye et parfaicte felicité est celle qui donne suffisance, puissance, reverence, glore, et leesse. 27. Et affin que tu congnoisses que j'ay assés comprins et retenu la chose, laquelle peult vrayement donner l'une des chinq choses dessusdictes, pour ce que toutes sont une mesme chose, je congnoy sans quelque doubte que icelle est la vraye et parfaitte beneurté". 28. "O, mon filz et mon disciple, dit elle, par ceste congnoissance je te juge estre beneureux, mais que tu adjoustes une chose". "Quelle?" dis je. 29. "C'est que tu ne cuides pas que en ceste mortelle vie transitore et caduque il y ait aucuns biens qui puissent apporter tel et si parfait estat". "Nennyl, certes, dis je. Je ne le cuide point, car tu m'as ja monstré que par dessus ce bien riens ne peult estre desiré. 30. Les biens doncquez de ceste vie mortelle sont imparfais et seullement ymages et apparences [27ᵛ] du vray bien et parfait, lequel ilz ne pourroient donner". "Je le consens ainsi", dis je. 31. "Puis doncquez que tu congnois que c'est que vraye beneurté, il reste maintenant a toy faire congnoistre ou tu la pourras trouver". "C'est ce, dis je, que pieça j'ay attendu et desiré a ouÿr". 32. "Comme, dit elle, il ait pleu a nostre disciple Platon eu livre de *Thymeon* dire que en choses mesmez tres petites on doit demander et requerre la divine grace, que te semble il estre a faire affin que nous puissons trouver le siege de icelui souverain bien?" 33. "Il me semble, dis je, qu'il convient requerre et invoquer le createur et pere de toutes

choses, sans lequel nul commencement n'est a droit fondé". "Il est ainsi", dit elle. Et lors melodieusement commença ainsi a chanter:

Mètre ix

Comment Philosophie requiert l'aide divine pour declairer ou est situee la vraye beneurté.

> "**O,** qui mondaine creature
> Toute gouvernes par mesure
> Et par ta raison pardurable!
> Qui ciel tournant et terre estable   4
> As fourmés et fais a ta guise;
> Qui toute la semence as mise
> En quatre petis elemens
> Des choses qui commencemens   8
> Ont, et vont a corrupcion;
> Qui le temps par succession
> As commandé courre grant erre;
> Qui les angles et ciel et terre   12
> En diverses manieres mues
> Et en toy point ne te remues;
> A faire les choses mondaines
> Ne t'ont contraint causes foraines   16
> Fors ta grant bonté sans envye;
> Qui franchement se multiplie
> Et se donne courtoisement,
> Sans force et sans contraingnement,   20
> A toute la chose creee;
> Qui toute chose as fachonnee
> A l'exemple de ton courage, [28^r]
> Qui de tout le monde l'ymage   24
> Tant excellente et tant eslite
> As en ton tres beau ceur escripte;
> Qui tant a point du monde as traictes
> Toutes les parties parfaictes;   28
> Qui les elemens joings ensemble
> Si que l'un a l'autre ressemble
> En une qualité commune:
> Le feu et l'aer si en ont une,   32

Car ilz ont ensemble chaleur;
L'aer et l'eaue si ont moiteur;
Eaue et terre si ont froidure;
Terre et feu sont secz par nature, 36
Le feu ne peult plus hault voler,
Terre ne peult plus avaller.
Tu les moyens espris humains
Entre toy et les corps mondains 40
Es membres corporelz mis as;
Et si tres bien les ordonnas
Que les aucuns d'eulx les cielz tournent,
Les autrez les corps humains aournent; 44
Ceulx que fais as pour corps aourner
A toy se peuent retourner
Et par charité convertir;
Et quant se doivent departir 48
Des corps qu'ilz ont en leur baillie,
Ilz peuent par ta courtoisie
Vers le ciel adrecher leur place
Pour regarder ta clere face. 52
Toy, peres, qui toutes ces choses
Tant nobles a ton veul disposes
Et ordonnes tout a ta guise,
Nostre pensee bas assise 56
Es biens de terre qui deffault,
Eslieve et fay monter en hault;
Donne nous trouver la fontaine [28ᵛ]
De felicité souveraine; 60
Nos entendemens enlumine
De la tres grant clart[é] divine
En tel guise et en tel maniere
Qu'en la vertu de ta lumiere 64
Te puïssons veoir clerement
Et amer pardurablement;
Derompt et defface la nue
Qui nous empesche la veue; 68
Oste de nous fole plaisance
Qui nous tient en ceste ignorance.
Tu es le paisible repos
Des debonnaires et devos; 72

Tu es la clarté tres serie,
Finale joye d'humaine vie;
Tu es nostre parfaicte joye,
Commencement, duc, terme et voye.   76

Prose 10

Cy demonstre Philosophie que vraye beneurté est en Dieu et non ailleurs.

1. **Aprés** ce que tu as veu que c'est que le bien imparfait, et aussi quelle chose est le bien parfait, maintenant fault il demonstrer ou est constituee et assise ceste perfection de felicité.

2. Mais avant que je le determine, pour ce qu'il pourroit sembler a aucuns par leur vaine ymaginacion qu'il ne soit autres biens que les biens temporelz, esquelz ce bien parfait ne peult estre trouvé, je fais une telle question, assavoir mon: se telle maniere de bien parfait ou parfaicte felicité, comme cy dessus nous avons diffini, peult estre trouvé et avoir estre et existence en la nature des choses. 3. A quoy je dis qu'il convient trouver estre et avoir existence ung tel bien et si parfait, dont tous autrez biens sourdent et procedent. Et pour le premier je dis que toute chose imparfaicte est dicte estre imparfaicte par diminucion d'une autre chose qui est parfaicte. 4. Dont il advient que en une chacune espece de chose, en laquelle est trouvee aucune chose imparfaicte, en icelle mesme espece est neccessité de trouver et estre une chose qui soit parfaicte, laquelle soit commencement et sourse de l'imparfaicte, car se ainsi n'estoit, [29^r] dont pourroit sourdre et proceder l'imparfaicte? Ce ne peult estre d'une autre imparfaicte, car icelle vendroit d'une autre et ainsi infiniement on procederoit. 5. Ne aussi Nature n'a pas prins le commencement de son euvre aux choses diminuees et imparfaictez en venant aprés aux choses entieres et parfaictez. Maiz par le contraire, des choses parfaictes est descendue es imparfaictez. 6. Or avons nous monstré cy devant qu'il est aucune felicité imparfaicte des biens vains et fraelles; il s'ensuit donc et fault dire sans quelque doubte qu'il est aucune ferme et parfaicte felicité". "Celle conclusion, dis je, est tres vraye et tres ferme".

7. "Pour congnoistre ou icelle parfaicte felicité habite et est assise, il te fault premierement considerer que ainsi comment la commune opinion de tous les hommes tient et approuve, Dieu, prince de toutes choses, est bon; car comme nulle chose puisse estre ymaginee meilleure que Dieu, il n'est aucun qui puisse doubter qu'il ne soit bon. 8. Et se ceste raison demonstre qu'il est bon, aussi elle preuve par force qu'il est parfaictement et souverainement bon. 9. Car s'il n'estoit ainsi, il ne seroit pas prince de toutes choses; maiz convendroit qu'il feust avenue autre chose premiere et plus parfaicte que Dieu, et de celle chose on pourroit semblablement dire. 10. Pour quoy, affin que nostre raison ne procede sans fin, il fault soy arrester et demourer a ung qui soit parfaictement bon de lui mesmez et duquel la bonté de toutes autrez choses vienne et descende. Ainsi doit on confesser que Dieu est souverainement et parfaictement bon. Maiz nous avons cy dessus demonstré que felicité est le parfait et souverain bien. Il s'ensuit donc neccessairement que vraye felicité habite et est assise en Dieu". "Je l'acorde, dis je, ne l'en n'y pourroit contredire en aucune maniere". 11. "Maiz je te prye, dit elle, que tu advises bien a sainement entendre ce que nous avons dit que Dieu est souverainement bon". "En quelle maniere?" dis je. 12. "Assavoir, dit elle, se tu cuides que il ait prins de lui mesmez ou d'autri icelle souveraine bonté, ou se tu penses que Dieu et sa souveraine bonté soient deux choses differentes. 13. Car se tu cuidoies qu'il eust prins sa bonté d'autry, celui dont il l'auroit prinse seroit plus digne [29ᵛ] de lui, ce qui ne peult estre, car nous avons monstré que Dieu est tres excellent sur toutes choses. 14. Et aussi s'il y avoit difference ou diversité entre lui et le souverain bien qui est en lui, il fauldroit que aucun eust conjoinct ensemble ces choses diverses; 15.-16. ce qui est impossible, comme il soit ainsi que Dieu est commencement de toutes choses et que riens ne puisse estre meilleur de son commencement. Item, une chose differente de l'autre ne peult estre la chose mesmez de quoy elle differe. Maiz il est dessus conclud que Dieu est le souverain bien; doncquez Dieu et le souverain bien ne sont pas diverses choses, mais sont tout ung. 17. J'ay donc conclud cy dessus que Dieu est souverainement bon, et le souverain bien est felicité. Il s'ensuyt donc que Dieu est celle mesmez felicité". "Je ne puis, dis je, resister que des premisses la consequence ne soit bien inferee". 18. "Encores, dit elle, prouveray je ce mesmez par plus ferme raison, c'est assavoir que Dieu et sa souveraine bonté sont une mesme chose, comme il soit vray dire de Dieu et de felicité que chacun est le souverain bien. 19. S'il estoit deux souverains biens

qui fussent divers et differens entre eulx, en l'un seroit aucun bien qui ne seroit point en l'autre; et ainsi l'un auroit deffaulte d'icelui bien que l'autre auroit; doncquez ne pourra chacun d'eulx estre parfait. Maiz ce qui n'est point parfait ne peult estre souverain; les choses doncquez qui sont souverainement bonnes ne peuent en nulle maniere estre diverses. 20. Et nous avons prouvé dessus que Dieu et felicité sont le souverain bien; par quoy il convient neccessairement que icelle souveraine felicité soit mesmez la souveraine divinité". 21. "Il n'est, dis je, riens plus vray ne mieulx confermé par raisons".

22. "Sur ces choses, dit elle, ainsi comme les geometriens ont de coustume pour demonstrer leurs proposicions, je te donneray ung correlaire qui est tel. 23. C'est assavoir, tout homme qui a felicité est Dieu, il appert, car par acquisicion de beatitude les hommes sont fais beneureux. Et beatitude est icelle mesme divinité, comment il est dessus prouvé. Par acquisicion doncquez de divinité les hommes sont fais beneureux. 24. Mais ainsi come par acquisicion de justice les hommes sont fais justes, et par [30r] sapience sages, aussi par acquisicion de divinité ilz sont fais dieux. 25. Il s'ensuit donc que tout homme beneuré est dieu. Et combien que il ne soit que ung Dieu par nature, toutesfois mettre plusieurs dieux par participacion n'est pas inconvenient". 26. "C'est, dis je, ung tres bel et precieux correlaire".

27. "Encore, dit elle, veul je adjouster ung autre plus bel". "Quel est il?" dis je. 28. "Je te demande, dit elle, premierement, comme il soit ainsi que felicité contienne en soy plusieurs biens, comme suffisance, puissance, reverence, glore, et plaisir, assavoir se ces biens font et composent felicité comme ung corps conjoint de divers membres et parties, ou se il est aucune chose telle qu'elle acomplisse seulle toute la substance de felicité, et tous iceulx biens soient a elle reduis et rapportés comme a leur chief? [29.-31. omis] 32. "Je desire, dis je, a ouÿr ce que tu proposes a dire". 33. "Entend, dit elle, la solucion de ceste question. Se tous ces biens estoient membres de felicité, ilz seroient divers et differens l'un de l'autre, car telle est la nature des parties qui composent ung corps qu'ilz ayent diversité entr'eulx. 34. Et nous avons prouvé cy devant que tous iceulx biens sont une mesme chose. Il s'ensuit doncquez qu'ilz ne sont point membres de felicité, ou autrement elle sembleroit estre composee d'un seul membre, ce qui ne peult estre fait". 35. "C'est verité, dis je, maiz je desire et actens a oÿr le sourplus". 36. "Tous iceulx biens dessusdis,

Livre III, 10-x

dit elle, sont reduis et rapportés a bien et a bonté comme a leur chief; car pour ce est suffisance requise pour ce qu'elle est ou qu'elle semble estre bonne; et puissance est appetee pour tant que l'en croit qu'elle soit bonne; et le pareil peult on dire de honneur, glore, et delit. 37. Doncquez s'ensuyt il que la fin et la cause de toute chose appetee est bonté; car ce qui n'est bon ou qui n'a apparence d'estre bon ne pourroit aucunement estre appeté ou desiré. 38. Et aucunes choses, lesquelles de leur nature ne sont pas bonnes, se on croit qu'ilz soient bonnes, ilz sont desirees et requises ainsi comment se ilz feussent vrayement bonnes. Par quoy il appert clerement que bonté est la fin, le terme, et la cause de toute chose desirable et appetable. 39. Maiz il est vray que ce qui [30^v] est cause et fin pour quoy aucune chose est desiree doit encores plus estre desiree, comme se pour cause d'avoir santé, aucun veult chevaucer; il ne desire pas tant le chevaucer comment il desire sa santé. 40. Comme doncquez toutes choses soient pour cause de bonté desirees, il s'ensuyt que bonté est principalement desiree de tous. 41. Or avons nous prouvé cy dessus que beatitude ou felicité est pour quoy toutes choses sont desirees et requisez. [Beatitude donc est la fin principallement et seullement requise et appetee.]² 42. Desquellez choses il appert clerement que bonté et felicité sont une mesme chose en substance. 43. Et nous avons monstré que Dieu est icelle mesme felicité.³ On⁴ peult donc seurement conclurre que le souverain bien ou felicité est assis en Dieu et non ailleurs, et que Dieu est icellui souverain bien.

Mètre x

Comment Philosophie nous invite a desirer le souverain bien, en monstrant l'utilité d'icelui.

<blockquote>

Venés ça, tous emprisonnéz,
Et de chaines environnéz
De terrïenne convoitise
Qui dedens vos ceurs est assise!   4
Se a ceste bonté vous tirés,
Tous vos desirs acomplirés;

</blockquote>

---

² Dans son édition du texte latin Bieler met cette constatation entre crochets, expliquant 'scholion esse monstrauit Büchner' (p. 55).
³ Les réponses de Boèce ont été omises par le traducteur/copiste aux §42–§43.
⁴ Leçon rejetée: ont.

C'est le repos des traveillés,
Le conseil des desconseillés, 8
De tous perilz paisible port,
Des desconfortés le confort.
L'en peult bien dire par raison
Que c'est celle noble maison 12
Que fonda Romulus a Romme,
En laquelle n'entroit nul homme,
Tant eust commise grant folie,
Qu'elle ne lui sauvast la vie; 16
Et estoit maison de refuge
Contre main de prince et de juge;
'Asillus' estoit appellee
A toutes gens habandonnee. 20
Ne le fleuve qu'on dit Tagus [31ʳ]
Ne l'autre qu'on nomme Hermus,
Dont l'un a areines dorees
Et l'autre rives argentees, 24
Ne le fleuve qu'on dit Indus,
Voisin du chault soleil Phebus,
Ou naissent pierres precieuses,
Esmeraudez tres gracieuses, 28
Tous ces grans dessusdis rivagez
N'enluminent point vos couragez,
Ains aveuglent pensers humains
Par desirs convoiteux et vains; 32
Et tout ce que ceur humain veult
Et qui ses pensees esmeult
A tant desirer et acquerre,
Il est nourry dedens la terre, 36
En basse et obscure caverne.
Maiz felicité, qui gouverne
Le ciel lassus resplendissant,
Est de nature tout puissant, 40
Que l'obscurté de l'ame humaine
Destruit par clarté souveraine;
Quant ceste clarté vient en place,
La clarté du soleil efface, 44
Car sans mesure et sans nul compte
Toutes autrez clartés sourmonte".

Prose 11

Comme Philosophie demonstre que le souverain bien est celui qui est desiré de tous et qu'il est la fin de toutes choses, ce que Boece avoit dit ignorer en la .vi^e. prose du premier livre.

1. "Je me consens, dis je, a toutes ces choses, car ilz sont bien prouveez par fermes raisons". 2. Lors elle dit: "Combien priseras tu ce bien, se tu congnois que c'est?" 3. "Je le priseray, dis je, de pris infini, se je puis congnoistre ensemble Dieu, qui est icelui bien". 4. "Certes, dit elle, je le te declareray par vraye raison, mais que tu tiennes les choses que nous avons cy dessus demonstrees estre vrayes". "Je le tiens ainsi", dis je.

5. "N'avons nous pas, dit elle, monstré que les biens qui sont appetés de plusieurs ne sont point vrais biens ne parfais, pour tant qu'ilz sont deppartis et [31^v] differens l'un de l'autre? Car par ce qu'ilz sont divers, comme l'un ait deffaulte du bien qui est en l'autre, nul d'eulx ne peult estre bien parfait. Maiz quant ilz sont unis et recueillis en une nature, en laquelle ilz sont tous une mesme chose, lors ilz sont le parfait et souverain bien, si que icelle nature qui est suffisance, celle mesme soit puissance, reverence, glore, et delit. Et se tous ces biens ne sont une mesme chose, ilz n'ont riens par quoy ilz soient mis eu nombre des choses appetablez". 6. "Il a esté demonstré, dis je, ne doubte n'en doit estre faicte". 7. "Les choses donc, lesquellez, quant ilz sont diverses et depparties, n'ont point de bonté, et quant ilz sont ensemble unies en une mesme nature, ilz ont bonté, ne leur vient pas celle bonté par acquisicion ou participacion de unité?" "Il le me semble ainsi", dis je. 8. "Or est il vray, dit elle, que toute chose est bonne par participacion de bonté?" "Je l'accorde", dis je. 9. "Doncquez fault il, dit elle, que tu accordes par semblable raison que unité et bonté sont une mesme chose en substance, car les choses qui naturellement ont ung mesme effect et pouair sont d'une mesme substance". "Je ne le puis nyer", dis je.

10. "Congnois tu point donc, dit elle, que toute chose a duracion et conservacion en son estre tant comment elle garde unité et qu'elle est une? Et quant elle delaisse unité, il le convient mourir et perdre son estre". "En quelle maniere?" dis je. 11. "Ainsi comment es bestes, dit elle. Quant l'ame et le corps sont conjoins et unis ensemble, lors elle est appellee beste. Et quant ceste unité est destruite par separacion de

tous deux, elle n'est plus beste. 12. Semblablement le corps humain, tant comme il demeure en une fourme par conjunction de membres, il appert estre humaine figure. Et se les parties du corps sont si divisees et depparties l'une de l'autre que elles destruisent unité, il ne sera plus ce qu'il estoit par devant; 13. et ainsi est il en toutes autrez choses. Il appert donc que toute chose a estre et permanence, tant comme elle est une. Et quant elle laisse unité, elle meurt et pert son estre". "Quant j'ay, dis je, tout considéré, il me semble qu'il est vray".

14. "Est il, dit elle, riens qui naturellement ne desire son estre et sa duracion, et qui ne refuye et refuse a venir a non estre et a corrupcion?" 15.-16. "Au regard, dis je, des hommes et des [32ʳ] bestes, il n'est point de doubte qu'ilz ne labeurent a garder et entretenir leur vie et leur estre, et fuyent et eschivent en tant qu'ilz peuent leur mort et corrupcion. 17. Maiz au regard des herbes et arbres et des autrez choses qui n'ont point vie, je n'en scairoie que dire". 18. "Certes, dit elle, pareillement est il des herbes et arbres. Tu vois qu'ilz naissent es lieux qui leur sont les plus convenables selon leur nature, et esquelz ilz peuent plus durer et mains tost secher et mourir. 19. Comment les unes naissent aux champs, les autrez es montaignez, aucunes es maresez et palus, autrez croissent es roches et es pierres, et les autrez es sablons; et qui les transporteroit en autrez lieux, ilz secheroient tantost et mourroient. 20. Et donne nature a chacune chose ce qui lui est convenable pour maintenir la duracion de sa vie. 21. Tu vois que par leurs rachines qu'ilz espartent en terre, ilz tirent leur nourrissement, et par la mouelle le transportent et espandent parmy leurs branches. 22. Tu vois que la mouelle, qui est tendre et plus noble, est tousjours par dedens muchee, et que par dehors est deffendue par une forteresse de fust. Et l'escorce est mise derreniere comme garde et deffence a l'encontre des grans froidures ou chaleurs et des autrez maulx venans de la desatrempance du ciel. 23.-24. Et ainsi nature en grant diligence fait toutes choses durer en leur estre, non pas tant seullement par aucuns temps, maiz aussi comme pardurablement en leurs semblables par generacions et multiplicacions de semences. 25. Semblablement aussi les autrez choses sans ame desirent leur duracion. 26. Pourquoy tire tousjours le feu en hault et la terre en bas, si non pour ce que ces lieux leur sont plus convenables? 27. Et comment les choses contraires, ensemble conjoinctez, corrompent et destruisent l'un l'autre, ainsi est chacune chose conservee en estre et permanence avecquez ce qui est propre et convenable a sa nature.

28. Mesmez les choses dures, comment les pierres, s'entretiennent en leurs parties et resistent en tant qu'ilz peuent qu'ilz ne soient de leger rompues et divisees. 29. Et les choses moles et cleres, comme l'air et l'eaue, se delaissent de legier diviser et deppartir, maiz tantost retournent en leur premiere fourme; et le feu reffuyt et eschive toute division.

30.-31. En ces choses nous [32^v] ne parlons pas de l'appetit voluntaire de l'ame congnoissant, maiz nous parlons de l'appetit naturel, car quelque chose que la voulenté desire, nature tousjours contend a la conservacion de son estre, ainsi comment par nature nous digerons les viandes et en dormant nous aspirons l'air, sans que la pensee et la voulenté y soient de riens occuppees. 32. Nous voyons aussi souvent que voulenté pour aucunes causes prent et embrache la mort, laquelle nature craint et refuyt. Et a l'encontre, l'œuvre de generacion par quoy les choses mortelles sont longuement durables, laquelle nature tousjours appete et desire, voulenté souventes foys empesche et refraint. 33. Et ainsi cest amour que chacune chose a de soy mesmez ne procede pas de mouvement voluntaire, maiz de naturelle inclinacion.

34. Par lesquelles choses tu n'as cause de doubter que toutes les choses qui sont en estre ne desirent et appetent naturellement leur permanence et duracion, en tant qu'ilz peuent, et fuyent et eschivent leur mort et corrupcion". 35. "Je congnois maintenant, dis je, estre certaines les choses qui me souloient estre doubteuses". 36. "Or est il vray, dit elle, que tout ce qui appete duracion et permanence appete estre ung, car se unité estoit destruicte, estre seroit destruict". "C'est vray", dis je. 37. "Doncquez, dit elle, s'ensuyt il que toutes choses desirent estre ung". "Je l'accorde", dis je. "Mais nous avons demonstré que unité et bonté sont une mesme chose. 38. Il convient doncquez que toutes choses appetent bien, duquel tu feras une telle descripcion. Bien est ce qui est desiré de tous". 39. "Il n'est, dis je, riens plus vray, car autrement ou toutes choses seroient rapportees a neant et icelles, destituees de unité comme de leur chief, sans aucun recteur chanceleroient; ou il fault dire que la chose a quoy chacun contend et desire, sera le souverain de tous biens". 40. Lors elle dit: "O, mon filz, tu m'as resjouÿe, car je voy que tu congnois maintenant et as fiché en ta pensee une partie de la verité, de laquelle tu disoies cy devant ignorer". "Quoy?" dis je. 41. "Qui estoit, dit elle, la fin

de toutes choses, car c'est ce qui est desiré de tous. Et nous avons monstré que bien est ce qui est desiré de tous; il fault donc que nous confessons que bien ou bonté est la fin de toutes choses.

Mètre xi

Comment Philosophie nous invite a congnoistre [33ʳ] *verité et science tant par nostre propre labeur, come par doctrine des autrez qui science congnoissent.*

Qui veult par parfonde pensee	
Scavoir verité approuvee,	
Sans forvoyer ou divertir,	
Par dedens soy doit convertir	4
Sa lumiere d'entendement,	
En soy contraingnant longuement	
A penser sans trop grant oultrage;	
Et eu tresor de son courage	8
Trouvera la treple puissance	
De naturelle congnoissance,	
Qui tantost lui fera comprendre	
Tout ce qu'il s'efforçoit d'apprendre;	12
Et tout ce que ignorance obscure	
A couvert par mondaine cure	
Lui luyra lors plus clerement	
Que le soleil au firmament.	16
Car combien que la pesanteur	
De corps humain et sa grosseur	
Luy empeschent sa congnoissance	
Et l'enclinent a oubliance,	20
Neantmoins dedens par existence	
Demeure et siet une semence	
De verité tousjours congnoistre	
Que resveille, esmeult, et fait croistre	24
Doctrine par autry donnee;	
Dont a question bien fourmee	
Aucunes foys bien respondons	
Ce qu'autres foys aprins n'avons;	28
Laquel chose estre ne pourroit	
Se par dedens nous n'abitoit	

La rachine de congnoissance
Dont respondons sans pourvëance;   32
Et selon ce que dit Platon,
Quant aucun pense a sa leçon,
Souvent advient quë il revoyt [33ᵛ]
Ce qu'avant oublïé avoit".   36

Prose 12

Cy demonstre Philosophie que Dieu gouverne le monde et par quelz gouvernaulx il le gouverne, c'est assavoir par sa bonté, ce que Boece avoit dit ignorer en la .viᵉ. prose du premier livre.

1. Lors je dy: "Je m'accorde au dit de Platon, car vecy la seconde foys que tu me recordez ces choses, desquellez j'avoye perdu la memore, tant par la pesanteur du corps qui obfusque la clarté de l'ame, comme par les tristes penseez et douleurs que j'ay portees". 2. Lors elle dit: "Se tu consideres et advises bien les choses cy devant accordees, tantost tu te recorderas de ce dont au commencement tu confessas avoir ignorance". "De quoy?" dis je. 3. "Par quel[z], dit elle, gouvernaulx ce monde est gouverné". "Il me souvient bien, dis je, que je le confessay ignorer; maiz ja soit ce que je apperçoyve ung pou ce que tu proposes a dire, toutesfoys je le desire a oÿr de toy plus clerement".

4. "Tu ne doubtoyes point, dit elle, cy devant que ce monde ne feust gouverné de Dieu". "Encore, dis je, n'en ay je aucun doubte, ne jamaiz n'en doubteraye. Et a ce me mennent les raisons que je veul briefment exposer. 5. Ce monde qui est composé de tant diverses et contraires parties n'eust jamaiz esté assemblé en une fourme, s'il n'estoit aucun qui eust conjoinct ces choses tant contraires et desjoinctes. 6. Et icelles, par lui ainsi conjoinctez, la diversité et contrarieté de leur nature qui continuellement descorde et repugne les deppartiroit et desjoindroit, se il n'estoit aucun qui les entretenist et gardast. 7. Et aussi s'il n'estoit aucun souverain et permanent qui disposast et gouvernast les diversités des mutacions des choses, jamaiz ne seroit tant certain l'ordre de nature, ne les mouvemens tellement riglés, disposés, et ordonnés par lieux, par temps, par effectz, par espaces, et par qualités. 8. Et icelui par lequel toutes choses sont ainsi faictez

et gouvernees, selon le mot de commun usage a toutes gens, je le nomme Dieu".

9. Lors elle dit: "Puis que tu as celle congnoissance, il me reste petit labeur a toy adrecher en ton paÿs, joyeux et beneuré. 10. Maiz retournons a regarder et considerer les choses que nous avons devant proposees. N'avons nous pas dit que suffisance est en felicité? Et aussi avons monstré que Dieu est icelle mesme felicité?" "Oÿl", dis je. 11. "Il s'ensuit donc, dit elle, que a gouverner ce monde, il n'a besoing de quelque aide estrange; ou autrement, [34ʳ] s'il en avoit besoing, il n'auroit pas parfaicte suffisance. 12. Et par⁵ consequent il gouverne et dispose toutes choses par lui seul". "On ne le pourroit, dis je, nyer". 13. "Or avons nous monstré devant, dit elle, que Dieu et bonté sont une mesme chose? 14. Ainsi doncquez fault il que par sa bonté il gouverne toutes choses, et qu'il est ainsi comme ung gouvernal qui entretient et conserve toute la mondaine facture estable et entiere". 15. "A ce, dis je, je me consens tres bien, et me semble que par cy devant tu contendoyes a ceste chose me declairer". 16. "Je t'en croy bien, dit elle. Et comment je cuide, tu as ton entendement plus ententif et eslevé a verité congnoistre que tu n'as eu cy devant. Et les choses que j'ay a dire appairent assez par les choses qui sont ja dictez". "Quoy?" dis je. 17. "Comme il soit ainsi, dit elle, que Dieu par le gouvernal de sa bonté gouverne toutes choses, et que, comment j'ay enseigné cy dessus, toutes choses appetent, tendent, et s'enclinent naturellement a parvenir a bien, on ne peult doubter qu'ilz ne soient par leur nature subgectes et enclines de leur gré a obeÿr a la⁶ voulenté de leur ordonneur et gouverneur". 18. "Ou autrement le gouvernement ne sembleroit pas estre beneuré ne pour le salut des subgectz, maiz leur seroit paine et charge". 19. "Doncquez n'est il riens qui sa nature gardant veulle a Dieu resister. 20.-21. Et s'aucun par vice se voulloit efforcer de resister a l'encontre de lui, il n'y pourroit parvenir, comme il soit souverainement tout puissant par le droit de beatitude, ainsi que dessus nous avons accordé. 22. C'est doncquez le souverain bien, lequel gouverne toutes choses par force et puissance, et aussi par doulceur et suavité".⁷ 23. Lors je dy: "Non pas seullement je me

---

⁵ Leçon rejetée: per.
⁶ Leçon rejetée: leur.
⁷ Le traducteur/copiste a perdu de vue ici (§18–§22) le dialogue entre Philosophie et Boèce, notamment en omettant d'attribuer à Boèce la phrase §18 et d'incorporer ses réponses à Philosophie qui, dans le texte latin, continue à l'interroger.

delecte et prens plaisir aux raisons que tu m'as concluties et prouveez, maiz encores plus me plaisent les doulces parolles, desquelles tu uses. Et ay honte et me reprens de la folie que cy devant je proposay, disant que Dieu ne s'entremectoit du fait des hommes".

24. "As tu point, dit elle, leu es flabes, des geans qui s'efforcerent d'assaillir le ciel en assemblant montaigne sur montaigne, comme la force de Dieu justement les deppoza et destruit par fouldres? 25. Maiz veulx tu que nous façons ensemble joindre et hurter icelles raisons? Et je croy que de celle joincture et conflict saillira [34ᵛ] une belle estincelle de verité". "Ainsi, dis je, qu'il te plaira". 26. "Il n'est, dit elle, homme qui face doubte que Dieu ne soit tout puissant". "Non, dis je, s'il n'est hors du sens". 27. "Maiz celui, dit elle, qui est tout puissant, il n'est chose qu'il ne puisse faire". "Il est vray", dis je. 28. "Et peult donc, dit elle, Dieu faire mal?" "Nennyl, certes", dis je. 29. "Il s'ensuyt donc, dit elle, que mal ou pechié n'est riens, comme celui ne le puisse faire qui peult faire toutes choses". 30. "Tu te joues, dis je, de moy en tissant tes raisons si entrelachees ensemble, comment la maison de Dedalus que, par ou il semble que tu ysses, tu commences a entrer, et par ou tu es entree, tu veulles yssir. Tu fais tes raisons de la divine simplicité par raisons ou sillogismes circulaires. 31. Car cy devant commençant a felicité, tu disoies icelle estre le souverain bien, et qu'elle estoit assise en Dieu. 32. Aprez declaras que Dieu estoit le souverain bien et parfaicte felicité, et que tout home beneuré peult aussi estre appellé Dieu. 33. Oultre, tu monstras que Dieu, bonté, et felicité sont une mesme chose et substance, et aussi que unité est icelle mesme bonté, laquelle naturellement est de tous desiree. 34. Tu as aussi prouvé que Dieu par le gouvernal de sa bonté gouverne l'université du monde, et que a lui toutes choses par leur nature obeÿssent. Et aussi que mal ou pechié n'est aucune chose en nature. 35. Et toutes ces choses tu as expliqueez par probacions et raisons enchaynees et enlachees les unes aux autrez, lesquelles tu as toutes tirees l'une de l'autre, sans les prendre ne cueillir ailleurs en estrange matiere". 36. Lors elle dit: "Nous ne te moquons pas, ne ne jouons, car nous avons par l'aide et don de Dieu, auquel nous en avons cy devant fait priere, traicté et expedié une matiere la plus haulte de toutes autrez. 37. C'est de la substance divine qui est telle qu'elle ne peult recevoir, a faire probacion ou demonstracion d'elle, termes ne raisons estranges, prins hors les mectes d'icelle. Maiz, comment dit Permenides, icelle divine substance demourant immobile meult

et tourne et donne mutabilité aux choses mondaines.⁸ 38. Et se en la matiere que nous avons traictee, nous avons procedé par raisons prinses dedens, sans estre quises ailleurs ne hors d'icelles, tu ne t'en dois point [35ʳ] merveiller, comme tu ayes aprins par le dit de Platon qu'il convient que les parolles soient cousines et prouchaines des choses don[t] ilz parlent.

Mètre xii

En ce mectre Philosophie raconte une flabe morale de Orpheus.

> **B**eneurés est celui pour voir
> Qui peult entendre et concepvoir
> La tres lumineuse fontaine
> De felicité souveraine.   4
> Beneuréz est celui sans doubte
> Qui sa cure et pensee toute
> Peult deslÿer par pensers purs
> Des lïens de la terre obscurs.   8
> **O**rpheüs eu temps ancïen⁹
> Fu souverain musicïen
> Qui faisoit chans moult delectables,
> Selon ce que dïent les fables.   12
> N'onc homme tant parfaictement
> N'avoit lors joué d'instrument.¹⁰

---

⁸ En général, les traducteurs français omettent la pensée de Parménide citée par Platon, lui substituant, comme ici, l'observation de Platon qui la suit (*Sophiste*, 244e).

⁹ Glose marginale: *La verité de ceste flabe est que Orpheus, en son temps grant musicien et joueur d'instrumens, avoit une femme nommee Erudices qu'il amoit tres fort. Advint que ung jour ainsi que estoit seulle vagante par les praéz, ung pasteur nommé Aristeus la trouva et la requist d'amours. Et elle, contredisant et fuyant ses enbrachemens, marcha sur ung serpent qui la mordi, dont elle mouru. Orpheus, oultrageusement marri, composa de sa mort plusieurs chançons et complaintes qu'il chantoit a ses instrumens tant melodieusement qu'il esmouvoit a pitié ceulx qui l'escoutoient.* Voir l'Annexe 3.

¹⁰ Glose marginale: *Sur ceste verité les poethes firent la flabe mise en ce mectre, de laquelle la moralité est que Orpheus est cy prins pour l'Omme Sage et Eloquent; Erudices, sa femme, est prise pour Naturelle Concupiscence, ou Desir de Bien, pour ce qu'elle est naturellement et inseparablement conjoincte a chacun homme. Aristeus, qui est interpreté Vertu Divine, auquel est actribué office de pasteur, pour ce que, ainsi que le pasteur gouverne et assemble son tropeau, ainsi Vertu assemble les bonnes operacions et gouverne sensualité. Cestui Aristeus, voiant Erudices vagante par les préz, pour son amour la poursuyt. Vertu voiant Desir Naturel de*

Et fu né et nourry en Trece,
En une partie de Grece; 16
Une tres doulce amye avoit
Laquelle Erudice on nommoit.
Advint qu'il perdi celle amie
Dont demena dolente vie, 20
Car long temps il corrut apréz
Par bois et par champs et par préz;
Toutesvoyes en complaingnant
Tousjours alloit challemelant; 24
La doulceur de ses challemeaulx
Les quesnes et les ourmes haulx
Faisoit troter et courre en dance;
Les rivieres, qui par pesance 28
Encontre le val fort couroient,
A son tres doulx chant s'arrestoient;[11]
Les cerfz se jouaient aux lions
Et les lievres aux chiens felons, [35ᵛ] 32
Pour la tres doulce melodie
Qu'il faisoit en querant s'amie.
Quant ne la peult trouver sur terre,
En enfer le voult aller querre 36
Et se complaint des dieux du mond
Qui de son pleur semblant ne font,
Car ne lui veullent reveler

Bien vagant par les préz: c'est soy arrestant es choses terriennes, qui ainsi que les prés maintenant verdissent et tantost mortissent, s'efforçant le retraire de leur amour. Il prist a fuyr, car Naturel Desir de Bien contredist et resiste a Vertu, et en fuyant marcha sur le serpent par le venin duquel elle mouru. Car Naturel Desir ou Concupiscence de Bien s'arresta es biens temporelz, par la delectacion desquelz elle mouru par la descongnoissance des vrais biens, et descendit es enfers, c'est a dire es cures et solicitudes mondaines. Orpheus, c'est l'Omme Sage, voulant retraire son Desir des enfers de cures mondaines, descendi dedens par consideracion de leur fragilité et imperfection, et priant les seigneurs et princes d'enfer — ce sont les .v. biens mondains dessus declairés, c'est assavoir puissance, glore, richesses, honneurs, et voluptés — qui lui rendissent sa femme. Lui rendirent par doulceur de prieres et non pas par force. Par condicion etc. C'est a dire qu'il retira par sa Sapience son Desir de l'amour des biens temporelz, par condicion que, se plus il lui reboutoit, il la perdroit etc. Voir les Annexes 3 et 4.

[11] *Glose marginale: Ce qu'il est dit qu'il faisoit arrester les fleuves courans, c'est a dire que le sage par eloquence les hommes inestables il ramaine a constance. Il adouchissoit les sauvages et cruelles bestes, c'est que les fiers et orgueilleux il fait debonnaires etc. Voir l'Annexe 3.*

Ou s'amie pourra trouver. 40
Quant il voult en enfer descendre,
Ses instrumens forment fist tendre
Si qu'il[12] n'y eust clef ne muance
Qui ne feust selon l'acordance 44
Calioppe, qui le chant fist
Et qui tout son chant lui aprist.
Grant desir a de tel chant faire
Qui aux dieux d'enfer puisse plaire. 48
Ce chant ne le peust conforter;
Amours faisoit son pleur doubler,
Et par doulx pris et doulx langaiges
Graces rendoit aux dieux umbrages. 52
Quant Orpheüs vint a la porte
D'enfer, adonc se desconforte,
Car a la porte ung chien demeure
Qui tout derompt et tout deveure, 56
Que[13] l'en appelle Cerberus;[14]
Lors fu esbahy Orpheüs,
Car ce mastin avoit trois testes,
Ce que n'ont pas les autrez bestes; 60
Si print a toucher sa vïelle
Si doucement, qu'a sa cordelle
Actrait le mastin deputaire
Et le fait doulx et debonnaire. 64
Quant il eust le portier passé
Qui ne l'eust ne mors ne cassé,
Si encontra les trois dëesses
Qui sont encor plus felonnesses;[15] [36ʳ] 68
En ce siecle les ames temptent

---

[12] Leçon rejetée: qui.

[13] Leçon rejetée: Quen.

[14] Glose marginale: *Cerberus, portier d'enfer, ayant trois testes, c'est la terre qui a trois parties principalles, Asie, Europpe et Affrique, pour ce que c'est le commencement et entree dont sourdent et viennent tous les biens mondains, avec les cures et pointures procedans d'iceulx biens.* Voir l'Annexe 3.

[15] Glose marginale: *Les trois dëesses infernales sont Aletho, Tesiphone, et Megera, qui figurent trois choses dont descendent tous maulx — c'est de mauvaises pensees, euvres et parolles — lesquelles pleurerent au son de l'instrument Orpheus, car il n'est si mauvaiz, quant son vice lui est donné a congnoistre et magnifesté par la langue eloquente d'un home sage, que son courage ne soit esmeu.* Voir l'Annexe 3.

Et en l'autre si les tourmentent.
Quant regarda ces[16] forcenees,
Ne fu pas seur de ses durees;   72
Et nonpourtant avant alla
Et si doulcement vïella[17]
Qu'il fist au doulx son de sa corde
Encliner a misericorde   76
Celles qui tourmentent les armes
Et leur fist pleurer maintes lermes.
Quant Orpheüs olt ce passé
Et ces[18] dyablesses trespassé,   80
Si trouva la roë Yxion[19]
Tournant a grant affliction;
Yxion fu pour ses pechés
En une grant roe atachés   84
Par piés, par mains et par la teste;
Celle roë point ne s'arreste,
Repos n'a que tousjours ne tourne,
Car de nuyt et de jour retourne;   88
Orpheüs print si doulcement
A demener son instrument
Que par son tres doulx vïeller

---

[16] Leçon rejetée: ses.

[17] Leçon rejetée: vïelle.

[18] Leçon rejetée: ses.

[19] Glose marginale: *Yxion fu ung grant larron et tirant qui assembla anciennement cent hommes a cheval; et coururent le paÿs de Grece, destruisant et desrobant ce qu'ilz pouaient trouver. Le peuple du paÿs, qui oncquez n'avoit veu gens a cheval, cuidoit que ce feussent bestes, moictiés hommes, moictiés chevaulx, et les appelloient Centaures pour ce qu'ilz estoient cent qui sembloient voler en l'air. La flabe mect que cil Yxion voulu coucher avec Juno, dëesse de richesses, laquelle mist entredeux une nuee; et sa semence cheust sur la terre, dont ces Centaures furent engendrés; et pour celle cause est tourné es enfers en une roe etc. La moralité d'icelle flabe est que Yxion, qui voulu gesir avec Juno, la dëesse de richesses, c'est quant aucun se veult joindre et mect son affection a avoir et acquerir richesses mondaines, cuidant y trouver le souverain bien de felicité. Mais une nuee est mise entredeux — c'est ignorance — et sa semence cheut a terre, car toute son intencion est tournee es biens terriens et temporelz, de laquelle naissent les Centaures, moictié hommes, moictié chevaulx — c'est les cures temporelles qui sont en partie raisonnables et en partie irraisonnables. Et pour ce descendist es enfers des cures mondaines ou il est tourné continuellement en la roe de Fortune, maintenant par prosperité, et tantost par adversité.* Voir l'Annexe 3. Le remanieur a innové en précisant que la roue est 'de Fortune'.

La roë laissa a tourner. 92
Aussi se porta Orpheüs
Moult tres bien envers Tantalus.[20]
Tantalus en une saison
Les dieux[21] semond en sa maison 96
Et fist grant menger et grant feste;
Maiz en la fin lui feist moleste,
Car, quant vit que[22] lui fault vitaille,
Son propre filz par morseaulx taille 100
Et le fist cuyre pour menger.
Les dieux, qui doivent tout venger,
De ce crisme garde se prindrent
Et tres durement le pugnirent, [36ᵛ] 104
Car Tantalus est condampnéz
En enfer, avec les dampnéz,
Ou il est en une riviere
Tout plingé devant et derriere 108
Que le menton a l'eaue touche
Et si n'en peult mectre en sa bouche;
Maiz quant il voit l'onde venir
Et il la cuide retenir, 112
L'onde tantost arriere fuit;
Ainsi meurt de soif jour et nuyt.
Ung grant pommier est en la place
Qui son fruit lui mect en la face; 116
Quant il cuide la pomme mordre,
Elle ne fait que soy destordre,
A l'autre part prent a voler,
Pour ce ne la peult engouler; 120
Ainsi meurt de soif et de fain
Cil qui la vitaille a en main.
Quant Tantalus ouÿ la note,
Que par bemol son chant denote, 124
Tant fu souspris et esbahys
Et en joye de ceur ravys

---

[20] Glose marginale: *Par Tantalus est figuré l'avaricieux, lequel, combien qu'il afflue en richesses, endure et porte grans souffretes, par ce qu'il n'ose diminuer ses peccunes.* Voir l'Annexe 3.
[21] Leçon rejetée: dieu.
[22] Lecon rejetée: qui.

Que la fain et la soif oublie
En escoutant la melodie. 128
Tucïus estoit d'autre part,
Qui fu ung homs de malle part,
Lequel pour sa transgression
Est en moult grant affliction, 132
Car ung voultour, oysel de proye,
De son ventre lui traict le foye;
Quant ce voultour oÿ le chant,
Qui melodie faisoit si grant, 136
Pour la doulceur lieve la teste
Et de menger tantost s'arreste.
Or s'en va Orpheüs sa voye,
En plourant fait semblant de joye, [37ʳ] 140
Mais de grant joye n'a yl point,
Tant comment se voit en tel point.
Au Roy d'enfer s'est adrechié
Comment dolent et courouchié. 144
Aucunes foys la corde touche,
Autres foys chante de sa bouche;
Soit par bouche et par douce corde
Tousjours requiert misericorde 148
Et en chantant grace supplie.
Que voullés vous que je vous die?
Tant a vïellé et chanté
Qu'il a les dyables enchanté. 152
Le Roy d'enfer tantost s'acorde
Qu'on lui face misericorde.
'Rendons, dit il, cestui s'amie,
Car pour son chant l'a bien gaignie; 156
Maiz tant mectons en lui de loy
Qu'il ne regarde arriere soy
Jucqu'a tant qu'il l'aura menee
Oultre toute nostre contree'. 160
Maiz la loy d'amours est si fort
Qu'elle ne craint paine ne mort;
Dont c'est grant follie et errour
De bailler loy a fine amour. 164
Car Orpheüs fust amans fins;
Quant regarda d'enfer les fins,

Son regard tourna par derriere
Pour regarder s'amie chere,   168
Et car la loy n'a[23] pas tenue,
S'amie tantost a perdue;
En enfer va comme devant.
Ycy fine la flabe atant.   172
A vous recorde ceste flabe
Qui querez le jour pardurable
Et ja vous estes mis en voye;
Gardés vous bien que faulse joye [37ᵛ]   176
Ne vous face tourner arriere
Et perdre ceste grant lumiere.
Qui bien veult a enfer penser
De tous maulx se doibt bien cesser,   180
Ne pour ung seul deduit horaire
Point ne doit son appetit traire
En ce puant venimeux gouffre
Ou sans fin art l'eternel souffre."[24]   184

Cy fine le tiers livre et commence le quart.

---

[23] Leçon rejetée: la.
[24] Les quatorze premiers vers du mètre et les passages de glose ont déjà été publiés dans J. Keith Atkinson et Anna Maria Babbi, éd., *L' 'Orphée' de Boèce au Moyen Age. Traductions françaises et commentaires latins (XIIᵉ–XVᵉ siècles)*, Medioevi, Testi 2 (Verona: Edizioni Fiorini, 2000) pp. 119–124 (XI). En éditant le texte ici, nous avons corrigé un nombre de fautes typographiques et rectifié certaines leçons inexactes. Exceptionnellement, dans le manuscrit le texte latin n'accompagne pas le mètre, les gloses remplissant cet espace aux feuillets 35ʳ-36ʳ.

Livre IV

Prose 1

Hec cum Philosophia dignitate vultus et oris grauitate seruata leniter suauiterque cecinisset. Tum ego etc.

1. **C**omme Philosophie eust chanté doulcement et delectablement les choses dessusdictes en tenant meure gravité en contenance et en parolez, lors je, qui n'avoye pas encores du tout oublié ma douleur, ainsi comment elle se disposoit a parler de rechief, je entrerompis son intencion et dis: 2. "O, maistresse et enseigneresse de vraye science, les choses que tu m'as dittes jucquez cy, lesquellez en leur regard et nature sont divines, et par tes raisons invincibles m'ont esté demonstrees et declairees, combien que je les eusse nagaires oubliees pour la douleur du tort qui m'a esté fait, toutesfois ne m'estoient ilz pas du tout mescongneues. 3. Maiz le plus grande et principale cause de ma tristesse et douleur, c'est que comme il soit ainsi que Dieu soit souverainement bon, et par sa bonté gouverne toutes choses, comment peult il permettre les maulx estre fais eu monde et iceulx delaisser et passer inpugnis? Et se tu consideres bien, certes ceste chose est bien matiere de grant admiracion. 4. Et encores plus y a, car les mauvais flourissent en prosperité, et les bons et vertueulx ne demeurent pas seullement privés de remuneracion, maiz aussi sont foullés et molestés par les mauvais. Et les tourmens et paines que deussent porter iceulx mauvais sont baillés aux bons et vertueux. 5. Desquelles choses estre faictes eu royaume de Dieu, qui toutes [38ʳ][1]
…"

Mètre i

"…
'…
Orendroit congnoys mon seigneur,
Vecy ma propre mansion,
Mon paÿs et ma nacion;
Cy demourray finablement'.[2]   4

---

[1]   Un feuillet a été perdu; le texte de la prose 1, 9 et de la première partie du mètre i (vv. 6725-775 du *Böece de Confort*) manque. Voir l'Annexe 2.

[2]   Philosophie anticipe ainsi la pensée qu'aura Boèce, quand il sera monté au ciel avec elle et aura contemplé la majesté de Dieu. Les vers 1-5 correspondent aux vers

Et se tu veulx aucunement
Vers terre ton regard tourner,
Tu pourras voir et regarder
Que les mauvais, qui sont ça bas   8
En haulx honneurs et grans estas
Et du peuple crains et doubtés,
Sont forbanis et deboutés
De celle noble region,   12
Ou est parfaicte vision
Et congnoissance tres certaine
De felicité souveraine".

Prose 2

Comment Philosophie preuve par plusieurs raisons les bons estre puissans et les mauvaiz impuissans.

1. **A**donc je respondi: "Je suis moult esbahy des grans choses que tu promectz, non pas pour doubte que j'aye que tu ne puisses bien acomplir ta promesse, maiz je te prie, ne differe point a declairer la matiere que tu as esmeue". 2. "Tu dois, dit elle, premierement congnoistre que les bons sont tousjours puissans et les mauvaiz destitués de toute puissance. Et de l'une partie sera prouvee et demonstree l'autre. 3. Car comme bien et mal soient contraires, se bien est prouvé estre puissant et fort, il appairra que mal est fieble et impuissant; et se[3] la floibesse de mal est declaree, la force et fermeté de bien est assés notore. 4. Maiz affin de donner a noz parolles plus parfaicte foy et credence, je procederay a prouver et confermer tous les deux l'un aprés l'autre.

5. Je dis donc que deux choses sont neccessaires en toutes les euvres et fais humains, c'est assavoir voulenté et puissance, desquellez, se l'une des deux deffault, il n'est riens qui puisse estre expedié ne fait. 6. Car se voulenté deffailloit, nul n'entreprendroit ce dont il n'a point le vouloir, et se puissance n'y estoit, pour neant y seroit voulenté. 7. Dont il advient que quant tu vois aucun qui appete a avoir ce qu'il

---

6776–6780 du *Böece de Confort* (voir l'Annexe 2); les vers 6–15 s'écartent pourtant des vers 6781–794, offrant une leçon indépendante.

[3] Leçon rejetée: sa.

n'a pas, tu ne peulx doubter qu'il n'ayt deffaulte de puissance". [38ᵛ] "Il est tout cler, dis je, et n'en pourroit on doubter". 8. "Et celui que tu vois avoir fait et acompli ce qu'il desiroit et vouloit, doubteras tu se il en avoit eu le pouair?" "Nennyl", dis je. 9. "Aussi est il vray que chacun est puissant en la chose qu'il peult faire et impuissant en ce qu'il ne peult faire". "Je le confesse", dis je. 10. "Te souvient il point, dit elle, que cy devant a esté prouvé par raisons que toute l'intencion de humaine voulenté tend par divers chemins et estudes a parvenir a felicité?" "J'ay bien memore, dis je, qu'il a esté demonstré". 11. "Et ne te recordez tu pas aussi que bonté et felicité ont esté prouvéz estre une mesme chose, et que felicité est appetee pour ce que c'est le souverain bien?" "Cela, dis je, est tant fichié en mon memore que je ne le pourroye oublier". 12. "Il fault donc, dit elle, que tous hommes, bons et mauvaiz, tendent a parvenir a bien". "Ainsi est il", dis je. 13. "Maiz il est vray, dit elle, que par acquisicion de bonté sont fais les hommes bons. Il s'ensuyt donc que les bons acquerent et obtiennent ce qu'ilz appetent". "Il le me semble, dis je, ainsi". 14. "Et les mauvaiz, dit elle, ne pourroient ce bien acquerir, car s'ilz avoient acquis le bien qu'ilz appetent, ilz ne seroient plus mauvais". "Il est vray", dis je. 15. "Comme doncquez, dit elle, il soit ainsi que tous deux appetent bien, et que les bons l'acquerent et obtiennent et les mauvaiz non,⁴ on ne pourroit doubter que les bons ne feussent puissans et fors, et les mauvaiz fiebles et impuissans". 16. "Quiconquez, dis je, en feroit doubte, il ne congnoistroit point raison".

17. "Je te prouveray, dit elle, ce mesmez par ung autre moyen. Soient deux hommes auxquelz soit proposé de faire une mesme chose naturelle, et que l'un d'iceulx face et acomplisse icelle chose par naturel office et l'autre, auquel deffault ce naturel office, s'efforcera tant qu'il acomplira son propos par une autre maniere qu'il ne convient a nature, lequel des deux juges tu estre le plus puissant?" 18. "Et se je conjecture et apperçoy, dis je, ce que tu veulx dire, toutesfoys je desire de l'oÿr de toy plus clerement". 19. "Tu scais, dit elle, que cheminer appartient aux hommes naturellement". "Je n'en doubte point", dis je. 20. "Aussi ne doubtes tu point que ceste naturelle office d'aler ou cheminer ne soit l'office des piés?" "Non certes", dis je. 21. "Se aucun donc, lequel puisse aler de ses piéz, chemine jucquez [39ʳ] a certain lieu, et l'autre auquel ceste naturelle office des piés deffault s'efforce

---

⁴ Leçon rejetée: nom.

de cheminer de ses mains pour parvenir au dit lieu, lequel jugeras tu estre le plus puissant?" 22. "Declaires, dis je, le demourant, car nul ne doubteroit que celui qui peult aler par naturel office des piéz ne soit plus puissant que celui qui ne le peult pas". 23. "Or est il ainsi, dit elle, que le souverain bien, lequel est egalement proposé et offert aux bons et aux mauvais, les bons par office naturel de vertueuses operacions le querent et poursuivent, et les mauvais le pourchassent et querent par divers chemins, c'est assavoir par couvoitise, concupiscence, ambicion, qui n'est pas naturel office de parvenir a possider icellui souverain bien. Penses tu qu'il soit autrement?" 24. "Nennyl, dis je. Mais il est assés apparent ce qui par consequent s'en ensuyt, car de ce que j'ay ottroyé les bons estre puissans, il convient neccessairement tenir et accorder les mauvais estre fiebles et impuissans". 25. "Tu, dit elle, previens et adevances la conclusion que je tens a prouver; et ainsi que les medecins espoirent la convalescence de leur pacient, quant ilz espoirent nature resister a la maladie.

26. Pour ce que je te regarde estre tres prompt a entendre, je te bailleray et assembleray pour ce prouver plusieurs raisons. Or voy premierement combien est grande l'impuissance et enfermeté des mauvais hommes, lesquelz s'ilz ne peuent pas parvenir a la fin a laquelle naturel desir les induit et encline et presque contraint, comment pourroient ilz a ce parvenir, se ilz n'y estoient point naturellement inclinés? 27. Et se ilz estoient destituéz et delaissés de ceste naturelle aide tant grande et presque invincible, 28. considere quelle impuissance seroit en eulx. Car icellui bien, lequel ilz ne peuent acquerre ne obtenir, n'est pas pou de chose, ne louyer volage ou leger, maiz c'est le souverain et chief de tous biens auquel ilz defaillent, et ne peuent parvenir a icelle fin a quoy leur desir naturel incessanment tend et labeure; en laquelle chose la puissance des bons appert evidanment. 29. Car ainsi comment tu jugeroyes et tendroies tres puissant de cheminer celui qui yroit bien et chemineroit jucquez a certain lieu, oultre lequel on ne pourroit plus aler; et par le contraire celui impuissant qui a ce [39^v] lieu ne pourroit parvenir, mais enmy voie s'arresteroit; par semblable maniere celui qui parvient et actaint a la fin oultre laquelle n'est riens appetable ne desirable, il fault neccessairement que tu juges estre tres puissant. 30. Et par consequent les mauvaiz, qui ceste fin ne peuent actaindre, [sont]

destitués et delaissés de toute force et puissance.⁵ 31. Car iceulx mauvais, lesquelz delaissent les vertus en ensuivant les vices, ou ilz le font pour ce que ilz ne congnoissent le bien qu'ilz doivent faire, — or n'est il impuissance plus miserable qu'est aveuglee ignorance? — ou ilz congnoissent le bien qui est a ensuir et a faire, maiz les affections et plaisirs mondains les en retraient et font trebucher. Et par intemperance et fragilité ne peuent resister ne batailler en l'encontre des vices, et par ainsi sont impuissans. 32. Ou ilz congnoissent le bien et le peuent faire, maiz ilz ne le veullent pas, et de leur voulenté laissent les biens et se enclinent et tournent a mal. Et en ceste maniere ilz ne delaissent pas seullement a estre puissans, maiz delaissent du tout a estre; car ceulx qui laissent la fin commune de toutes choses qui est cause et rachine d'estre, ilz delaissent pareillement a estre. 33. Laquelle chose pourroit sembler estrange et merveilleuse a aucuns que les mauvais qui sont la pluspart des hommes n'eussent point estre; maiz il est ainsi en la verité. 34. Non pas que je nye qu'ilz ne soient mauvaiz, maiz je nye que purement et simplement ilz soient. Et ceste adicion de mal destruit estre simplement. 35. Car ainsi comment on diroit d'une charongne que c'est ung homme mort, et ne le pourroit on appeller simplement homme, semblablement les hommes vicieux on peult appeller et dire estre mauvais et non pas avoir estre simplement et absolutement. 36. Item, icelle chose simplement a estre, laquelle retient et garde l'ordre de vivre que par nature lui est donnee avecquez son estre; maiz ceste nature et ordre de vivre est donnee aux hommes qui tendent et appetent a parvenir a Dieu qui est fin et commencement de toutes choses. Les mauvaiz donc, lesquelz ne gardent point icelle ordre de vivre naturellement, delaissent a estre, lequel estre est inseré et mis en leur nature. 37. Et se tu dis [40ʳ] qu'ilz ont pouair de mal faire, je le t'accorde; maiz tel pouair ne leur procede ne ne descend point de force ne de puissance, maiz par le contraire de floibesse et impuissance. 38. Car ilz ne feroient pas les maulx, se ilz avoient en eulx force et pouair de resister aux vices et de perseverer en bonnes operacions. 39. Et telle puissance de mal faire monstre evidanment qu'ilz ne peuent riens car, comme nous avons prouvé cy devant, mal n'est riens; comme donc ilz puissent tant seullement faire mal, il s'ensuit clerement qu'ilz ne peuent riens. 40. Et affin que tu entendes quelle est la puissance des mauvaiz, nous avons cy devant diffini qu'il n'est riens plus puissant

---

⁵ '... scelesti ... uiribus omnibus videantur esse deserti' (Bieler, p. 68, ll. 81-82).

que Dieu qui est le souverain bien". "Il est ainsi", dis je. "Et aussi, dit elle, avons prouvé que Dieu ne peult faire mal". "Non, certes", dis je. 41. "Est il donc, dit elle, aucun qui ait en soy raison, qui croyt que les hommes peuent faire toutes choses?" "Nennyl", dis je. "Et toutesfois, dit elle, ilz peuent faire mal. 42. Comment il soit ainsi doncquez que celui qui est tout puissant puisse tant seullement faire les biens, et les mauvais qui ne sont pas tout puissans peuent faire mal, ce que Dieu ne peult faire, qui peult tout, il convient dire que la puissance de ceulx qui peuent mal faire, soit nulle. 43. Item, nous avons dessus monstré que toute puissance est du nombre des choses appetables et que tout ce que l'en peult appeter est rapporté et reduit au souverain bien, comment au chief de leur nature. 44. Maiz puissance de mal faire ne peult estre rapporté a bien; doncquez n'est elle pas desirable. Et neantmoins toute puissance est naturellement desiree; il appert donc que la puissance de mal faire n'est pas puissance.

45. De toutes lesquellez choses fault conclurre sans en doubter que les bons sont puissans, et les mauvaiz fiebles et impuissans. Et est veritable la sentence de Platon disant que seullement les sages peuent acomplir ce qu'ilz desirent. 46. Et les mauvaiz peuent leur plaisir faire, maiz non pas leur desir acomplir, car ilz font ce qui leur plaist, quant par les choses esquelles ilz prennent delectacion et plaisir, ilz cuident acquerir icellui souverain bien lequel ilz desirent. Maiz par ce moyen ilz ne le pourroient actaindre ne obtenir, car par vicez a felicité l'en ne pourroit jamaiz parvenir. [40ᵛ]

Mètre ii

Comment Philosophie demonstre les mauvais hommes estre serfz et subgectz de leurs vices et pechiés.

  Se tu veulx le pouair scavoir
  Que grans seigneurs peuent avoir,
  Ne regarde pas par dehors
  Leur hault siege, l'abit du corps,   4
  Les thrones de majesté grant,
  Le pourpre cler resplendissant,
  Leurs parolles, leurs grans menaces,
  Leurs armes fieres et leurs maces;   8
  Maiz ung bien pou plus parfont entre

Et regarde le ceur du ventre.
Dessoubz tel parent appareil,
Qui point n'allege leur traveil, 12
Se tel seigneur clerement vois,
Tu le trouveras maintes foys
Emprisonné et ataché
En la chaÿne de peché; 16
Aucunes fois se remplist d'ire,
Aucunes fois douleur le vire;
Tristeur le tourmente et traveille,
Envyë l'actrait et conseille; 20
Mauvaiz desir verser le fait,
Faulse esperance a lui l'actrait;
Dont quant verras ces seigneurs grans
Estre serfz a tant de tirans, 24
Tu pourras bien conclurre et dire
Qu'il ne fait pas tant qu'il desire
Qui a ses aises asservies
Dessoubz si dures seigneuries; 28
Ains celui qui deust estre franc
Pour son pouair ou noble sang
Devient serf a tant de seigneurs
Comme il a de mauvaises meurs. 32

Prose 3

Comme Philosophie preuve par plusieurs raisons que les bons ne sont oncquez sans loyer et remuneracion, et les mauvais aussi sans paines et tourmens. [41ʳ]

1. **Tu** vois doncques en quelle ordure est vice et mauvaistié boutee et en quelle lumiere et leesse resplendit vertu et bonté. Et en ce peult apparoir clerement que les bons ne sont jamais sans loyer, et les mauvaiz ne deffaillent oncquez qu'ilz ne soient tourmentés et pugnis. 2. Car de toutes les choses et actions humaines la cause et motif pour lequel ilz sont faictes, c'est le loyer qu'il en actent et espere, comme celui qui court pour gaigner ung pris qui soit donné au mieulx courant, icelui pris ou loyer est ce qui le fait courir. 3. Mais nous avons dessus monstré que felicité ou beatitude est icelui

bien pour lequel toutes choses humaines sont faictes; doncquez est le bien de felicité proposé et offert comme loyer commun a toutes les actions humaines. 4. Or ne peult ce loyer estre separé ne delaissé des bons, car se felicité ou bonté, qui sont tout ung, leur deffailloit, ilz ne deveroient plus par droit estre appellés bons; par quoy les hommes de bonnes meurs tousjours portent et ont avecquez eulx leur loyer. 5. Quelque persecucion ou tirannie doncquez que facent les mauvais contre les bons, neantmoins le loyer et couronne du sage ne peult perir ne secher, ne la cruaulté estrange des mauvaiz ne pourroit oster ne faire la propre prouuesse de leurs bons courages et voulentés. 6. Car se celui loyer ilz avoient prins hors d'eulx et de personne estrange, icelui qui leur auroit donné, ou aucun autre, leur pourroit oster; maiz pour ce que a chacun sa propre bonté lui donne son loyer, tant comme le bon demourera en sa bonté, son loyer il ne pourra delaisser ne perdre. 7. Finablement, come tout loyer soit appeté et requis pour ce que on croist qu'il est bon, qui seroit celui qui jugeroit que le bon qui dedens soy a bonté feust forclos et privé de loyer? 8. Voire de quel loyer? Certes du plus grant et plus noble de tous autrez. Souviengne toy du correlaire tant bel que je te donnay cy devant; et soit ainsi recueilli: 9. comme il soit ainsi que bien et beatitude soient une mesme chose, il s'ensuit que tous les bons sont beneurés. 10. Et ceulx qui sont beneurés, il convient qu'ilz soient dieux. Doncquez sont tous les bons dieux. Et pour ce donc les bons ont tel et si grant loyer, c'est assavoir estre fais [41^v] dieux, que quelconque longueur de temps ne le pourroit destruire, car il est pardurable, nulle puissance ne peult amendrir, ne nulle mauvaistié nuyre. 11. Et puisqu'il est ainsi du loyer des bons, on ne peult doubter de la paine inseparable des mauvais; car comme bien et mal, loyer et paine soient contraires: se a bien est deu loyer, a mal neccessairement est deu paine. 12. Et ainsi comment le loyer des bons est bonté, aussi est mauvaistié la paine des mauvais. Doncquez quiconquez ne doubte point qu'il ne soit soupprins de mal, il n'est pas privé de paine. 13. Maiz les mauvaiz, lesquelz extreme malice n'a pas seullement soupprins maiz aussi a leur conscience infecté, ne doubtent pas qu'ilz ne soient soupprins de mal. Ilz ne sont pas donc sans partie de paine.

14. Or voy par le contraire partie de ce que nous avons dit des bons, quelle paine acompaigne les mauvaiz; car comme nous avons cy dessus determiné, toute chose qui a estre, a et garde unité. Or est unité et bonté une mesme chose, comme prouvé dessus a esté. 15. Il s'ensuit

donc que tout ce qui a estre est bon, et quiconquez deffault a bonté, deffault a estre. Et ainsi les mauvaiz qui deffaillent a bonté deffaillent a estre ce qu'ilz estoient; maiz combien que leur figure humaine les demonstre avoir esté hommes, pour tant qu'ilz se sont convertis en malice, ilz ont perdu leur humaine nature. 16. Et ainsi comment bonté et vertu eslievent l'omme par dessus humaine condicion et le deïfient, semblablement l'omme corrompu par mauvaistié et vices est abaissé et degecté au dessoubz du merite des hommes; dont s'ensuit que celui que tu vois transformé par vices, tu ne le dois pas tenir pour homme. 17. Car s'il ravist violentement par ardeur d'avarice les biens et richesses des autrez, tu diras qu'il est semblable au loup. Se il a la langue habandonnee a mesdire et tencher, et qu'il morde et diffame par detraction ses voisins, tu le compareras a ung chien. 18. Se il prent plaisir a decevoir subtillement et cauteleusement par fraudes et fallaces les autrez, il est semblable au regnart. S'il est cruel et fremisse d'ire sans avoir actrempance, tu diras qu'il a courage de lyon. 19. S'il est trop paoureux et couart, et craint ce qui ne fait point a doubter, il ressemble a ung cerf. S'il est [42^r] pesant et oublieux, lache et perecheux en ses fais, il vit comment ung asne. 20. S'il a la pensee volage, inconstante, et legiere, et que il change et varie souvent son estat, il convient avec les oyseaulx. Se il se plinge et noye en l'ordure et vilité de luxure et de voluptéz, il ressemble au pourceau. 21. Ainsi celui, lequel par deffaulte de bonté delaisse a estre homme, comme il ne puisse estre mué ne eslevé en condicion divine, il fault qu'il soit abaissé et converti en condicion bestiale.

Mètre iii

Cy demonstre par ung exemple ou flabe que, combien que les vices ne facent aucune mutacion au corps, neantmoins ilz donnent grant mutacion aux amez et courages.

> Quant Ulixes revint de Troye
> Par la mer adreça sa voye;
> Mais ung vent grant souffla si fort
> Ses nefz, qu'elles vindrent au port   4
> D'une ysle ou estoit la dëesse,
> Fille au soleil, enchanteresse,
> Qui Circés estoit appellee,
> La plus belle qu'oncquez fu nee,   8

Qui tant puissance avoit sur herbes
Que par enchantemens et chermes
Ung tel doulx bevrage confist,
Dont a ses hostes boyre fist, 12
Que tous les mua par dehors,
Quant a la figure du corps,
En fourme de bestes sauvages,
Chievres, lyons, ou loups ramages; 16
Les ungz aux sengliers ressembloient,
Et les autrez lyons estoient,
Grans dens avoient et onglez longz,
Comme ont d'Aufrique les lyons; 20
Les autres sont nouvellement
En loups transmués tellement
Que quant leur mal cuident pleurer,
Ilz commencent fort a uler; 24
Les autrez s'en vont doulcement
Sur les maisons, ainsi comment [42ᵛ]
Les tigres néz es Indes font;
Mais, ce nonobstant, au parfont[6] 28
Tousjours de leur franc ceur remaint
Qui se doulouse et se complaint
Quant il pense que la facture
De son corps a changé figure. 32
Ulixes envoyé avoit
Par devant ses gens la endroit,
Si burent tous de la poison
Quant entrerent en sa maison; 36
Donc ilz furent muéz en porcz
Quant a la semblance du corps;
Le glan du boscage mengoyent
Et le pain de blé refusoient. 40
Maiz Ulixes fist autrement
Car il ala premierement
Parler au dieu de sapïence.
C'est Mercure, qui tel scïence 44
Lui aprint que par sa doctrine
Il eschiva celle devine;

---

[6] Le texte latin s'arrête au vers 17, en haut du f. 42ᵛ.

114

Car quant elle le cuida prendre
Par ses chermes, moult bien deffendre   48
Se sceust, car boire ne menger
Ne voult riens qui le peust changer.
Or voions quelz distinctions
Auront ces deux mutacions   52
Dont l'une vient par malefice,
L'autre par pechié et par vice.
Certes, celle qui vient par charmez
N'a pouair de grever les armes;   56
Les corps tant seullement transmue
En figure de beste mue,
Mais tousjours le ceur franc demeure
Qui par le corps se plaint et pleure   60
Pour raison dedens sa pensee
Secretement enrachinee. [43ʳ]
Mais muance qui vient de vice
A en soy trop plus de malice;   64
Au corps ne fait nul müement
Mais l'ame navre durement;
Charme oste au corps sa figure,
Mais pechié l'ame desfigure,   68
Et pour ce pecheurs sont plus ors
Que ceulx qui sont muéz en porcz".

Prose 4

Cy preuve par plusieurs raisons que les bons sont beneuréz et les mauvaiz maleureux et infortunés.

1. **A**doncquez je respondi: "Je confesse que des mauvais hommes l'en peult dire par droit que, ja soit ce qu'ilz ayent et gardent encores la fourme de corps humain, neantmoins pour la qualité de leurs bestiaulx courages ilz soient muéz en bestes. Mais je ne voulsisse pas et me desplaist de ce qu'il leur est licite et permis de excecuter leur crudelité et tirannie en la persecucion et destruction des bons".
2. "Cela, dit elle, ne leur est pas permis ne licite, comment cy aprés sera demonstré. Mais toutesvoyes, se le pouair de persecuter les bons leur estoit osté, ilz seroient relevés et allegés de grant partie de leur paine.
3. Combien qu'il soit a aucuns incredible, et fault neccessairement que iceulx mauvais soient plus meschans et plus maleureux, quant ilz

peuent parfaire et acomplir leur mauvais desir, que se ilz ne peussent faire ce que ilz desirent. 4. Car se vouloir mal faire est mauvais et miserable, pouair mal faire est pire et plus miserable, et icellui mal acomplir et parfaire est tres mauvais et tres miserable. 5. Comme doncques a chacune de ces choses soit deu sa paine, il s'ensuit que les mauvais, quant ilz excecutent et acomplissent sur les bons leur malice, sont tres maleureux, et desservent trois paines et maleurtés, c'est assavoir en vouloir, pouair, et parfaire". 6. "Je l'accorde, dis je, mais je desire que ceste maleurté de pouair mal faire ne leur durast pas longuement". 7. "Aussi, dit elle, leur deffaillira ce pouair par adventure plus tost que tu ne le desires ou que eulx mesmez ne cuident, car il n'est chose, tant soit a venir tardive ne longuement durable, dedens le brief temps de la vie presente, qui doye estre longue a ung courage immortel. [43ᵛ] 8. Et d'iceulx mauvais la grant esperance de perseveracion de leurs vices est souvent destruicte et finee par mort despourveue et soudaine qui mect fin en leur maleurté. Car se longue malice les fait miserables, plus longue malice les feroit plus miserables. 9. Et se elle n'estoit finee et terminee par la mort, ilz seroient a juger estre tres miserables et tres chetifz; et celle maleurté des mauvais appert assez estre infinie et pardurable par ce que dessus est prouvé. [10. *omis*].

11. Et celui qui ceste conclusion vouldroit contredire, il convendroit qu'il nyast aucunes des proposicions premisez. 12. Encore diray je une autre chose qui n'est pas mains a merveiller, et laquelle s'ensuit des choses qui sont ja dictez". "Quoy?" dis je. 13. "C'est, dit elle, que les mauvais sont mains chetifz et meschans quant ilz sont pugnis de leur mauvaistié que se ilz n'estoient pugnis par aucune paine de justice. 14. Et ceste conclusion ne veul je pas prouver par ce que leur pugnicion fait aucunes foys corriger leurs mauvaises meurs, ne aussi par ce que aux autrez elle donne exemple de fuyr les vices; maiz par autre maniere le veul prouver sans avoir quelque regard a leur correction ne a l'exemple des autrez".

15. "Et par quelle maniere, dis je, le prouveras tu, autre que celle que tu as dicte?" "N'avons nous pas, dit elle, monstré que les bons sont beneureux et les mauvais sont maleureux?" "Oÿl", dis je. 16. "Celui doncquez, dit elle, a la maleurté duquel est donné ou adjousté aucun bien, il est mains maleureux que celui lequel a sa maleurté n'aura aucun bien adjoint". "Il est ainsi", dis je. 17. "Et se a celui oultre

sa maleurté estoit adjoint ung autre mal, ne seroit il pas trop plus maleureux que celui duquel la maleurté est aucunement relevee par participacion d'aucun bien?" "Pourquoy non?" dis je. 18. (20.)[7] "Or est il ainsi, dit elle, que aux mauvais, quant ilz sont pugnis, leur est fait adjunction d'aucun bien, c'est assavoir de la paine qu'ilz portent, laquelle est bonne pour raison de justice, et quant ilz ne sont point pugnis, ung grant mal leur est adjousté, c'est assavoir impugnicion. 19. (21.) Il s'ensuit donc que les mauvais sont plus maleureux quant ilz demeurent impugnis [44ʳ] que ilz ne sont quant ilz sont justement pugnis, 20. (18.) car c'est chose juste et droicturiere pugnir les mauvais, et iceulx delaisser impugnis est injustice et iniquité. 21. (19.) Et nul ne nyeroit que justice et droit ne soient grant bien, et par le contraire que tort et injustice ne soient mal evident". 22. Lors je dy: "Toutes ces choses s'ensuivent bien de celles qui ont esté conclutes cy devant; mais je te prie que tu me dies se aprés la mort du corps, les ames seuffrent aucunes paines et tourmens". 23. "Certes, dit elle, oÿl. Les aucunes seuffrent grant aspreté de paine, et les autrez penalités purgatores; mais ceste matiere n'est pas de present a traicter.

24. Car ce que nous avons monstré cy dessus jucquez cy est affin que tu congnoisses que la puissance des mauvais, qui te sembloit estre tres indigne, n'est nulle, et que tu veïsses que jamais ilz ne sont sans paine de leur mauvaistié, lesquelz tu complegnoyes demourer impugnis, et que tu appreïsses que leur pouair de mal faire est de petite duree, dont tu prioyes qu'il feust tantost finé, et que encores seroit il plus maleureux s'il estoit plus long, et tres maleureux s'il estoit pardurable; aprés ce nous avons monstré que plus maleureux sont les mauvais delaissés sans pugnicion que se ilz estoient pugnis par juste vengance. 25. Desquelles choses il s'ensuit que finablement ilz seront contrains de plus griefvez paines et tourmentes, quant on les croist estre et demourer impugnis".

26. Lors je dy: "Quant je considere bien tes raisons, je ne cuide point qu'il soit riens plus vray; mais se je retourne au jugement des hommes, il en est poy qui ces choses vouldroyent non pas seullement croirre, mais aussi ne leur sembleroient pas dignes d'estre oÿes". 27. "Il est ainsi, dit elle, car les yeulx d'entendement de plusieurs sont

---

[7] Le traducteur a omis les interventions de Boèce, infirmant ainsi la dialectique. Les nombres entre parenthèses indiquent l'ordre des sections dans l'édition de Bieler du texte latin (p. 74).

tant fichés et acoustumés es tenebres des biens temporelz que ilz ne les pourroient eslever et adrecher a la lumiere de congnoissance de vraye verité, et sont semblables a aucuns oyseaulx, desquelz la nuyt obscure enlumine leurs yeulx et la clarté du jour les aveugle; car pour ce qu'ilz ont seullement regard a leurs affections et plaisirs, et non pas a l'ordre de raison, ilz jugent pouair mal faire sans recevoir pugnicion estre de [44ᵛ] beneurté. 28. Mais autrement juge la loy divine, car se tu es bon, tu n'as point besoing d'estrange juge terrien qui te donne louenge ou loyer, mais ta propre conscience te juge et esjouÿst. 29. Et se tu es mauvais, ne quiers point hors de toy autre vengeur que le remors de ta mauvaise conscience qui t'acuse que toy mesmez de ta voulenté te es bouté es vices. Et se tu consideres et compares la beaulté et resplendisseur du ciel a l'encontre de la tenebreur et ordure de la terre, tu despriseras l'un pour acquerir l'autre. 30.-31. Mais les mauvais qui sont semblables aux bestes n'ont pas ceste consideracion, et sont comment l'aveugle qui ne congneust oncquez combien est grant bien que veoir, lequel cuide que a sa perfection humaine il ne deffaille riens, et nous, qui congnoissons sa deffaulte et imperfection, le jugons aveugle et ignorant. Et ainsi comment ilz ne s'accorderoient point aux choses que nous avons demonstrees cy dessus, aussy ne se consentiroient ilz point a ce que nous demonstrerons, 32. ja soit ce qu'il soit fortifié de bonnes raisons, c'est assavoir que plus maleureux sont ceulx qui font tort a autry que ceulx qui le seuffrent". "Je vouldroye bien, dis je, oÿr celles raisons". 33. "Ne tiens tu pas, dit elle, que tous mauvais sont dignes de recevoir paine?" "Oÿl", dis je. 34. "Or est il apparu clerement, dit elle, par plusieurs raisons que tous mauvais sont maleureux". "Il est vray", dis je. "Il s'ensuit doncquez, dit elle, que ceulx qui sont dignes de pugnic[i]on sont maleureux". "Il le convient ainsi", dis je. 35. "Se tu doncquez, dit elle, estoies juge, lequel pugniroies tu, ou celui qui auroit fait le tort, ou celui qui l'auroit souffert?" "Je satisfieroye, dis je, a celui qui auroit souffert par la pugnicion de celui qui auroit fait le tort". 36. "Il s'ensuit donc, dit elle, que celui qui fait le mal est plus maleureux et chetif que celui qui le souffre. 37. Et par ceste raison et autres sourdans d'une mesme rachine, il appert que laidure de pechié est telle de sa nature qu'elle fait les hommes chetifz; et l'injure faicte a autry est la maleurté de celui qui la fait, et non pas de celui qui la reçoit.

38. Maiz certes, dit elle, les orateurs et advocas font maintenant le contraire, car ilz s'efforcent a esmouvoir la pitié des juges pour ceulx

qui ont souffert les griefz et tors; mais on devroit plus tost avoir en pitié [45ʳ] ceulx qui les font, et iceulx mener par bonne compassion sans mouvement d'yre aux juges, comment on fait les malades au medecin, affin que leurs maladies de coulpe feussent retrenchees et curees par juste pugnicion. 39. Et ainsi on deveroit du tout cesser a les deffendre ou pour leur prouffit proceder en leurs accusacions. 40. Et mesmez iceulx mauvais, se ilz avoient en eulx aucune petite relique de vertu, ilz se exposeroient voulentiers a recevoir paine pour effacer l'ordure de leurs vices et pour recouvrer et acquerre leur bonté perdue, et, toute deffence de leurs maulx arriere mise, se submectroient du tout et bailleroient es mains du sage juge et de leurs accuseurs.

41. Dont il s'ensuit que les saiges ne doivent aucuns avoir en hayne, soient bons ou mauvais. Car des bons nul ne les hayt, si non celui qui est fol, et de haÿr les mauvais, il n'y peult avoir convenable raison. 42. Car ainsi que langueur et maladies sont maulx du corps, aussi sont mauvaistié et vices maladies de l'ame. Comme doncquez nous ne jugons pas que les malades de corps soient dignes de hayne, maiz plus tost dignes de pitié et compassion, il s'ensuit que ceulx dont les pensees et courages sont subgectz a iniquité, qui est plus grevable maladie que nulle langueur corporelle, sont mains dignes de hayne, maiz plus en doit on avoir compassion et misericorde.

Mètre iv

Comment Philosophie blasme ceulx qui ont les autres en hayne et les persecutent.

> **Q**uel prouffit pouez vous avoir
> De guerre faire et esmouvoir,
> De ferir l'un l'autre et toucher
> Pour faire la mort approucher? 4
> Haster il ne la vous fault point;
> De son gré vendra tout a point,
> Son legier cheval point n'arreste,
> Tousjours vient et tousjours est preste. 8
> La guerre vous deust bien suffire
> Que vous font, quant sont en leur ire,
> Serpens, lions, tygres, ours, pors,

Qui des dens souvent mortel mors [45ᵛ]   12
Vous font quant trop les approuchéz.
Et vous encor vous courouchéz
Et a l'un l'autre ostés la vie
De lance ou d'espee fourbie.   16
Se vous dictes par adventure
Que de ce faire avéz droicture
Pour voz discordz et voz vengances,
Pour haynes, et pour desplaisances   20
Que vous a fait vostre prouchain,
Ce n'est pas mouvement certain
Ne juste cause de bataille
Que, pour telles choses, il faille   24
Faire cruelles assemblees,
Pour ferir de dars et d'espees,
Et oster d'un homme la vie
Que donner on ne pourroit mye.   28
Maiz se tu veulx entendre et croire,
Je offre ycy a ta memoire
Ung bon et brief enseignement
Qui prouffiter peult largement: 32
Ayes les bons en amitié
Et des mauvaiz ayes pitié;
Ayme les bons, car c'est droicture,
Et les mauvais pour leur nature".   36

Prose 5

En ceste prose fait Boece une question pour quoy les mauvaiz ont en ce monde plusieurs biens, et les bons ont plusieurs maulx, dont la solucion est baillee en la prose ensuivante.

1. "Je congnoys, dis je, maintenant que la beneurté des bons et la maleurté des mauvais leur est establie a chacun selon sa desserte. 2. Mais je voy que en ceste mondaine fortune entre aucunes choses bien disposees, il en y a d'autrez qui semblent estre mal ordonnees; car comme il soit ainsi que en ceste vie temporelle soient aucuns biens comme richisses, honneurs, puissances, et prosperités,

lesquelz biens les sages plus desirent et ayment mieulx avoir que ilz ne feroient les maulx a ce contraires — comment estre povres, exilliés de leur paÿs, infamés et desprisés de chacun — non pas pour la glore que ilz appetent pour fleurir [46ʳ] d'onneurs, richesses, et puissances en leurs cités et nacions, 3. mais pour ce que, en ayant gouvernement et auctorité sur le peuple, leur sapience est mieulx excercitee et leur bonté redonde et est communiquee a ceulx que ilz gouvernent, lesquelx d'icelle bonté participent et amendent, comme semblablement ilz soient plusieurs tourmens et paines constitués et establis par les loys pour les mauvais, comment sont exil, prisons, et autrez pugnicions legales. 4. Je me merveille grandement et desire de toy scavoir la raison pour quoy ces biens et ces maulx sont par tant injuste confusion transmués et renversés, car l'en voit souvent les paines et tourmens deubz aux mauvais opprimer les bons, et que iceulx mauvais ont et ravissent les honneurs et biens qui sont loyer de vertus. 5. Et de ce me merveillasse mains, se je creusse toutes ces choses estre menees par cas fortunelz. Mais ce qui plus m'esbahist, c'est que Dieu, recteur de toutes choses, lequel, comme il soit vray que souvent aux bons il donne grans biens et plaisirs, et aux mauvais paines et tristesses, 6. et par le contraire, il donne aux bons souventes fois tourmens et aspres paines, et aux mauvais il octroye leurs desirs et plaisances. Et se la cause pour quoy telles choses adviennent n'est congneue et comprinse, quelle difference y auroit il entre les fais de Dieu et les cas de Fortune?" 7. "Ce n'est pas, respondit elle, merveilles, se cellui qui n'entend et ne congnoist point les causes et raisons de l'ordonnance divine fait doubte et lui semble que telle ordonnance et mutabilité soit une confusion habandonnee au gouvernement de Fortune; maiz ja soit ce que tu ignores les causes de si grant disposicion, neantmoins, pour ce que tu congnois et cy dessus as octroyé que Dieu gouverne et dispose le monde par sa bonté, ne fay point de doubte que toutes choses ne soient faictes en ce monde de Dieu justement et raisonnablement, combien que les causes en soient occultes et secretes.

Mètre v

Cy demonstre Philosophie par aucuns exemples que toute admiracion vient par ce que l'en ignore les causes pour quoy les choses adviennent.

Celui fort se merveilleroit
Que la cause ne congnoistroit [46ᵛ]
Pour quoy celle estoille Arturus,
Prouchaine au pole de lassus,   4
Plus tart que les autrez se meult
En son char, que nommer on seult
Böectes, ou le charïot
Appeller selon commun mot,   8
Et pour quoy tost elle est levee,
Combien que tart soit resconsee.
Ceulx qui ne scairoient comment
Est causé ung tel mouvement,   12
Grandement s'en esbahiroient.
Semblablement aussy feroient
Ceulx qui voient la lune pallir
Et toute obscure devenir,   16
Lors qu'en plaine clarté estoit,
Tant que aux estoilles elle ostoit
Grant partie de leur lumiere
Pour la sienne qui fu plus clere.   20
Car quant ainsi est esclipsee,
Aucuns sont en une contree
Gens si simples et ignorans
Qu'on appelle les Coribans,   24
Que quant la lune esclipser veoient
Certainement tiennent et croient
Qu'elle soit adonc enchantee;
Dont font une grant assemblee   28
Et prennent toutes leurs vaisselles
D'arain, pos, bachins, et paelles,
Et les sonnent et fierent fort
Pour faire a la lune confort,   32
Et cuident par leur sonnement
Chasser hors son enchantement.
Nul ne s'esbahit de la mer
Que la force du vent tumber   36
Fait et fera a ses rivages
Et faire ses undes vollages. [47ʳ]
De la neige pareillement,
Nul ne se merveille comment   40

En hyver la tres grant froidure
La fait estre ainsi ferme et dure;
Et puis toute destrempe et font
En printemps, quant les rays chaulx sont   44
Du soleil qui fondre la fait,
Car ce vient par naturel trait,
Et les causes en sont appertes
Et communement descouvertes;   48
Pour ce ne s'en merveillent nulz.
Mais des mouvemens de lasus,
C'est chose non acoustumee,
Dont s'esbahit et est troublee   52
La simple et la commune gent,
Qui les causes ne voit n'entent.
Puis quant l'orbe erreur d'ignorance
Se convertist en congnoissance,   56
Adonc cesse le merveiller,
Car scavoir le fait resveiller".

Prose 6

Comment Philosophie respond a la question faicte par Boece en la prouchaine prose cy dessus,[8] que tous biens et tous maulx viennent en ce monde par la divine disposicion et providence pour certaines et justes causes.

1. "Il est ainsi, dis je, mais comme tu m'ayes promis a descouvrir et expliquer les causes des choses obscures et secretes, je te prye qu'il te plaise informer et esclarchir mon entendement de la question et doubte dessus proposé, dont il est merveilleusement troublé". 2. Lors elle me respondi ung poy en soubzriant: "La question que tu fais est tant haulte et difficile, que a paine en pourroit on faire suffisante solucion. 3. Car c'est une telle matiere que quant une doubtance en est decise et ostee, autrez innumerables doubtes en sourdent et croissent, ainsi comme d'un serpent nommé Ydre: quant on lui trenche une teste, plusieurs tantost en reviennent. Ne jamais celle question ne prendra fin, se ce n'est par aucun qui ait grant vivacité et vigueur d'engin. 4. Car en icelle [47ᵛ] sont encloses et comprinses

---

[8] C'est-à-dire dans la prose précédente (5, §4–§6).

plusieurs questions que l'en fait de la simplicité de providence divine, de l'ordonnance de destinee, des cas soudains, de reprobacion et predestinacion, et de la franchise de voulenté, lesquelles matieres tu congnoys de quel pois et difficulté ilz sont. 5. Mais pour ce que la congnoissance d'icelles est aucune porcion de ta medecine, nous nous efforcerons d'en declarer aucune chose, ja soit ce que l'espace de nostre temps soit briefve a ce faire. 6. Et se tu prens delectacion a oÿr la douceur de nos mectres, il convient que ce delict tu seuffres et actendes ung poy de temps, tandis que je poursuyrray et desmesleray par ordre les raisons ensemble entrelachees". "Ainsi, dis je, comment il te plaira".

7. Et lors, comment se elle voulsist commencer a entamer une autre matiere, print ainsi a parler: "La generacion et naissance de toutes choses et tout le procedement, erre, et gouvernement de tout ce qui est et qui a naturelle mutabilité en quelque maniere que ce soit sortist et prent toutes ses causes, son ordre, et ses fourmes de la stabilité immuable de la divine pensee. 8. Laquelle, demourant en la haultesse de sa simplicité, ordonne et establist plusieurs et diverses manieres de gouvernement es choses crees. Et ceste maniere ou disposicion divine, quant elle est consideree dedens la purité de l'intelligence divine sans operacion exteriore et sans succession de temps, elle est appellee pourveance; et quant icelle disposicion est consideree ou prinse selon ce qu'elle meult, dispose et gouverne toutes choses au regard des euvres faictez et disposees, elle estoit nommee des anciens destinee. 9. Laquelle distinction de pourveance et destinee est assez clere et legiere a celui qui bien considere la proprieté de chacune, car pourveance est icelle raison divine assise et enclose eu souverain prince, dont il dispose et gouverne toutes choses; mais destinee est l'ordonnance adherente et mise es choses muables, par laquelle icelle pourveance ordonne et enlache toutes choses en leurs ordres. 10. Pourveance enclot et comprent ensemble toutes choses de quelconque diversité et infinité qu'ilz soient, mais destinee les ordonne, deppart, et devise par diverses mutacions de lieux, de temps, et de fourmes, ou especes. Et icelle ordonnance ainsi desployee et exploictee [48ʳ] par ordre temporelle, quant elle est consideree et entendue estre adunee et assemblee au regard de la pensee divine simplement sans aucune relacion aux choses faictes, elle est appellee 'pourveance', et icelle mesme ordonnance, consideree quant elle est divisee et distribuee par espaces de temps, est appellee 'destinee'.

11. Et quelque difference qu'il soit entr'eulx, neantmoins l'une descend de l'autre, car destinee descent et procede de la simplicité de pourveance. 12. Tout ainsi comment ung ouvrier regarde et congnoist en sa pensee premierement la fourme de la chose qu'il veult faire simplement et presentement, et puis par ordre et succession temporelle le mect en effect et execucion, semblablement Dieu par pourveance dispose et ordonne les choses a faire singulierement et establement, et par destinee icelles mesmez choses ainsi par lui ordonnees il execute et administre temporellement et en diverses manieres, 13. soit par moyen d'aucuns esperis a lui servans, ou par l'ame raisonnable, ou par commun cours de nature, ou par l'influence des planetez,[9] ou soit par tous ensemble, ou par aucun d'eulx. Quelque chose qu'il en soit, nous tenons certainement divine pourveance estre la fourme simple et immuable des choses qui sont a faire, et destinee estre la muable maniere et ordre temporelles des choses faictes que divine simplicité a ordonné et preveu estre a faire.

14. Dont il s'ensuit que toutes les choses qui sont subjectez a destinee sont aussi subjectez a pourveance, a laquelle destinee mesmez est subjecte; mais aucunes choses sont encloses soubz divine pourveance, lesquelles sourmontent l'ordonnance de destinee, comment sont aucuns divins esperis prouchains de la simplicité divine, lesquelz excedent et passent toute mutabilité de temps. 15. Car ainsi comme plusieurs cercles qui tournent autour d'un point ont centre immobile, celui cercle qui est le plus prouchain du point meult le moins et est comme centre des autrez centres loingtains, lesquelz de tant que ilz s'eslongnent plus de la simplicité de leur point, de tant plus sont subgectz a mutabilité; et s'aucun estoit conjoint a icellui point, il delaisseroit a mouvoir et tourner. Par semblable raison la chose qui plus se deppart [48ᵛ] et eslongne de la pensee divine est plus subgecte aux liens et mutacions de destinee; et de tant qu'elle en est plus prochaine, elle est aussi plus franche et delivre d'icelle destinee; 16. tellement que, se elle estoit adherente et joincte a la stabilité de la divine pensee, elle excederoit et trespasseroit les mutacions et neccessitéz de destinee. 17. Ainsi doncquez comment on peult comparer argumentacion a entendement, la chose faicte a celui qui la fait, succession de temps a eternité pardurable, le

---

[9] Conformément au *Böece de Confort*, le traducteur a omis l'allusion aux anges et aux démons: 'seu angelica uirtute seu daemonum uaria sollertia' (Bieler, p. 80, ll. 46–47).

cercle qui tourne a son point immobile, telle compareson peult l'en faire de l'ordonnance de destinee muable a l'estable simplicité de pourveance.

18. Laquelle ordonnance de destinee meult le ciel et les estoilles, elle modere et actrempe les contrarietés des elemens et les fait transformer l'un en l'autre. Elle maintient toutes choses en estre par generacion et renovacion de semences. 19. Et qui plus est, elle contraint et lye les faiz et fortunes des hommes par lyen indissoluble de causes certaines et immuables, descendantes et deppendentes de l'immutabilité de pourveance divine, 20. laquelle refrene et retient par sa propre stabilité les choses muables qui autrement chanceleroient follement et advendroient casuelement. 21. Et pour ce que ces causes nous ne pouons concevoir ne entendre, les effectz nous semblent estre troubles et confus, et neantmoins toutes choses sont faictes pour juste cause et a fin de bien. 22. Mesmes ce que les mauvais font n'est pas fait pour cause de mal; car il a esté clerement prouvé cy devant qu'ilz appetent et tendent a bien, maiz en le cuidant acquerir, erreur les en destourne et empesche. Affin donc que l'ordonnance de destinee procedant de divine pourveance ne soit deppartie de son commencement et sourse, il convient dire que riens n'advient par cas de fortune, maiz par certaines et justes causes.

23. Mais tu diras: Quelle confusion peult estre pire que ce que l'en voit les maulx et adversités venir aux bons, et par le contraire les biens et prosperitéz aux mauvaiz, et aussi les biens et les maulx indifferanment escheoir aux bons et aux mauvais? 24. Je te respons premierement que les hommes n'ont pas si grant congnoissance qu'ilz puissent scavoir discerner et juger lesquelx sont bons ou mauvais. Et n'est [49ʳ] pas neccessité qu'il soit ainsi en la verité comment ilz estiment. 25. Et en ce repugnent les jugemens des hommes, car ceulx que les aucuns jugent dignes de recepvoir paine, les autrez les jugent dignes d'avoir loyer. 26. Mais posé que l'en peust discerner et congnoistre les bons des mauvaiz, l'en ne peult toutesfoys veoir ne scavoir les condicions ou complexions de leurs couragez, selon la diversité desquelx, ce qui est a l'un dommagable peult estre a l'autre prouffitable. 27. Ainsi comment on se merveilleroit pourquoy deux personnes aians une mesme maladie, l'un vendra a convalescence par une medecine legiere, et l'autre par une tres aigre et forte; et a ung corps sain une chose doulce lui sera utile et convenable pour

conserver sa santé, et a l'autre celle mesme chose lui seroit nuysible. 28. Mais le medecin, congnoissant la complexion des personnes et la qualité de la santé et de la maladie de chacun d'eulx, ne s'en merveille pas. 29. Et qui est la santé de l'ame si non bonté, et la maladie si non vices et mauvaistié? Et qui est le conservateur de santé et expulseur de toute maladie de l'ame fors Dieu, qui en est recteur et medecin? 30. Lequel de son hault regard de providence voit et congnoist tout ce qui est neccessaire et convenable a ung chacun, et ce qu'il scait estre bon et convenable, il le baille et donne. 31. Ainsi doncquez est destinee chose merveillable a ceulx qui sont ignorans des causes, pour lesquelles Dieu, tout saige et congnoissant, fait et acomplit toutes choses.

32. Maiz affin que de la divine sapience je te declaire aucun pou de chose, en tant que raison humaine en peult comprendre: tu cuides et croys souvent aucune chose estre tres juste et equitable, et la providence divine qui tout scait en juge le contraire. 33. Dont raconte Lucan, nostre familier, que la cause de Pompee vaincue fu tenue juste par Cathon et les saiges de Romme, et la cause victorieuse de Julius Cesar fu acceptee des dieux. 34. Tout ce donc qui est fait en ce monde est fait a juste et droicte cause, mais par ta faulse opinion ce te semble une confusion. 35. Or prenons qu'il soit aucun de si bonnes meurs que le jugement de Dieu et des hommes s'accordent ensemble de sa bonté; il est par adventure de si petit et lache courage que, se aucune adversité [49ᵛ] lui advient, il ne le pourra porter et delaissera estre bon. 36. Par quoy la sapience divine dispense et espargne a celui, lequel adversité pourroit empirer, affin qu'il ne soit abatu par le labeur de impacience. 37. Autrez sont de si grant perfection de bonté et saincteté, et de Dieu tant prouchains et amis, que sa providence ne les permettroit estre oncquez travailléz de quelque adversité, ne mesmez de maladies corporellez. 38. Car comme dit ung de moy plus excellent, 'Les vertus edifient et gardent le corps d'un homme saint'.[10] 39. Il advient aussi souvent que les bons ont auctorité et gouvernement, affin que l'extreme malice des mauvais hommes soit par eulx refrenee et corrigee. 40. Aux autrez donne Dieu prosperitéz et adversitéz meslees selon les qualitéz et condicions de leurs couragez;

---

[10] La traduction de cette citation, dont la source est inconnue (éd. Bieler, p. 82), rend fidèlement la leçon d'un manuscrit de la révision du commentaire de Guillaume de Conches: 'sacri uiri corpus edificant uirtutes', relevée dans le MS National Library of Wales 5039D, f. 101ᵛᵃ.

aux autrez il substraict et oste leurs biens et plaisances, affin que leur longue beneurté ne soit occasion de les faire orgueillir et empirer. Les aucuns permect Dieu souffrir tribulacions tres dures, affin que par l'usage et excercitacion de pacience les vertus de leurs ames soient confermees et enforcees en acroissement de leurs meritez. 41. Aux autrez, craingnans plus qu'ilz ne doivent, Dieu envoye aucune adversité, laquelle ilz portent et soustiennent bien, affin qu'ilz se congnoissent puissans en la chose que ilz redoubtoient. Autrez sont qui plus desprisent qu'ilz ne doivent le mal qu'ilz ne pourroient porter. Et a telz gens Dieu donne adversités, affin que par experience d'eulx mesmez ilz congnoissent leur fragilité et floibesse, par quoy ilz en soient plus humiliéz. 42. Aucuns autrez, dont la vertu et constance a esté invincible par paines et tourmens, ont acquis par precieuse mort glorieuse renommee en ce monde, pour donner exemple aux autrez que vertu et bonté ne peult estre vaincue ne sourmontee par quelque tribulacion ou adversité. De toutes lesquelles choses il n'est point a doubter qu'ilz ne soient faictes et ordonnees a bonne et juste cause, et pour le bien et prouffit de ceulx auxquelz ilz adviennent.

43. Et par ces mesmez causes peult on[11] scavoir pourquoy aux mauvais advient aucunes foys adversités et aucunes foys prosperitéz. 44. De leurs adversitéz nul ne s'en merveille, car tous [50ʳ] jugent que leurs maulx ont bien desservi paines et tourmens, lesquelx tourmens d'iceulx mauvais donnent terreur et crainte aux autres de faire semblables vices. Et aussi donnent correction a ceulx qui les seuffrent, lesquelx s'en amendent et delaissent a mal faire. Et au regard des prosperitéz donnees aux mauvaiz, c'est ung grant enseignement aux bons qu'ilz doivent juger que beneurté mondaine est chose vile et de petit pris, quant elle est ainsi habandonnee de Dieu eu service des mauvais hommes. 45. Aucuns par adventure sont de si mauvaise et importune nature que, s'ilz avoient povreté et souffrete, ilz devendroient encores pires et seroient larrons ou murdriers, ausquelx divine providence pourvoit et remedie par leur donnant richesses et peccunes. 46. Autrez sont, lesquelx, considerans leur conscience plaine de vices et d'icelle faisans en eulx mesmez compareson avecquez leur bonne fortune, se ilz ont prudence, craindront que de[12] la chose dont ilz ont joyeux usage ne leur viengne triste perdicion; voyans

---

[11] Leçon rejetée: ont.
[12] Correction du copiste: de écrit au-dessus de la ligne.

donc qui sont indignez de si grant bien, changeront et corrigeront leurs meurs et pour paour de perdre leurs biens delaisseront leur mauvaistié. 47. Les autrez sont eslevéz en tres grant beneurté de biens et honneurs temporelz dont ilz sont indignez, pour apréz les faire cheoir et trebucher en plus parfonde paine et misere par la desserte de leur extreme malice. A aucuns est donné puissance et auctorité de seigneurie, et les pugnicions qu'ilz font a leurs subgectz sont aux bons excercice de vertus et acroissement de merite et aux mauvais tourment et paine pour leurs desmerites. 48. Et ainsi comment il n'y a aucune aliance entre le bon et le mauvais, aussi les mauvaiz ne peuent ensemble convenir ne accorder. 49. Et n'est pas merveille, car ung mauvais discorde et repugne bien a soy mesmez par divers vices, et fait souvent maintes choses qu'il juge n'estre pas a faire.

50. Dont il advient que les mauvais aucunes foys font les mauvais estre bons. 51. Car quant l'un fait oppression a l'autre, celui qui seuffre prent en tres grant hayne celui qui le persecute, et s'esforce et estudie de mener vie despareille et contraire a celui lequel il hayt; et par ainsi retourne de sa malice a bonté. 52. Car la pourveance divine a celle [50^v] seulle puissance que de tous maulx elle peult tirer l'effect d'aucun bien. 53. Ainsi toutes choses sont faictes a bonne fin et cause raisonnable, et n'avient riens eu royaume de divine providence casuellement, car Dieu, tres puissant, gouverne toutes choses en ce monde par sapience. 54. Et n'appartient a homme de cuider, comprendre ne expliquer toutes les causes des euvres divines. 55. Mais suffise tant seullement congnoistre que Dieu, createur de toute nature, ordonne et dispose toutes choses par certaines causes et les adreche a bien, et les creatures par lui produites il conserve et garde, en ostant tout mal des termes de la chose publique par l'ordonnance de sa providence. 56. Dont il s'ensuit que quelque mal que tu croyes advenir sur la terre, se tu consideres la providence divine qui tout dispose et ordonne, tu verras que tout redonde en aucun bien. 57. Maiz je te voy des pieça travaillé de la charge des questions et ennuyé de la prolixité des raisons, actendant aucune delectable chançon. Escoute donc et pren plaisir en celle que je diray, par la refection de laquelle tu seras plus ferme a comprendre le sourplus de la matiere.

Mètre vi

Comment toutes choses du ciel et de la terre gardent l'ordre que Dieu leur a baillee selon sa disposicion et ordonnance.

Se tu veulx bien songneusement
Regarder par pur jugement
Les drois de celui qui hault tonne,
Voy du souverain ciel la bourne, 4
Comment en ce tres hault palaiz
Ilz gardent leur ordre et leur paix
Les estoilles sans descordance.
Chacune fait son ordonnance: 8
Le soleil en sa grant chalour
Reluyt et se meult tout autour
Sans empescher par son ardure
De la lune la grant froidure; 12
Une estoille grant a devise,
Tout au plus hault du ciel assise,
Qui est la Grant Ourse appellee,
Ne pour sa grant et forte allee [51ʳ] 16
Oncquez ne se laisse chëoir,
Combien que les autres vëoir
Puist toutes descendre en la mer
Et puis[13] yssir et reveler, 20
Et si n'a voulenté n'envye
Que sa grant flamme ne soit moullye
O les autrez en occident.
Aussi voys comme ordonneement, 24
Selon temporel mouvement,
Tu appercevras bien souvent
Que, quant Venus au vespre esclaire,[14]
Et commence l'ombrage nuyt, 28
Puis quant a l'aube elle reluyt,
Lucifer elle est appellee
Et monstre la clere journee.

---

[13] Leçon rejetée: puist.
[14] Il manque un vers. On lit dans le *Böece de Confort*: 'Bien tart adont elle desclaire' (v. 8670).

Ainsi concorde et bon amour 32
Maynent en paix ceste rigour,
Et les batailles et discordz
De tous les celestielz corps.
Aussi ceste paix et concorde 36
Les elemens ensemble accorde,
Car humeur arrouse secheur
Et froidure actrempe chaleur;
Aussi a elle telz vertus 40
Que le feu pend tout hault la sus
Et la terre pesant ça jus[15]
Repose sans desordonnance.
Et par celle mesme ordonnance 44
Printemps nous ramaine la fleur,
La verdure et la doulce odeur,
Et esté par sa grant ardure
Les fourmens et grains seche et meure; 48
Puis vient antomp qui les fruictz donne,
Puis hyver qui l'eaue habandonne.
Et par ceste mesme actrempance
Toute chose, vie et naissance, [51^v] 52
Et estre prent et nourreture
Selon l'appetit de nature,
Puis aprés, par corruption,
Tourne a final conclusion. 56
Ainsi que les choses se font
Et par ordre viennent et vont,
La sus se siet et se repose
Le seigneur qui tout ce dispose, 60
Fontaine, commencement, roy,
Sage juge qui, par sa loy,
Tres justement tout maine et duit,
Et selon son frain introduit 64
D'aler, venir ou de repos;
Car s'il laissoit mondain propos,
Qui est vaguez, fiebles, et vains,
Courir sans y mectre les mains 68

---

[15] Les trois vers 40-42 riment en *-us*. On lit dans le *Böece de Confort*: 'Aussi a elle telz vertus / Que le feu puet tout hault lassus / Monter, de ce ne doubte nuls, / Et la terre pesant cy jus / Se repose sanz descordance' (vv. 8685-89).

         Et sans leur bailler certain terme,
         Par lequel les arreste et ferme;
         L'ordre, qui est or tres estable,
         Par son forvoyement muable   72
         Fauldroit et yroit tout a mal,
         Se la fontaine original
         Laissoit son obeÿr a lui.
         Mais ce vray et doulx seigneur cy   76
         Toute chose desire et aime,
         Garde, et entretient, et la maine,
         Qu'elle soit par lui gouvernee,
         Nourrie, et tres bien ordonnee.   80
         Ne cecy durer ne pourroit,
         Se toute chose en son endroit,
         Selon son naturel desir,
         Par amour et parfait plaisir,   84
         Du tout ne se convertissoit
         A celui qui tout scait et voit,
         Qui par bonté et grace pure
         Leur a donné estre et nature. [52ʳ]   88

Prose 7

En ceste prose conclud Philosophie que toute fortune est bonne.

1. **Ne** vois tu pas doncques maintenant ce qu'il s'ensuit des choses que nous avons dictez?" "Quoy?" dis je. 2. "Il s'ensuit, dit elle, que toute fortune est bonne". "Comment, dis je, se peult il faire?" 3. "Or entend, dit elle, comme toute fortune, soit joyeuse ou soit aspre, viengne ou pour cause de remunerer ou excerciter les bons, ou pour cause de pugnir ou corriger les mauvais, il s'ensuit que toute fortune est bonne, puisqu'il appert qu'elle est juste ou prouffitable". 4. "Celle raison, dis je, est tres vraye, et, se je considere ce que cy devant tu as enseigné de pourveance et de destinee, elle est fortiffie de fermes raisons. 5. Mais, s'il te plaist, celle proposicion sera mise et nombree avecquez les autrez proposicions cy devant recordees, lesquellez sont inopinables au peuple". "Pourquoy?" dit elle. 6. "Pour ce, dis je, que le commun langage des hommes use et dit que la fortune d'aucunes gens est mauvaise". 7. "Veulx tu donc, dit elle, que nous

approchon ung petit plus pres du commun langage du peuple, affin qu'il ne semble pas que nous veullons sourmonter ne trop loing nous deppartir de l'usage et commune opinion des hommes?" "Ainsi, dis je, comment il te plaist". 8. "Ne juges tu pas, dit elle, que tout ce qui prouffite est bon?" "Oÿl", dis je. 9. "Et la fortune, dit elle, qui excercite ou corrige, prouffite?" "Je l'accorde", dis je. "Il s'ensuit donc, dit elle, qu'elle est bonne. 10. Et ceste fortune est de ceulx, lesquelz, en eschivant les vices, commencent a venir a bonté et vertu pour estre corrigés, ou de ceulx, desja commencés et prouffitans en mieulx, qui bataillent contre les vices pour les excerciter et esprouver". "Je ne le pourroye, dis je, nyer". 11. "Et le peuple, dit elle, tient il point que la joyeuse fortune donnee aux parfais en bonté pour loyer ou remuneracion soit mauvaise?" "Nennyl, dis je, mais il juge ainsi comment il est en la verité qu'elle est tres bonne". 12. "Et de l'autre fortune aspre et triste qui pugnist les mauvais par juste tourment, ne cuide pas le peuple qu'elle soit bonne?" 13. "Nennyl, dis je, mais la pire et plus miserable qu'on puisse ymaginer". 14. "Or regarde doncquez se, en ensuivant leur opinion, nous ferons une conclusion qui soit faulse et inopinable". "Quelle?" dis je. 15. "Des premisses, dit elle, qui sont accordees, il s'ensuit et advient [52ᵛ] que toute la fortune de ceulx qui sont bons, soient commençans, prouffitans, ou parfais en vertus, est bonté, et que toute la fortune des mauvais est tres mauvaise". 16. "Cela, dis je, est verité, posé ores que personne ne l'ozast confesser". 17. "Puis doncquez, dit elle, qu'il est ainsi que toute la fortune des bons est bonne tant selon verité que selon l'opinion du peuple, ung homme sage, quant il est assailli, persecuté, ou guerroyé par aspre fortune ou adversité, ne se doit pas douloir ne tristement le porter. Tout ainsi comment ung homme preux et vaillant ne se trouble ne esbahit point, quant il est entre le bruit et tumulte des batailles. 18. Car ainsi comment le difficile labeur de batailler est a l'un cause et matiere de sa glorieuse renommee acroistre et estendre, aussi est a l'autre la difficulté de soustenir et pacianment porter les assaulx de fortune matiere de conferrer et amplier sa sapience. 19. De quoy mesmez vertu prent sa nominacion, pour ce que par ses forces elle resiste et bataille qu'elle ne soit sourmontee ne vaincue par adversitéz et vices. Vous, doncquez, qui tendés a perfection de vertus, ne queréz point vos aises, voluptéz, et delices. 20. Mais traveillés en bataillant asprement contre toute fortune, que la triste ne vous confunde par impacience, et la joyeuse ne vous abuse et corrumpe par oultrecuidance. 21. Tenés le moyen par ferme resistence affin

de parvenir a felicité, fruit, et loyer de tout vostre labeur et travail.
22. Car en vostre voulenté, pouair, et election est assis quelle fortune, soit bonne ou mauvaise, il vous plaist mielz avoir. Et celle laquelle semble estre aspre, s'elle n'est donnee pour correction ou excercitacion, elle est pour la persecution et pugnicion des mauvais.

Mètre vii

En ce mectre Philosophie nous exhorte par flabes morales, par hystores et exemples des hommes vertueux de labourer et batailler en ceste vie presente contre vices et fortune, concluant que c'est le chemin et moyen de parvenir au repos pardurable de parfaicte felicité.

Paris, au roy de Frige filz,
Ou la cité la plus gentilz
Que nous lisons estoit assise,
Troye, la grant, quant voult s'emprise [53ʳ]   4
D'armes acomplir et de joye,
Devers Grece adreça sa voye.
Quant en Grece vint a grant paine,
Son fait si subtillement maine   8
Qu'il a fait d'Helaine s'amie
Et de son paÿs l'a ravye,
Et l'a menee a tres grant joye
Tout droit en la cité de Troye.   12
Ce fait fu chose merveilleuse,
Car celle Helaine estoit espeuse
Du frere au roy Agamenon
Qui Menelaüs avoit nom;   16
Quant Menelaüs pert Helaine
N'est pas merveille se deul maine;
Aux piéz de son frere se rue
Pour s'espeuse qu'il a perdue,   20
Et comme couroucié supplie
Que tel injure soit vengie.
Agamenon, que nomme cy
Atrides, quant oÿ cecy,   24
Tost sans delay envoya querre

Tous les grans princes de la terre
Et fist ses nefz appareiller
Pour aller l'injure venger 28
Qu'avoit fait Paris a son frere,
Qui luy estoit au ceur amere.
Tous les princes si consentirent
Et de gens mille nefz emplirent. 32
Quant furent en mer bien avant,
Ung fort vent leur vient au devant
Qui leur a fait tant de contraire
Qu'ilz ne pouaient avant traire; 36
Mais ont leur voile descendu
Les mariniers, et respondu
Que pour ce fort vent appaiser
Il convenoit sacrifier [53ᵛ] 40
A Dyane, la grant dëesse,
Qui de la mer estoit maistresse,
La fille au roy Agamenon,
Qui avoit Effigene nom; 44
Cil oublia amour de pere
Pour venger la honte son frere
Et pour honneur et glore acquerre;
Tantost sa fille envoya querre, 48
La teste trencher lui commande,
Dont a ung prebstre fist offrande;
Quant elle fu sacrifiee,
Tantost la mer fu appaisee. 52
Agamenon en Frige vint,
Devant Troye son siege tint,
Et dix ans illec demoura
Ou grans batailles demena; 56
Es batailles et es assaultz
Moururent mains nobles vassaulx;
Ne fu pas en son fait tardis
Mais tant courageux et hardis 60
Qu'en la fin a la cité prise
Et tout a destruction mise;
Des menus fist prisons esclaves
Et les grans fist mourir a glaives. 64
Quant Ulixes de celle guerre

Par mer retournoit en sa terre,
Il mist dix ans a retourner
Pour les grans perilz de la mer. 68
Entre les autrez il advint
Que ung jour en la bove vint
Ou Poliphemus habitoit,
Qui ung cruel gëant estoit, 72
Et n'avoit que ung œul en son front
Mais moult estoit gros et parfont;
Ce gëant les compaignons prist
D'Ulixes, dont grant feste fist, [54ʳ] 76
Et les ochist tous et menga;
Mais Ulixes bien s'en venga
Car assés tost apréz menger
Ce gëant print fort a romfler 80
Et dormoit fort pour l'abondance
Dont il avoit empli sa pance;
Ulixes, comment courouché,
De ce gëant s'est approuché 84
Et son coup en tel guise lieve
Que l'œul d'enmy le front lui creve;
Lors fu en joye et en baudeur
Convertie sa grant douleur. 88
Le gëant a ce coup s'esveille
Et de Ulixes trouver traveille,
En le cerchant de toute part;
Maiz sa paine il pert et son art 92
Car Ulixes trop pou le doubte,
Puisqu'il est tel qu'il ne voit goute.
Hercules pour acquerir glore
Fist grans fais dignes de memore, 96
Dont est raison que je te die
Douze fais qu'il fist en sa vie.
Centaures une gent estoient
Qui toute Grece degastoient; 100
Demis hommes, demis chevaulx,
Les mons couroient et les vaulx
Par legiereté et par force;
Hercules, qui contre eulx s'efforce, 104
En tout lieu et en toute place,

Les poursuyt, les quiert et enchace;
A eulx s'est souvent combatus
Et jucqu'au sang les a batus, 108
Si que rivieres et contrees
Sont de leur sang envenymees.
Aussy scais tu bien du lyon
Qui toute celle region [54ᵛ] 112
Tenoit en paour et en doubtance
Et par sa grant force et puissance
Hommes et bestes devouroit;
Riens devant lui ne demouroit, 116
Tout estoit destruit et perdu.
Quant Hercules l'a entendu,
Le lyon pense a mort livrer
Pour le paÿs en delivrer; 120
Tantost vers le lyon s'adresse,
Au premier coup tres fort le blesse;
Aprés il fist sy bon effort
Que le lyon il rendi mort 124
Et lui osta la peau du dos,
Ou il reçeupt depuis grans cops;
Car il en fist ung garnement
Dont il s'arma moult noblement, 128
Qui fu si fors de toutes pars
Qu'il ne doubtoit lances ne dars.
Phineüs par sa felonnie
A ses enffans tolli la vie; 132
Dont fu pugni moult durement,
Car les dieux tout premierement
De sa veue si l'aveuglerent
Et puis les Arpes lui donnerent; 136
Arpes sont oyseaulx de corsage
Et sont pucelles de visage
Qui le servoient en tel guise:
Quant il avoit sa table mise, 140
Les Arpes devant lui venoient
Qui toute la table ordoyoient;
Quant il cuidoit menger son pain,
Elles lui ostoient de la main; 144
Hercules, qui quiert los et pris,

Sans plus tarder son arc a pris
Et vers ces oyseaulx est alés,
Et tantost s'en sont envolés; [55ʳ] 148
Tant les contraint et tant les chace
Qu'il leur a fait vuyder la place;
Et telz en olt par lui ferus
Et en la place retenus. 152
Aprés furent deux damoiselles,
Filles Athlas, cointes et belles,
Qui gouvernoient ung jardin
Tres noble, tres bel, et tres fin, 156
Qui pommes d'or souloit porter;
Ces dames pour eulx depporter
Ce jardin souvent visitoient
Et a l'entree mis avoient 160
Ung dragon qui gardoit la porte
Du jardin, qui pommes d'or porte;
Ce grant dragon nuyt et jour veille,
Et de ce n'est pas grant merveille, 164
De perdre paour a, si les garde;
Hercules nuyt et jour regarde
Comment cueillir il en pourra;
Il en aura ou il mourra. 168
Hercules par son fier courage
Eu jardin, malgré le visage
De ce dragon, moult tost se boute,
Et comme homme qui riens ne doubte, 172
Hardïement sur son col charge
Des pommes d'or une grant charge;
Et puis aprés si s'en repaire
Sans aucun peril ou contraire. 176
Aussy je te veul raconter
Comment Hercules poult dompter
Cerberus, le portier d'enfer,
Qui ne doubtoit acier ne fer. 180
Hercules oult ung compaignon,
Qui Piricheüs avoit nom,
Qui fourment ama d'amour fine
La dame d'enfer, Proserpine; [55ᵛ] 184
Et si durement fu tenus

Par les assaulx dame Venus
Qu'en enfer aler proposa,
Mais tout seul aler n'y osa; 188
Hercules lui fist compagnie
Qui scait bien, se Cerberus crye,
Les dieux d'enfer s'esveilleront
Et grant moleste leur feront; 192
Si fist de pierres d'aÿmant
Trois chaÿnes en ung tenant
Dont il a si fort atachié,
Quant il est d'enfer approchié, 196
Le portier, qui trois testes porte,
Que tost l'a traict hors de la porte;
Quant Cerberus hors se trouva,
Ses trois testes en hault leva, 200
Et comme une beste esbahye
A haulte voix forment s'escrie;
N'y olt homme, oysel, ne beste
A qui ne feïst grant moleste; 204
Tres grant paour a la gent toute,
Fors Hercules qui riens ne doubte.
Aussy fist grant fait Herculës
Quant il ochist Dÿogenës, 208
Ou selon l'autre opinion
Ung autre qui olt Glacus nom.
Glacus fu ung riche tirant
Qui comme felon et puissant 212
Enseigna par sa pute estraine
Ses chevaulx menger char humaine;
Pour ce, quant l'oste lui venoit,
Pour le tuer le recevoit, 216
Et aux chevaulx de sa maison
De leur char faisoit livreson;
Quant Hercules oÿ ce dire,
Tantost comme homme plain d'yre [56ʳ] 220
Vers ce tirant sa voye adresse
Et fist tant par si grant prouuesse
Que le paÿs en delivra
Et a ses chevaulx le livra 224
Qui mengerent la char leur maistre,

Qui d'autry char les souloit paistre ;
Et puis les chevaulx fist ferir
De glaives, et les fist mourir.[16]   228
Hercules moult grant fait emprist
Quant il a Achelons se prist ;
Achelons avoit grant puissance,
Car il scavoit par nigromance   232
Changer, quant vouloit, sa figure.
Apréz humaine creature,
Sembloit serpent, gros ou menu,
Et puis sembloit torel cornu ;   236
Et vivoit selon sa maniere,
Or en boys et or en riviere.
Hercules avoit une dame,
De maniere tres belle femme ;   240
Mais cil Achelons par envye
Voult d'Hercules oster l'amye ;
Maiz folie trop grant emprent
Quant il a Hercules se prent ;   244
Car plus cher auroit souffrir mort
Qu'endurer qu'on lui feïst tort.
Entr'eulx deux, comment qu'il en aille,
Fermerent ung champ de bataille ;   248
Quant vint aprés a la journee
Qui par eulx estoit assignee,
Hercules vint comme ung lyon
Contre ce cruel champion ;   252
De leurs glaives se combatirent
Et puis a la luyte se prirent ;
Hercules l'alla embracher
Plus fort que une chaine d'acher ; [56ᵛ] 256
Quant Achelons prins se senti,
En ung serpent se converti,
Mais ne lui vault enchantement,
Car Hercules plus aigrement   260
Et plus fort l'assault et enchace,

---

[16] L'ordre des deux exploits suivants a été inversé. Le conflit d'Hercule et d'Achéloüs (vv. 229-292, correspondant aux vv. 23-24 du texte latin, qui accompagnent les vers 229-230 dans la marge de droite) devance ainsi le combat avec la Hydre (vv. 293-322, correspondant au v. 22 du texte latin).

Quant il le[17] voit enmy la place;
Le serpent se deffend moult fort
Et de vaincre fait son effort; 264
Quant Hercules de lui s'approuche,
Le serpent bee hault la bouche;
Hercules, qui destour scavoit,
Car essayé ja moult l'avoit, 268
Sur le serpent sault par derriere
Et l'estraint de tres grant maniere
Entre ses mains devers la teste;
Quant le serpent sent la moleste, 272
Qui d'estrangler estoit ja pres,
Il se mua tantost aprés
En ung torel tres grant et fort;
Hercules, qui ne doubte mort, 276
A ce torel print la bataille;
Tel ne veist oncq homme sans faille:
Le torel, com cruele beste,
Lieve les cornes et la teste, 280
D'une part fiert, d'autre part rue,
Ce qu'il actaint ochist et tue;
Mais Hercules tant le tourna
Que d'une corne l'escorna; 284
Quant ainsi se vit escorné,
De la place s'en est tourné,
Et de honte qu'on ne le voye
Devers l'eaue adreça sa voye, 288
Ou il se plinga tout dedens,
La teste et le corps jucqu'aux dens.
Ainsi la bataille fallie,
Hercules enmena s'amye. [57ʳ] 292
Ydra entre les autres bestes
Fu ung serpent a plusieurs testes,
Moult divers et moult merveilleux,
Et au paÿs moult perilleux; 296
Le serpent en champ desconfire
Estoit une trop longue tire,
Car quant une teste perdoit,

---

[17] Leçon rejetée: se.

Trois autres testes recouvroit; 300
Pour ce estoit fort a sourmonter,
Maiz Hercules le voult dompter,
Car il, qui tous grans fais emprent,
Ses armes et ses quarreaulx prent, 304
Et com hardis et preux vassaulx
A ce serpent fait griefz assaulx;
Ce serpent sifle, crye, et brait,
Venin gecte, les langues traict; 308
Hercules fiert, et rompt, et taille,
La veïssés aspre bataille!
En la fin Hercules regarde
Et moult songneusement prent garde 312
Que de ce serpent pres n'approuche,
Qui n'a que venin en sa bouche;
Si fist que furent amassees
D'espines maintes grans cartees 316
Et d'autre boys a grant foison
Que mectre fist tout environ
De ce serpent, et puis y boute
Le feu, si que nesune goute 320
De ce serpent ne demoura,
Car le feu tout le devoura.
Antheüs fu ça en arriere,
Gëant de diverse maniere, 324
Et fu engendré de la terre;
Pour ce, quant il estoit en guerre
Et il sentoit son corps lassé,
Traveillé, blecié ou cassé, [57ᵛ] 328
Encontre terre se gesoit;
La terre, qui piteuse estoit,
Com lasse, dolente, et amere,
Car il n'est amour que de mere, 332
Avoit pitié de son enfant
Et lui donnoit force si grant
Que, quant de la terre levoit,
Double force tousjours avoit. 336
Ce grant gëant pour sa grant force
De desrober les gens s'efforce;
En tout le païs n'a grant beste

Qu'il ne face baisser la teste; 340
Tout estoit desrobé et pris;
Hercules, qui quiert los et pris,
A juré, s'il le peult tenir,
Qu'il le fera a droit venir. 344
Hercules, plain de grant prouuesse,
Vers ce gëant sa voye adresse,
Et le gëant comme lieppart
Lui vint au devant d'autre part; 348
Quant ilz sont ensemble venus,
Comment preux se sont maintenus;
L'un fiert et l'autre se revenge:
N'y oult haubert, bendel, ne renge, 352
Ou demourast anel ne maille,
Tout fu cassé en la bataille;
En la fin Hercules l'estraint
Si fort qu'a pou ne l'a estaint; 356
Quant se senti si fort estraindre,
Il se print moult fort a complaindre,
Puis fist semblant qu'il estoit mort
Affin qu'il relevast plus fort 360
Quant il avoit touchié la terre;
Merveilleuse fu ceste guerre.
Hercules, qui riens ne scavoit,
Du bon eur que celui avoit, [58ʳ] 364
Le laissa sur la terre cheoir
Ou il reprint double pouoir;
Puis tantost sur ses piés ressault
Et renouvelle son assault. 368
De ce jeu souvent lui joua,
Mais nostre Sires envoya
A Hercules scïence clere
Qu'ainsi la terre estoit sa mere 372
Et que tant plus la toucheroit,
Tousjours plus fort releveroit;
Si lui joua d'un autre jeu:
Il le leva par le milleu 376
Et le sceut si doulcement prendre
Que l'ame du corps lui fist rendre.
Cacus fu le souverain lierres

Que l'en trouvast en toutes terres 380
Et scavoit l'art sans riens doubter
De guerroyer et feu bouter,
Et en mal faire sourmontoit
Vulcain qui la fouldre faisoit; 384
Et si estoit Vulcain son pere,
Car engendré l'avoit de mere.
Le roy Evandres le doubtoit
Pour ce que les feux il boutoit 388
Et qu'il desroboit bien souvent
Ou l'un ou l'autre de sa gent.
Hercules en ce temps venoit
D'Espaignë ou conquis avoit 392
Des bestes une moult grant proye;
Si lui convint tenir sa voye
Par le paÿs et par la terre
Ou Cacus menoit ceste guerre. 396
Quant il est au paÿs venus,
Ne s'est pas en l'ostel tenus,
Ains s'est allé loger au plain;
Lors quant Cacus, le filz Vulcain, [58ᵛ] 400
Regarde ces grans bœufz d'Espaigne,
Plus aise est que cil qui se baigne,
Et pensa que ung pou sur le tart
De ces[18] grans bœufz auroit sa part; 404
Quant Hercules fu endormis,
Cacus ses compaignons a mis
Eu milleu de toutes les bestes;
Ne les prirent pas par les testes, 408
Mais chacun prist d'un bœuf la coue,
Entour sa main fourment la noue;
Menéz les ont tout au contraire
Du lieu ou ce[19] Cacus repaire, 412
Car paour ont, s'on les pourcache,
Que l'en ne les treuve a la trache.
Quant Hercules apréz s'esveille,
Esbahy est de la merveille; 416

---

[18] Leçon rejetée: ses.
[19] Leçon rejetée: se.

Les bœufz perdus print a tracher
Et les autres fist encacher;
Grant paine en prist et grant travail:
Or court amont et puis aval, 420
Tant est venu et tant alé,
Qu'il est en la bove avalé
Ou Cacus avoit ces bœufz trait,
Car ung des bœufz mugit et brait; 424
Pour ce, quant il a entendu,
Tantost a celle part tendu.
Hercules, a sa descendue,
Ce grant larron point ne salue, 428
Mais tantost le tira dehors
Et prist vengance de son corps,
Car a dure mort le mena
Et tous ses bœufz il ramena. 432
Au paÿs olt ung grant sengler,
Il convenoit moult fort sengler
Celui qui le vouloit actendre;
Hercules le propose a prendre [59ʳ] 436
Car il fait grant destruction
A toute celle region,
En vignes, en champs, et en prés;
Nul ne l'osoit chacer de prez, 440
Car il avoit la dent agüe,
Plus trenchant que espee esmoulue;
Hercules, qui par son courage
Ne doubte privé ne sauvage, 444
Vers ce sengler sa voye tourne
Et en tel maniere l'atourne
Qu'il le fist escumer forment,
Si que trestout son vestement 448
En fu soullié long temps apréz,
Tellement le tenoit de prez;
En la fin tant fiert et tant bat
Que ce sengler tout mort abat. 452
Or est temps que je te raconte
Ung fait qui tous autrez surmonte.
Athlas, pere des damoiselles
Qui sont si cointes et si belles, 456

Dont j'ay dessus fait mencion,
Estoit en une region
Ou le ciel sur son col portoit,
Car ung tres fort gëant estoit; 460
Et bien doit estre fort et grant
Qui porte chose si pesant.
Advint ung jour que cil Athlas
De porter le ciel estoit las; 464
Il dit qu'il se reposeroit
Voulentiers, se trouver pouait
Qui peust soustenir ceste paine,
Tant que repris eust son alaine; 468
Hercules, qui pour glore acquerre
Environna et mer et terre,
En ce lieu vint a l'avanture
Et du ciel porter print la cure; [59ᵛ] 472
Oncquez ne fu ouÿ d'oreilles
Chose de si tres grant merveilles,
Car pour porter le ciel n'encline
Ne les espaulles ne l'eschine. 476
Pour ses travaulx c'est bien raison
Qu'il soit venu a la maison
Ou felicité est logie.
Pour quoy, seigneurs, encor vous prie, 480
Quant Fortune aspre sur vous sault
Et temptacion vous assault,
Ayés bon ceur a vous deffendre,
Car fort vassaulx ne peult emprendre 484
Chose que bien ne la parface,
Quant bien veult, bien quiert et bien chace.
Cheminéz donc la droicte voye
Qui vers le ciel tout droit convoye, 488
Et soyés fors et pacïens,
Comme ont esté les ancïens,
A soustenir travail et paine,
Et en brefve vie mondaine, 492
Pour avoir eternel repos.
Pourquoy donc tournés vous les dos
Par lacheté, quant on vous baille
Et presente ung pou de bataille? 496

Livre IV, vii

Ne fuyés point sans faire guerre:
Cil a le ciel, qui vaincq la terre".[20]

---

[20] Cette version du mètre vii et celle du *Böece de Confort* ne figurent pas parmi les textes édités dans l'Appendice de *Rinascite di Ercole. Convegno internazionale Verona, 29 maggio-1 giugno 2002. Atti*, éd. Anna Maria Babbi, Medioevi, Studi 5 (Verona: Edizioni Fiorini, 2002). Mais la version du *Roman de Fortune et de Felicité* (pp. 447–469) offre une comparaison utile.

Livre V

Cy commence le quint livre auquel sont determinees trois questions sourdans des choses dictes eu livre precedent: la premiere, se cas de adventure ou fortune est aucune chose; la .iie., se en nous est franc arbitre; la .iiie., se franc arbitre et divine providence peuent estre ensemble. Et en ceste premiere prose determine de la premiere question. [60^r]

Prose 1

1. **Q**uant Philozophie[1] olt ces choses dictes, elle vouloit tourner le cours de son language a traicter et expedier aucunes autres matieres. 2. Lors je prins la parolle et lui dis: "Certes ta doctrine et exhortacion est loable et tres digne de auctorité, mais pour ce que pieça tu me parlas de la question de divine pourveance, qu'elle estoit enlachee et plaine d'autrez plusieurs questions, affin que par toy j'en soye aucunement informé, 3. je te demande, assavoir, se cas d'aventure est aucune chose, et, se c'est aucune chose, quel chose c'est". 4. Adonc elle respondi: "Je desire parfaire et acomplir la promesse que j'ay faicte de toy ouvrir et monstrer la voye, par laquelle tu puisses retourner en ton païs, c'est au premier estat de ta congnoissance. 5. Et combien que ta demande soit prouffitable a congnoistre, toutesfoys elle est ung pou loingtaine et estrange de nostre propos, et est a craindre que tu ne soies travaillé par toy desvoyer en tant de sentiers que tu ne puisses suffire a tenir le droit chemin". 6. "Ne craingnes, dis je, de riens mon travail, car ouŷr et congnoistre les choses esquellez je me delecte le plus et prens plaisir me sera en lieu de repos. 7. Et ne feray quelque doubtance de ce qui reste a dire, veu que les choses dictes cy devant appairent et sont prouvees si evidanment que l'en ne pourroit doubter du contraire".

8. Lors elle dit: "Je suis contente d'acomplir ton desir". Et commença lors ainsi a parler: "Certes, dit elle, s'il est ainsi que cas soit advenement es choses produit par pure adventure, sans y avoir quelconque cause pour quoy il soit ainsi advenu, comment aucuns l'ont diffini, je afferme que cas n'est du tout riens, et dy que par celle diffinicion c'est une voix vaine sans avoir significacion de chose qui soit subgecte a icelle voys. Je le preuve ainsi: car dire que Dieu par sa

---
[1] Ici et au livre V, 4, 1, on relève la graphie 'Philozophie'. Ailleurs on relève 'Philosophie', la graphie employée pour restituer les abréviations du mot.

providence gouvernast toutes choses par certaines ordres et causes, comme devant a esté monstré, et que aucunes choses advenissent casuellement et impourveuement sans quelconque cause, ce sont deux choses incompatibles. Ainsi la providence divine congneue, cas ou fortune ne pourroit avoir lieu en nature. 9. Item, de neant on ne peult faire aucune chose. Ceste proposicion est vraye, ne oncquez des anciens philozophes ne fu contredicte, combien qu'ilz ne l'entendissent pas de Dieu, [60ᵛ] lequel est cause efficiente et principe de toutes choses, mais l'entendoient que sans cause ou matiere subgecte on ne pouait riens faire. 10. Puis doncquez que cas advient sans quelconque cause, il vient et procede de neant, ce qui ne peult estre fait. Il s'ensuyt donc qu'il est impossible que cas d'aventure, ainsi qu'il a esté ung pou cy devant diffini, soit aucune chose en nature et existence".

11. "Comment? dis je. N'est il nulle chose qui par droit puisse estre nommee cas, ou adventure, ou fortune? Et est il riens, combien qu'il soit incongneu au peuple a qui ces noms soient propres et convenables?" 12. "Mon Aristote, dit elle, eu *Livre de Phisique* l'a declairé par raison brefve et prochaine de verité". "En quelle maniere?" dis je. 13. "Toutes les fois, dit elle, que l'en fait aucune chose pour cause et en intencion d'aucune certaine fin, et il advient par aucunes causes une autre chose que celle que l'en actendoit, ce doit estre appellé cas. Ainsi comment se ung homme alloit fouÿr ou² arer son champ pour cause de le cultiver, et trouvast illec une masse d'or muchee et enfouÿe, on croit que ce soit advenu casuellement. 14. Maiz il n'est pas ainsi advenu de neant, car il y a causes propres et certaines de son advenement; maiz ce qu'ilz sont impourveues et hors l'intencion des hommes, il leur semble qu'il soit casuellement advenu. 15. Et se le laboureur n'eust fouÿ son champ, et le mucheur de l'or ne l'eust en ce lieu enterré, l'or n'eust point esté trouvé. 16. Ce sont donc les causes de cas de fortune qui advient par causes ensemble concurrentes et non pas de l'intencion du faiseur. 17. Car ne celui qui l'or mucha, ne celui qui le champ ara ne cuiderent pas qu'il feust ainsi trouvé. Maiz comment j'ay dit, il advint et courut ensemble que l'un fouÿ la ou l'autre l'avoit enterré. 18. L'en peult doncquez ainsi diffinir cas: cas est advenement impourveu par causes assemblees et concurrentes sans l'intencion des faisans. 19. Laquelle concurrence et assemblee des

---

² Leçon rejetée: our.

causes est faicte par icelle ordre inevitable descendant de la fontaine de divine providence qui toutes choses dispose et ordonne en leurs lieux et en leurs temps.

Mètre i

Cy monstre par similitude de Tigris et Euffrates que, ja soit ce que cas advienne sans l'intencion des hommez, toutesfoiz riens n'advient sans cause ne sans l'ordonnance divine. [61ʳ]

Deux fleuves sont de grant renom,
Tigris et Euffrates ont nom,
Naissans d'une mesmez fontaine,
Qui courent par une ague vaine   4
Vers une roche en Armenie,
En l'endroit et vers la partie
De Parche, ou a tel maniere
Qu'on y bataille par derriere;   8
Car li prouchain,[3] quant veullent traire
Et ochire leur adversaire,
Tirent par derriere en fuyant
Leurs viretons, et l'ost suyant   12
Navrent souvent en la poitrine
De la pointe esmoulue et fine.
Ces deux fleuvez tost se desjoingnent,
Maiz quant derechief ilz rejoingnent,   16
Les nefz et les troncz qui seront
En ces fleuves se mouveront,
Et feront de merveilleux tours
Et fortunelz, selon les cours   20
Que celle eaue en courant fera;
Et aucunes foys ce sera
Sans l'intencion et pensee
De ceulx qui merront la navee.   24
Et neantmoins tous ces mouvemens
Sont causes des tournyëmens
De la terre par ou ilz passent,

---

[3] 'Li prouchain' désigne les Parthes. On lit dans le *Böece de Confort* 'De Perse' (v. 9611) et 'li Perchin' (v. 9613), et dans les *Glosae* de Guillaume de Conches 'in Parthia' et 'Parthi' (éd. Nauta, p. 293, ll. 6 et 8).

Quant entr'eulx ensemble s'amassent.   28
Ainsi est il de loy commune
Que cas, adventure, ou fortune
Courent ensemble sans nul frain
Et sans renes d'arrest certain,   32
Mais ilz sont menees par la loy,
Par l'ordonnance et par l'arroy
De la pourvëance divine
Qui a son ordre tout encline". [61^v]   36

Prose 2

Cy determine la .iie. question, c'est assavoir se en nous est franche voulenté.

1. "Je me consens, dis je, qu'il soit ainsi comment tu dis. 2. Mais je demande se entre ces causes ainsi ordonnees et conjoinctes ensemble, la franchise de nostre voulenté a point de lieu, et se la chaine de destinee venant de providence divine contraint point les mouvemens des courages humains?" 3. "Certes, dit elle, toute creature raisonnable a en soy franchise de voulenté. 4. Car tout ce qui peult naturellement user de raison, il a jugement et discretion, par quoy il congnoist et discerne les choses qui sont a fuyr et celles qui sont a desirer. 5. Et ce qu'il juge estre a desirer, il quiert et poursuit; et ce qui lui semble estre a fuyr, il fuyt et refuse. 6. Par quoy en tous ceulx ou raison est, en eulx est aussy franchise de vouloir ou de non vouloir, maiz ceste franchise de voulenté n'est pas egalle en tous. 7. Car les divins esperis du ciel ont leur jugement et discrecion plus clers et subtilz, leur voulenté sans corrupcion, et leur puissance plus prompte a faire ce qu'ilz desirent. 8. Et les ames humaines ont plus grant franchise de voulenté qui vivent et ont leur pensee eslevee et arrestee en contemplacion et speculacion de la divine pensee. Et ceulx ont mendre franchise, lesquelz s'occuppent et ont soing de leurs corps; et aussi ceulx qui mectent leurs affections et labeurs es choses mondaines ont mains de liberté et plus de subjection. 9. Maiz la derraine et pire servitude est de ceulx qui ont perdu la possession et jugement de leur propre raison par ce qu'ilz sont habandonnés es vices. 10. Car quant ilz ont destourné et retrait leurs yeulx de la lumiere de souveraine verité et, fichés es choses basses et tenebreuses,

ilz sont tantost aveuglez par l'obscurté d'ignorance et troublés par mauvaises affections, auxquelles, en eulx consentant ou acoustumant, ilz accroissent la servitude ou ilz se mettent par eulx mesmez, et sont estrangés et aucunement privés de leur propre franchise, a laquelle ilz ne peuent retourner sans grant difficulté. 11. Et toutes ces choses voit le regard de divine providence qui tout scait de tout temps, sans commencement, et selon les merites de chacun il les ordonne et dispose ainsi, comment il les a eternellement predestinees.

Mètre ii

Cy dit que les louenges que dit Homerus du soleil materiel ne sont riens au regard du vray soleil espirituel, qui Dieu est. [62ʳ]

Homerus, d'un emmielé chant,
Loa la purtë clerë et grant
Du soleil, qui tant resplendist;
Maiz le soleil, tant fort luysist,   4
Ne pourroit dedens terre entrer
Ne par ses clers rays penetrer
La mer jucquez au fons en bas.
Maiz certes ainsi n'est il pas   8
Du grant seigneur qui fist le monde,
Car il de clarté tant habonde:
Combien qu'il habite lassus,
Si voit il quanque y est ça jus;   12
De sa clarté tresperce tout,
La terre et mer jucquez au bout.
Tout voit sa clarté desnuee,
N'orbe nuyt, n'espesse nuee,   16
Ne autre espesseur empescher
Ne la peuent de tout percher,
Car c'est cil qui seul tout congnoist
Et a ung seul coup d'œul tout voit,   20
Les choses qui furent et sont,
Qui seront et estre pourront;
Et par cest tant tresperchant ray
Le peulx reclamer soleil vray".   24

Prose 3

Cy fait Boece la .iiie. question: se franc arbitre et divine providence ou prescience peuent estre ensemble, et argue premierement que non. Et apréz Philosophie donne la solucion et determine la question.

1. Lors je dy: "Or suis je bouté maintenant en plus grant doubte que je n'estoye par devant". 2. "En quel doubte? dit elle. Je conjecture bien que c'est par quoy tu es ainsi troublé". 3. "C'est, dis je, ce qu'il m'est advis qu'il y a trop grant contrarieté et repugnance entre dire que Dieu prevoye et congnoisse toutes choses eternellement avant que elles adviennent et que aucune franchise de voulenté nous puisse demourer. 4. Car s'il est ainsi qu'il veoye et sache toutes choses qui sont advenir et ne puisse aucunement fallir ne errer en sa congnoissance, il s'ensuit et convient par neccessité que tout ce que la providence divine a [62^v] preveu estre advenir que il adviengne infailliblement. 5. Par quoy, s'il prevoit et scait sans commencement tous les fais, pensees, et voulentés des hommes, il ne seroit point de franchise de voulenté, car nul autre fait, ne nulle autre pensee ne voulenté ne pourra jamais estre faicte, se[4] non celle que divine providence, qui ne peult estre decheue, a par devant presceue et congneue. 6. Car se elles peuent venir autrement qu'ilz ne sont preveues de Dieu, ce ne seroit pas ferme prescience de chose advenir, maiz seroit mieulx opinion ou cuidance incertaine, ce qui n'est pas a croirre ne a dire de Dieu.

7. Ne je n'approuve pas la solucion d'aucuns qui cuident souldre et desnouer le neu de ceste question, 8. disans que la chose n'advient pas neccessairement pour la cause que Dieu a veu devant qu'elle advendra, maiz plus tost par le contraire, c'est assavoir que pour ce que la chose doit advenir, elle ne peust estre celee ne mescongneue a la divine providence; et pour ce le scait Dieu neccessairement avant qu'elle adviengne; et par ainsi ilz actribuent ceste neccessité en sa partie contraire, c'est a divine providence et non pas aux choses advenir; 9. disans qu'il n'est pas neccessaire que les choses adviengnent qui sont preveues, mais que les choses qui sont advenir soient preveuez neccessairement, comment s'ilz cuidoient que le neu de ceste difficulté feust scavoir laquelle chose est cause de l'autre, c'est asscavoir se les choses futures sont causes de la prescience divine, ou

---

[4] Leçon rejetée: ce

que providence soit cause de la neccessité des choses futures; maiz ce n'est pas nostre question, car quelque chose qu'il soit de l'ordre des dictes causes, il convient que l'advenement des choses presceues soit neccessaire, posé ores que prescience divine ne feust point cause de neccessairement advenir aux choses qui advendront.

10. Comment il appert par cest exemple: s'il est ainsi que ung homme soit assis, il est neccessaire que l'opinion de celui qui certainement croit qu'il se siet soit vraye; et par le contraire, se l'opinion de celui qui croit qu'il se siet est vraye, il est neccessaire que lors il soit assis. En tous deux donc y a neccessité. 11. Car en l'un y a neccessité de seoir, et en l'autre neccessité d'opinion. 12. Mais pour ce ne se siet il pas pour la cause que l'opinion de lui seoir est vraye, maiz par le contraire, pour ce qu'il se siet, pourtant est vraye [63ʳ] l'opinion qu'il se sÿee. 13. Ainsi a l'un et a l'autre y a commune neccessité. 14. Tout par semblable maniere peult on dire de providence divine et des choses qui sont advenir. Car posé que ainsi feust que les choses advenir feussent preveues de Dieu, pour tant qu'ilz advendront, et non pas pour tant qu'ilz sont preveues de Dieu, ilz doivent advenir; neantmains toutesfoys il convient par neccessité que les choses advenir soient preveues de Dieu, ou que les choses preveues de Dieu advendront neccessairement; et ceste seulle chose ycy suffist assez a destruire et perir la franchise de nostre voulenté, et par consequent leur solucion n'est pas suffisante.

15. Item, ilz mectent ce devant derriere, c'est assavoir que l'advenement des choses temporellez est cause de prescience eternelle. 16. Car autant vault cuider ou dire que Dieu prevoit les choses advenir pour ce qu'ilz advendront, comme dire que les choses futures, ou celles qui jadis ont esté, sont cause de la souveraine providence de Dieu. 17. Je retourne doncquez encores nonobstant celle solucion a ma difficulté, et dis que tout ainsi convient quant je scay certainement aucune chose qu'elle est, il est neccessité que celle chose soit; aussi se j'ay certainement sceu et congneu que quelque chose advendra, il fault neccessairement qu'elle adviengne. Puis donc que Dieu prevoit et scait toutes choses advenir, il fault infailliblement qu'ilz adviengnent. 18. Item, se aucun entend ou estime aucune chose estre autrement qu'elle n'est, ce n'est pas science, maiz est opinion faulse, estrange, et loingtaine de la verité de science. 19. Par quoy, se d'aucune chose advenir l'advenement n'est point certain ne neccessaire, comment

pourra aucun devant scavoir que celle chose advendra? 20. Car ainsi comment science ne peult estre meslee avecquez faulseté, aussi ce qui est par science comprins ne peult advenir autrement qu'il est comprins. 21. Et convient neccessairement que la chose adviengne ainsi comment science certaine comprent qu'elle advendra.

22. Par quelle maniere donc scaira Dieu avant les choses advenir, se ilz sont incertaines? 23. Car se il scait que elles advendront inevitablement et il estoit possible que ilz n'advendront pas, doncquez seroit Dieu deceu, ce qui n'est a penser ne a dire. 24. Et qui vouldroit dire que Dieu scait les choses advenir selon ce qu'ilz puent advenir ou non advenir par leur nature ou condicion sans les avoir determinees a estre faictez ou non faictez, quelle seroit sa prescience qui ne [63ᵛ] comprendroit riens estable ne certain? 25. Elle seroit semblable a la devinaille de Thiresie, devineur, qui disoit que tout ce qu'il diroit advendroit ou n'avendroit mie. 26. Et si ne seroit point la sapience divine a preferer a humaine opinion, se elle jugoit, comme font les hommes, les choses estre incertaines, dont l'advenement est incertain? 27. Mais il n'est pas ainsi, car en celui qui est de toutes choses fontaine tres certaine ne peult estre riens incertain; doncquez est certain et neccessaire l'advenement des choses qu'il prevoit et scait certainement qu'il advendront. 28. Par quoy il s'ensuyt que la franchise des[5] voulentéz et actions humaines est nulle, car la divine pensee, qui toutes choses advenir voit et scait sans erreur ne faulseté, lye et contraint par neccessité leur advenement estre et demourer ainsi qu'elle[6] l'a devant preveu, et non autrement.

29. De laquelle conclusion, s'elle estoit une foys octroyee et tenue, il s'en ensuyrroit plusieurs inconveniens et deffaultes es choses humaines. 30. Car premierement en vain seroient proposés et promis loyers aux bons et paines aux mauvais, puisque par voluntaire et franc mouvement de leurs couragez ilz ne les auroient point desservis. 31. Item, les loys qui maintenant sont jugees et tenues tres justes et droicturieres seroient injustes, felonnesses, et contre toute raison, c'est assavoir que les mauvais souffrissent paine et pugnicion et que les bons eussent loyer et remuneracion, car par leur propre voulenté et election ilz ne feroient pas le bien ou le mal,

---

[5] Leçon rejetée: et.
[6] Leçon rejetée: qu'ella.

mais seroient a ce contrains par la certaine neccessité des choses advenir. 32. Item, se tout venoit ainsi par neccessité et contrainte, il ne fu oncquez ne jamaiz sera ne vices ne vertus; encores s'en ensuyt il plus grant confusion, car comme il soit vray que l'advenement de toutes choses viengne de la providence divine, s'il estoit ainsi que les voulentés humainez n'eussent leur franc vouloir ou non vouloir, il s'ensuyrroit que tous noz vices et mausfais deveroient estre actribuéz et rapportés a Dieu, dont tout bien procede, comme cause d'iceulx maulx, puisque par nostre condicion qu'il a ainsi faicte et ordonnee nous serions contrains a les faire, ce qui est le plus grant erreur que l'en pourroit ymaginer.

33. Item, toute esperance et prieres seroient de nulle efficace et valeur, car pour neant prieroit ou espereroit [64ʳ] aucun, puisque toutes les choses desirables et requises sont immuablement enlachees et contenues en l'ordonnance inflexible de Dieu. 34. Doncquez seroit destruicte et ostee icelle seulle aliance d'entre Dieu et les hommes, c'est assavoir oroison et esperance, par le moyen desquellez avecquez vraye humilité l'en dessert et acquiert l'inestimable tresor de grace divine, et par quoy les hommes ont collocucion avec Dieu, et par raison et vertu d'oroison sont conjoinctz a icelle lumiere inaccessible. 35. Et quant prierez et esperance ainsi demourroient sans vertu, se les choses futures par neccessité advenoient, il ne seroit riens par quoy nous peussons estre adhérés ne conjoinctz a icelui souverain prince de toutes choses. 36. Et fauldroit conclurre neccessairement que humain lignage, si comme tu chantas cy devant, departi, desjoinct et du tout delaissé de la fontaine dont sourt tout bien, il convenist du tout secher et mortir.

Mètre iii

Cy fait une admiracion Boece[7], dont ce peult estre que franc arbitre et divine providence, chacun a part soy, semble estre vray et avoir lieu, mais, quant ilz sont assemblés et joinctz, ilz semblent avoir repugnance ensemble.

    Hé, Dieux, dont vient ceste doubtance
    Et ceste mortel descordance?
    Quel cause peult discorde mectre

---

[7] Leçon rejetée: Philosophie

En deux choses qu'on congnoist estre 4
Chacune a part soy verité?
C'est franchise de voulenté
Et divine precongnoissance,
Et ensemble ont tel repugnance 8
Qu'ilz ne peuent couppler ne joindre;
L'un des vrays veult a l'autre poindre
Et gecter de sa compaignie.
Certes de ce ne vient il mie: 12
Deux vrais ne se bataillent point,
L'un a l'autre s'ahert et joinct;
Mais ce vient d'humaine pensee
Dont la clarté est si pressee 16
Des membres corporelz obscurs
Qu'elle ne peult leurs liens purs
Et subtilz, dont ilz s'entretiennent, [64ᵛ]
Congnoistre, ne voir dont ilz viennent, 20
Pour la tenebreuse nuee
Du corps qui ainsi l'a troublee.
Mais pourquoy art tant la pensee,
Ainsi de la char offusquee, 24
De savoir veritéz encloses?
Il pert qu'elle sache les choses
Qu'engoisseusement si desire.
Et neantmoins on peult et seult dire 28
Que fol est qui travaille en rien
A scavoir ce qu'il congnoist bien.
Se tu dis que scavoir vouldroit
Les choses dont ja ne pourroit 32
Avoir congnoissance au certain,
Elle travaille donc en vain,
Car nul ne veult ne parler doit
De ce qu'il ne scait ne congnoit; 36
Nul ne veult ce qu'il scait apprendre
N'a ce qu'a trouvé ne veult tendre.
Et se tu dis par adventure
Que nostre ame de sa nature, 40
Quant fu premierement cr[e]ee,
Elle estoit en soy disposee
De congnoistre joye souveraine

Et toute autre chose mondaine, 44
Et pour ce, combien qu'orendroit[8]
Aveuglee aucunement soit
De la nuee qui l'estaint
De ses membres soubz lesquelz maint, 48
Et qu'en somme et en general,
Et non pas en espicïal,
N'a pas celle glore oubliee
A laquelle estoit enclinee 52
Naturellement quant a lui,
Dont n'a pas mis tout en oubli;
Pour ce, quant veult en verité [65ʳ]
Entendre une subtilité, 56
Elle est neutre et indifferent,
Car ung petit elle l'entent
Par sa naturelle clarté,
Maiz de ses membres l'obscurté 60
Si l'empesche que proprement
Ne le scait pas parfaictement;
Dont en sa nature gardant,
Et ce qu'avoit sceu regardant 64
Des principes qu'elle congnoit,
Avec ce que de nouvel voit,
Par certaine collacion
Fait et voit la conclusion". 68

Prose 4

Cy commence Philosophie a donner solucion aux argumens fais par Boece en la prouchaine prose cy dessus.

1. Lors Philozophie respondist a la question dessusdicte. "C'est, dit elle, l'ancienne question de providence divine, laquelle Marcus Tulius en son *Livre de Divinacion* grandement discuta, et par toy mesmes a esté longuement quise et demenee, mais encores elle n'a pas par aucuns des anciens assez dilliganment ne suffisanment esté expediee ne solute. 2. Et la cause de celle ignorance si est pour ce que raison et entendement humain ne peuent actaindre ne comprendre la simplicité de divine prescience, laquelle, se elle pouait clerement

---

[8] Leçon rejetée: combien orendroit.

estre entendue, il ne demourrait aucun doubte d'icelle question. 3. Et pour ce je l'essayeray a determiner et expedier; aprés ce, j'auray delivré les motifz par lesquelz tu es perturbé.

4. Mais premierement je te demande pourquoy tu crois et tiens celle solucion, dont dessus tu as touché, estre de nulle efficace, laquelle mect que prescience divine n'est pas de nécessité aux choses advenir, et par ainsi prescience ne empesche en riens franchise de voulenté. 5. Tout ton argument dessus mis prouvant la neccessité des choses futures n'est ailleurs fondé, si non pour ce que les choses presceues ne peuent non advenir. 6. S'il est ainsi doncquez, comment ung pou cy devant tu confessoyes, que prescience n'est pas la cause pour quoy les choses futures adviengnent neccessairement, quelle chose contraindra les choses voluntaires [65ᵛ] d'avoir determiné et neccessaire advenement? 7. Or posons par impossible, pour veoir qui s'en ensuyrra, qu'il ne soit point de prescience. 8. Tu ne diras mie que les choses voluntaires soient contraintes a neccessité. 9. Or mectons d'autre part que prescience soit, mais elle n'est pas la cause qui donne neccessité aux choses advenir; je croy que franchise de voulenté demourra entiere et deslyee de neccessité. 10. Mais se tu disoies que, combien que prescience ne soit pas cause de la neccessité des choses advenir, toutesfoys elle est signe que neccessairement ilz advendront. 11. Celle responce est inutile, car toute chose signifiee peult estre sans son signe; car le signe ne fait pas la chose signee, maiz tant seullement la demonstre. Il fault donc dire que quant prescience ne seroit point qui est le signe, neantmoins les choses futures neccessairement advendroient, qui est la chose signee. 12. Par quoy il eust convenu premierement demonstrer les choses par neccessité advenir, et par ce prescience estre signe d'icelle neccessité; car se celle neccessité estoit nulle, aussi seroit prescience nulle, se elle estoit signe d'icelle neccessité. 13. Et aussi ce n'est pas ferme probacion qui est faitte par signes, maiz doit proceder par convenables et neccessaires causes.

14. Nous ne jugons ne disons pas que les choses que providence divine prevoit et scait estre advenir ne advendront point, maiz nous disons que les choses presceues, ja soit ce qu'ilz adviengnent toutesfoys par leur propre nature, leur advenement n'a point de neccessité. 15. Et ce pourras tu legierement apercevoir, car nous voyons et regardons plusieurs choses faire devant noz yeulx: comment l'en voit les chartiers

tourner ou arrester leur charroy selon leur voulenté et plaisir, et semblablement peult on dire des autrez ouvriers en leurs euvres et besongnez. 16. Nostre regard et congnoissance contraint il ces choses ou aucune d'icelles neccessairement ainsi estre faictes?" "Nennyl, dis je, car se toutes les besongnez des ouvriers advenoient par neccessité et contrainte, leur art et science ne leur serviroit de riens". 17. "Les choses doncquez, dit elle, lesquelles, quant on les fait, n'ont nulle neccessité que on les face, aussi celles mesmez, avant qu'ilz soient faictes, sans quelconquez neccessité advendront. [66ʳ] 18. Par quoy il s'ensuyt que plusieurs choses sont a advenir, dont l'advenement est deslyé de toute neccessité. 19. Car certes je ne croy pas que personne voulsist dire que les choses que l'en fait presentement ne feussent a faire ne advenir, avant que on les feïst. Icelles choses doncques presentement faictez, mesmes se elles⁹ feussent avant sceues, ont franc advenement. 20. Car, ainsi comment la science des choses presentes ne donne point ne n'est cause de neccessité aux chosez que l'en fait en present, aussi la prescience des choses advenir ne porte aucune neccessité aux choses qui advendront, comme cause et raison pour quoy ilz adviennent.

21. Maiz tu diras qu'il demeure encore en doubte comment il se peult faire que des choses advenir, lesquellez n'ont point advenement neccessaire, l'en peult avoir certaine prescience. 22. Car il te semble que ces choses repugnent et descordent l'un a l'autre, pour ce que tu cuides que, se il sont avant sceues, il fault que neccessité les ensuysse; et se neccessité leur deffault, ilz ne peuent estre avant sceues, car comme science ne puisse riens comprendre, s'il n'est vray et certain. 23. S'il estoit ainsi que les advenemens des choses, lesquelles sont incertaines,¹⁰ feussent presceus comme certains, ce seroit obscurté d'opinion et non pas vraye science. A ce je te respons que les choses qui ont franc ou incertain advenement, Dieu les peult prevoir et congnoistre par certaine prescience. Et ainsi il congnoist les choses autrement que ilz ne sont en leur nature, maiz il te semble que c'est contre l'integrité et verité de science, et tu erres.

24. La cause duquel erreur si est, pour ce que tu crois que les choses qui sont sceues soient sceues, ou congneues, par la force et

---

⁹ Leçon rejetée: elle.
¹⁰ Leçon rejetée: incertains

nature d'icelles mesmez choses sceues. 25. Et il est tout le contraire; car toutes choses congneues sont comprinses et sceues non pas par leur nature, maiz par la nature et capacité de celui qui les congnoist. Et voyons une mesme chose autrement estre comprinse et entendue de l'un et autrement de l'autre. 26. Comme par cest exemple il appert: tu vois que la veue et l'atouchement congnoissent une mesme rondesse d'un corps autrement l'un que l'autre, car la veue, demourant loing dudit corps, le regarde et comprend tout ensemble, et l'atouchement, adherent et conjoinct a icellui corps, en [66ᵛ] touchant partie apréz autre, le congnoist et comprend. 27. Semblablement homme est congneu autrement par les sens corporelz, autrement par ymaginacion, autrement par raison, et autrement par entendement. 28. Car le sens comprend la figure de l'omme et de son corps en matiere subgecte et presente, l'ymaginacion congnoist la seulle figure en l'absence de la matiere. 29. Raison sourmonte ymaginacion et comprend par une consideracion universelle nature humaine en son espece, ainsi comment elle est commune aux hommes particuliers. 30. Maiz l'œul d'entendement regarde plus hault et comprend par dessus raison par pure subtilité de pensee icelle simple fourme, c'est assavoir l'ame raisonnable espirituele et immaterielle de l'omme. 31. Et de ces quatre puissances la plus haulte congnoist et comprend tout ce que la plus basse scait et congnoist, maiz la mendre ne se pourroit eslever a comprendre la chose que la plus haulte comprend. 32. Car le sens ne peult riens comprendre en absence de matiere, ne ymaginacion ne peult veoir les especes universelles, ne raison la simple fourme; maiz entendement, voiant par dessus les autrez, voit, comprend, et discerne tout ce que les autres comprennent. 33. Car il congnoist l'université de raison, il congnoit la figure d'ymaginacion et la matiere sensible, et, sans user de raison, d'ymaginacion, et de sens, il comprend toutes choses entendibles par ung simple regard de pensee. 34. Aussi raison, quant elle regarde aucune chose universelle, comprend les choses ymaginables et sensibles sans user de ymaginacion ne de sens. [35.-36. *omis*]¹¹ 37. Semblablement ymaginacion, combien qu'elle prengne son commencement de sens, neantmoins en l'absence de sens elle comprend les choses sensibles par raison ymaginative. 38. Vois tu doncquez comment ces puissances de l'ame comprennent l'omme

---

¹¹ Une omission semblable se constate dans le manuscrit Besançon, Bibliothèque municipale, 434 (1372; copié pour le roi Charles V) de la traduction de Jean de Meun, mais il s'agit d'un saut du même au même (éd. Dedeck-Héry, p. 267, ll. 110-14).

chacun selon sa possibilité? Et par consequent que toutes choses sont congneues et entendues par la nature et faculté de celui qui les congnoist, et non pas par la nature des choses qui sont congneues? 39. Et ce n'est pas sans cause; car come tout jugement soit le propre fait et ouvrage du jugeur, il convient que son euvre soit parfaicte de sa propre puissance, et non pas d'estrange puissance. [67ʳ]

Mètre iv

Jadis fu une gent moult sage	
Que selon le commun langage	
On appelloit docteurs stoïques,	
Car en portes et lieux publiquez,	4
En Athenes et autre part,	
De leur science et de leur art	
Tout publiquement disputoient;	
Et si moriginés estoient	8
Que pour leur port et meurs pesans,	
Combien qu'ilz feussent jennes d'ans	
Les aucuns, neantmoins pour leur sens	
Tous on les nommoit ancïens.	12
Ces docteurs si furent obscurs	
Et n'avoient pas engins bien purs,	
Au mains en ceste opinion,	
Car selon leur entencion	16
Les ymages et les semblances	
Des corps et foraines substances	
Estoient dedens noz pensees	
Moyennant nos sens imprimees,	20
Sans ce que nostre entendement	
Y fist riens n'ouvrast nullement,	
Fors[12] que recevoir et comprendre	
Ces semblances. Ainsi entendre	24
Nous convenoit, quant s'emprimoient	
Ces semblances et se joingnoient	
Presentement a nostre engien.	
Ainsi ne distinguoient rien	28
Entre puissance intellective	

---

[12] Leçon rejetée: Flors.

Et congnoissance sensitive;
Dont tout ainsi que ung escripvain,
Qui a long greffe et rade main 32
En une page necte et plaine
Ouvre, commë en¹³ mer seraine,
Lectres il empraint et escript
Et figures propres descript, [67ᵛ] 36
Ainsi celle ymage empraintee
De la chose representee
Nous ministre la congnoissance
D'aucune couverte substance. 40
Maiz se nostre humaine pensee
Feust si casse et desfiguree
Que riens de lui n'entend ou dicte,
Ains est paciente et subdicte 44
Comment le miroir au visage,
Duquel retient sans plus l'ymage,
Comment pourroit pensee telle
Congnoistre chose incorporelle, 48
Ou faire la collacion
De premisse et conclusion,
De diviser et composer
Et ordonner et exposer 52
Puis le chief, puis hault, et puis bas,
Et juger d'enterins debas,
De faulseté redargüer,
Et de verités desnouer? 56
Dont faulse est ceste opinion,
Car puissant operacion
A nostre humain entendement
Et peult, quant il veult proprement, 60
Soy appliquer et soy estendre
A la chose qu'il veult entendre,
Combien qu'aussi en ung corps vif
Il fault ung resveillant motif 64
Qui les sens esmeuve et esveille,
Com clarté l'œul, et voix l'oreille,
Pour mieulx cler voir et oÿr;

---

¹³ Leçon rejetée: ouuye comment.

Ainsi pouons nous consentir 68
Que fantasie en nostre corps,
Esveillee des sens de dehors,
Les especes qu'elle receult
Elle apure, puis les esmeult, [68ʳ] 72
Et les presente a nostre engien;
Et lors il entend et voit bien
Comment doit son ouvrage faire,
En ung propos, ou au contraire 76
Se doit selon vray jugement
De son subtil entendement
Ou[14] consentir ou discorder;
Ainsi scait et peult accorder 80
Les choses dehors et dedens
Selon l'entente et le vray sens
Qu'ilz doivent par raison avoir
Ceulz qui ont en eulx franc voloir.[15] 84
Ainsi d'ymages sensitives,
Par ses raisons intellectives,
Des choses que veult entreprendre
Pour affermer et pour reprendre 88
Selon leur propre qualité
Discerne ou joint en verité.

Prose 5

1. S'il est doncquez ainsi que l'entendement humain, estant en corps sensible, requere premierement estre esmeu et resveillé par les substances corporellez offertes et presentees par dehors aux sens, et que, ja soit ce que les sens du corps precedent la vigeur d'entendement, lesquelz le provoquent et esmeuvent par dedens en son operacion de pensee, et que par iceulx sens l'entendement ne prengne pas sa perfection de congnoissance, maiz plus tost soit par eulx offusqué et empesché a comprendre les choses entendibles, neantmoins de sa propre force, condicion, et nature, il congnoist, comprent, et discerne

---

[14] Leçon rejetée: Au.
[15] Dans le manuscrit le texte de ce vers fait défaut. La ligne est blanche. Nous avons donc inséré le texte de l'édition du *Böece de Confort*, v. 10506, tout en signalant qu'un des manuscrits de contrôle appartenant au groupe A comporte la même lacune.

toutes les qualitéz presentes aux sens corporelz; par quoy il fault dire que par plus forte raison la divine intelligence, laquelle nulle passion corporelle n'empesche en sa congnoissance, congnoist et discerne les choses sans les sens corporelz, par sa propre force et nature, et non pas selon la nature et condicion des choses congneues. 2. Et par ceste raison s'ensuyt que diverses substances ont differentes et diverses congnoissances. 3. Car les bestes immobiles, comment sont oistres et moulles et autrez qui sont nourries contre les roches, ont [68ᵛ] seullement le sens corporel, destitué de toutes autrez congnoissances; les bestes mouvables, lesquelles ont inclinacion d'appeter ou de fuyr aucune chose, ont aussi ymaginacion. 4. Les hommes ont raison, et les esperis divins ont la congnoissance d'entendement, laquelle prefere a toutes les autres, car par sa propre nature elle congnoist non pas seullement ce qui lui est propre, maiz aussi toutes les choses subgectes des autrez congnoissances.

5. Que dirions nous doncquez se sens et ymaginacion debatoient a raison et estrivoient, disans contre elle que la chose universelle qu'elle cuide congnoistre n'est riens? 6. Pour ce que tout ce qui est sensible ou ymaginable ne peult estre universel; maiz elle congnoist plusieurs choses estre sensibles et ymaginables; doncquez seroit vaine la congnoissance de raison, laquelle considere et comprend ce qui est singulier et sensible ainsi comment universel. 7. Et se raison respondoit a l'encontre que voirement elle comprend par raison de universalité et ce qui est sensible et ce qui est ymaginable, maiz sens et ymaginacion ne pourroient actaindre a celle congnoissance de universalité, car leur capacité ne peult exceder les figures corporelles, de ce debat doncquez, vous, qui avéz sens, ymaginacion, et raison, ne approuverés vous pas plus tost la cause et partie de raison?

8. Par semblable maniere raison humaine ne peult comprendre que la divine intelligence puisse veoir ou congnoistre les choses qui sont advenir autrement fors comment elle les regarde et congnoist. 9. Car elle peult ainsi arguer: s'il est aucunes choses qui n'ayent point certain ne neccessaire advenement et puissent non advenir, icelles ne peuent estre certainement sceues avant qu'ilz adviennent. 10. Ainsi d'icelles ne peult on avoir aucune prescience. Et par l'opposite, se nous tenons que desdictez choses advenir soit prescience certaine, il convient que neccessairement toutes choses adviennent. 11. Maiz se raison humaine pouait comprendre le jugement et congnoissance

de la pensee divine, tout ainsi comment nous avons dit que il fault que sens et ymaginacion donnent lieu a raison et soient au dessoubz d'elle, semblablement nous jugerions que raison humaine doit estre submise,[16] [69ʳ] serve et subgecte a la divine intelligence. 12. Par quoy, se nous pouons, eslevons par contemplacion nos entendemens jucquez a la haultesse et excellence d'icelle souveraine et divine intelligence, car illec verra raison ce que en elle mesme ne peult regarder ne comprendre: c'est assavoir, que la prescience de Dieu voit et congnoist certainement et determineement les choses qui n'ont point de certain advenement, car elle excede et trespasse incomparablement toute raison humaine; ne celle prescience n'est pas opinion, mais c'est la simplicité et purté de souveraine et incomprehensible science qui n'est enclose ne contenue par aucuns termes, c'est assavoir de fin et de commencement.

Mètre v

Cy Philosophie nous exhorte a la consideracion et contemplacion de la divine sapience par ce que nous sommez composés de droicte stature et de face[17] eslevee vers le ciel.

  Certes bien doit Dieu contempler
  Cil qui veult vray homme sembler,
  S'il veult bien regarder l'image
  Et la façon de son courage.   4
  Les bestes selon leur nature
  Sont moult de diverse figure:
  L'une sur terre bas se rue
  Et va traynant toute estendue,   8
  Et, quant son corps remue ou tourne,
  Apréz soy la pouldre retourne;
  Les autrez ont legieres aelles
  Dont nagent en l'air come ynelles   12
  Et volent en batant le vent,
  Dont long chemin parfont briefment;
  Les autres pour leur vie querre
  S'esjouÿssent d'aler sur terre   16
  Et du pié fierent sur la place

---

[16] Leçon rejetée: submisa.
[17] Leçon rejetée: sace.

Si que souvent y pert leur trace;
L'une au champs vit, l'autre au boscage,
Et l'autre se tient au rivage;   20
Et combien que portent ces bestes
Diverses façons magnifestes,
Leurs testes d'orbes sens greveez
Ont toutes vers terre enclineez. [69ᵛ]   24
Maiz li homs a haulte figure,
Droit corps, esleve par nature
La teste amont, dont le ciel voit,
Et dessus terre va tout droit.   28
Pour quoy sa façon le fait sage,
Qu'ainsi que son front et visage
N'est point envers terre agravé
Maiz hault vers le ciel eslevé,   32
Ainsi le courage dedens
Soit conforme avec tous ses sens,
Et hault par contemplacion
Face au ciel habitacion,   36
Car c'est chose desordonnee,
S'en corps droit a courbe pensee.

Prose 6

1. **P**uis doncquez, ainsi qu'il a esté monstré ung pou cy devant que toute chose qui est sceue n'est pas sceue par sa propre nature, maiz par la nature de ceulx qui la scaivent ou congnoissent, regardons maintenant et considerons, en tant qu'il est licite et a nous possible, de quelle nature est la substance divine, affin que nous puissons aussi congnoistre quelle est sa science et congnoissance. 2. Or est le commun jugement de toute creature raisonnable que Dieu est eternel. 3. Considerons donc quelle chose est eternité; et icelle congneue, elle nous magnifestera et la divine nature et la divine science. 4. Eternité donc est parfaicte possession de vie interminable tout ensemble sans aucune succession. Et ce tu pourras plus clerement entendre en faisant compareson d'elle et de succession temporelle. 5. Car toute chose qui vit en temps est presente, passee, ou advenir, et ne peult ensemble comprendre toute l'espace de sa vie, car elle ne tient pas encores le temps de demain, et elle a ja perdu celui de hyer; et ainsi en sa vie n'y a seullement que ce transitore et mouvable moment de temps present. 6. Et supposé qu'il fust ainsi que le monde n'eust

oncquez eu commencement ne jamaiz fin, si comment Aristote tint, et que sa duracion feust estendue avec l'infinité du temps, pourtant ne seroit il pas eternel. 7. Car il ne comprendroit pas tout ensemble l'espace de sa duracion, [70ʳ] ja soit ce qu'elle feust infinie, et n'a pas encore le temps advenir, et si n'a plus riens du temps passé. 8. Maiz la chose qui comprend et tient tout ensemble la plenitude de vie interminable, a laquelle du temps advenir riens ne lui deffault, ne du temps passé riens n'est decouru, doit par raison estre dicte eternelle; et convient qu'elle ait tousjours presente l'infinité du temps muable.

9. Dont aucuns ont esté deceus, lesquelz, quant ilz ont ouÿ qu'il sembla a Platon que le monde feust sans commencement et sans fin, ont dit que par celle opinion le monde seroit eternel comment son faiseur. 10. Maiz il y a grant difference entre duree par succession de temps infini et interminable que Platon actribuoit au monde, et comprendre et embracher tout ensemble, sans preterit ne futur, la presence de vie interminable, laquelle chose est propre a la pensee divine. 11. Ne Dieu ne doit pas sembler plus ancien des choses faictes par quantité ou mesure de temps, maiz par la p[ro]prieté de sa simple nature. 12. Or est il ainsi que le temps par son mouvement infini s'efforce en tant qu'il peult d'ensuir et ressembler a icelle eternité, maiz il deffault a actaindre son immobilité, car il demeure tousjours muable. Et comme il ne puisse parvenir a comprendre tout ensemble la duracion de sa vie, toutesvoyes, pour ce qu'il ne delaisse jamaiz a estre, il se lye et conjoinct a telle presence qu'il peult avoir d'un petit et legier moment de temps present, lequel, pour ce qu'il porte aucunement l'ymage et semblance d'icelle presence eternelle et parmanente, il semble qu'il donne aux choses temporelles qu'ilz ayent estre. 13. Et pour ce que ce moment de present ne peult avoir parmanence, il se meult par perpetuelle succession de temps, en continuant ainsi sa duracion de vie, laquelle il ne peult tout ensemble avoir ne possider. 14. Et ainsi, se en ensuivant l'opinion de Platon nous voulons imposer aux choses noms propres, disons que Dieu est eternel, et que le monde est perpetuel.

15. Puis doncquez que tout jugement et congnoissance comprend les choses selon sa propre nature, et non pas selon la nature des choses congneues, et Dieu en sa nature et essence a tousjours son estat eternel et present, et aussi sa science excedante tout mouvement de temps, demourant tousjours presente, comprend et enclot

ensemble toutes les espaces des temps preteris et futurs, et regarde et congnoist par ung simple [70ᵛ] regard toutes choses passees et advenir ainsi comment se ilz estoient presentement faictes. 16. Ainsi se tu veulx contempler la prescience par laquelle il congnoist toutes choses, tu ne jugeras pas qu'elle doye estre appellee prescience comment science de chose advenir, mais la nommeras science de chose toujours presente. 17. Doncquez ne doit point estre elle dicte previdence, maiz providence, pour ce qu'elle voit et regarde de loing, c'est assavoir du tres hault de son siege, toutes choses qui sont faictes d'ycy em bas. 18. Pourquoy doncquez veulx tu arguer que les choses que Dieu voit et scait sont faictes par neccessité, comme il soit ainsi que le regard des hommes ne face pas estre neccessaires les choses qu'ilz veoient advenir presentement? 19. Mais les choses que tu vois presentement, ton regard ne leur donne aucune neccessité.[18] 20. Car se nous pouons faire digne compareson de la congnoissance divine a science humaine, nous dirons que tout ainsi comment les hommes veoient et congnoissent ce qui leur est present, aussi Dieu voit toutes choses en son eternelle presence. 21. Il s'ensuit donc que la divine science ne donne point neccessité ou contrainte de advenir aux choses qu'elle congnoist; et ainsi elle ne change ne mue aucunement la nature et proprieté des choses congneues, maiz les voit telles au regard de lui presentes, comment ilz advendront au regard de vous par aprez eu temps advenir. 22. Ne telle congnoissance ne confond point la proprieté des choses; ainçois par ung seul regard de pensee congnoist tant les choses qui par neccessité advendront, comment celles qui n'advendront point neccessairement. Ainsi comment, quant vous voiés tout ensemble le soleil lever eu ciel et ung homme cheminer en la terre, vous en discernés bien et jugez que l'un vient par neccessité et l'autre vient par voulenté; nostre regard donc ne mue de riens leur nature. 23. Semblablement le divin regard ne mue point la qualité des choses, lesquelles au regard de lui sont presentes, et par condicion et au regard du temps sont a advenir. 24. Dont il s'ensuit que, quant Dieu scait certainement que aucune chose advendra, il scait aussi se celle mesme chose est en sa nature deslyee de neccessité

---

[18] Dans le manuscrit les phrases §19 et §20 sont interverties. Nous avons rétabli l'ordre qui correspond au texte latin. En plus, le traducteur a fait de la question de §19, qui est accompagnée de la réponse 'Minime', une déclaration. Bieler a fait remarquer que les éditeurs ont l'habitude d'attribuer cette réponse à Boèce, mais que Philosophie semble répondre à sa propre question (p. 102). Dans le *Livre de Boece de Consolacion*, le traducteur a attribué à Philosophie la réponse: 'Certes tu diras que non' (p. 271, ll. 154–55).

ou se elle est neccessaire; ne pourtant n'est ce pas opinion, mais c'est veritable congnoissance.

25. Maiz se tu dis que ce que Dieu scait [71ʳ] qu'il advendra, ne peult non advenir, et ce qui ne peult non advenir par neccessité advendra, ainsi toutes choses par neccessité advendront, a cestuy argument je bailleray solucion de tres ferme verité; maiz a paine est il aucun, s'il n'est eslevé par haulte speculacion de la divinité qui suffisanment l'ait solu. 26. Je te respons donc que une chose qui est a advenir, quant elle est rapportee ou consideree au regard de la divine science, elle est neccessaire. Et celle chose mesme, quant elle est consideree au regard de sa propre nature, elle est franche et deslyee de toute neccessité. 27. Maiz il est deux neccessitéz: l'une est simple et absolute, comment qu'il est neccessité que tous hommes soient mortelz; l'autre neccessité est condicionnelle, comment se tu scais ung homme cheminer, il est neccessité que il chemine. 28. Car tout ce qui est sceu, ne peult autrement estre qu'il est sceu. A la simple, sa propre nature donne neccessité. 29. Et a la condicionnelle, l'adjunction de la condicion la fait neccessaire, et non pas sa propre nature; car nulle neccessité ne contraint d'aler cellui qui va par sa propre voulenté, ja soit ce que, lors quant il va, il convient par neccessité qu'il aille. 30. Par semblable maniere, se la providence de Dieu voit aucune chose estre presente, il fault par neccessité que celle chose soit, posé ores que de sa nature elle n'ait aucune neccessité d'estre. 31. Et icelles choses futures, lesquelles advendront par franchise de voulenté, Dieu les regarde toutes presentes. Il s'ensuit donc que ces choses, rapportees au divin regard, sont neccessaires par condicion de la divine science; maiz se ilz sont considerees par elles, ilz sont deslyees de toute neccessité et ne perdent point la franchise de leur nature. 32. Doncquez sans quelque doubte advendront toutes choses que Dieu prevoit estre advenir, maiz les aucunes viennent par franche voulenté, lesquelles quant ilz adviennent ne perdent point pourtant leur propre nature, par laquelle, avant qu'ilz advenissent, ilz avoient aussi pouair de non advenir.

33. Maiz comment il est a dire que celles ne soient point neccessaires par leur propre nature, et si adviennent par neccessité par la condicion de la science divine, 34. il est ainsi a dire comment de ce que nagaires cy devant a esté proposé du solail levant et de l'omme cheminant, lesquellez chosez pour lors qu'ilz sont faictez,

elles ne peuent non estre faictes; [71ᵛ] toutesvoyes l'une d'eux, avant qu'elle feust faicte, convenoit que neccessairement feust faicte, et l'autre non. 35. Tout ainsi est il que les choses lesquellez Dieu voit en present advendront, mais les aucunes seront par la neccessité des choses, comment le soleil lever, et les autres par la voulenté des faiseurs, comment l'omme cheminer. 36. On peult donc dire par juste cause que, se ces choses sont rapportees au regard de la science divine, qu'ilz sont neccessaires, et se elles sont considerees par eulx et en leur nature, elles sont deslyees de toute neccessité. Ainsi comment tout ce qui est congneu par les sens, s'il est rapporté a raison, il est universel, maiz, se il est rapporté et consideré en soy mesmez, il est singulier.

37. Maiz tu pourroyes dire: s'il demeure en ma puissance de changer et müer mon propos a ma voulenté, je pourroye donc empescher et aneantir providence divine, car par advanture je feray autrement ou tout le contraire de ce qu'elle auroit preveu. 38. Je te respons que ton propos tu peulx changer et müer selon ton plaisir et voulenté, maiz pour ce que la verité de providence voit et regarde toute ta mutacion presente et que tu peulx ton propos müer a ta voulenté, et aussi se tu le müeras, et en quelle partie tu le convertiras, tu ne la pourroyes müer ne icelle eschiver, ainsi comment tu ne pourroyes eschiver ou fouÿr le regard de l'œul qui te verroit en sa presence, combien que devant lui tu feïssez par ta propre et franche voulenté diverses actions. 39. Diras tu doncquez que par la mutacion de ton propos, comment se tu veulx maintenant une chose et maintenant une autre, que la science divine sera muee une foys a congnoistre l'un et autrefoys le contraire? 40. Certes non sera, car le regard de Dieu adevance toutes choses advenir, et les rappelle et fait retourner a la presence de sa propre congnoissance, laquelle n'est pas muable comment tu cuydoies a congnoistre ores une chose et ores une autre, maiz elle previent, comprend, et embrache ensemble par ung seul coup de regard toutes les mutacions comme presentes. 41. Car celle presence de veoir et comprendre toutes choses advenir ne lui vient ou procede pas de l'advenement d'icelles choses advenir, mais de sa propre simple nature et essence. [72ʳ] 42. Et par ce peult estre solu ce que cy devant tu avoyes dit estre indigne, c'est assavoir que les choses advenir feussent causes de la prescience de Dieu.[19]

---

[19] Voir V, 3, 22–28.

43. Ainçois icelle divine providence, qui toutes choses advenir comprend et embrache tout ensemble par presente congnoissance, leur donne et establist mesure, terme, et maniere sans avoir ne recevoir aucune chose d'icelles.

44. Comme doncquez les choses dessusdictez soient vrayes, c'est assavoir que la divine providence ne contraint point par neccessité les choses qui deppendent de franche voulenté, il s'ensuyt que liberal arbitre demeure entier aux hommes mortelz, ne les loys ne sont pas mauvaises qui proposent aux bons loyers et aux mauvais paines, puisque les voulentés humainez sont deslyees et delivres de toute neccessité. 45. Il demeure aussi que Dieu, regardant et precongnoissant de lassus toutes choses advenir en son eternelle, immuable et tousjours presente vision, prevoit tellement tous nos faiz et euvres ensemble, comment eu temps advenir selon leur qualité et propre nature successivement ilz advendront, dispensant et ordonnant aux bons loyers et paines aux mauvaiz. 46. Ne aussi ne seront pas en vain mises en Dieu esperances et prieres, lesquellez, s'ilz sont justes et droictes, ne peuent estre ne demourer sans efficace et valeur. 47. Desprisés doncquez et eschivéz les vices et contre iceulx batailléz vertueusement, honnoréz et ensuyvés les vertus, eslevés vostre courage en hault vers Dieu par esperances droictes et humbles prieres; 48. car se vous ne voulés dissimuler, vous avés grant cause et matiere, et mesme neccessité vous est imposee, de bien faire et de mal laisser, come il soit ainsi que toutes vos euvres et pensees soient faictes en la presence et devant les yeulx de Dieu, vostre juge, voyant et congnoissant toutes choses, qui viuit et regnat in trinitate perfecta in secula seculorum. Amen.[20]

Explicit.

> Celluy qui bien estudieroit
> De ce livre cy la substance,
> Fortune point ne priseroit [72ᵛ]
> N'en elle n'auroit esperance;   4
> Quant de biens mondains habonderoit,
> Tousjours il vivroit en doubtance,
> Et quant souffreteux en seroit

---

[20] Le copiste a écrit dans la marge de droite la dernière phrase du texte latin.

Livre V, 6–Explicit

Point ne lairoit perseverance. 8
Son ceur en Dieu reposeroit,
En qui ne peut estre muance,
Et tousjours en lui trouveroit
Planté de biens et habondance, 12
Ainsi que mestier en auroit,
Selon la divine ordonnance.
Car en Dieu servant gaigneroit
En ce monde sa suffisance; 16
Puis sans fin l'inthroniseroit
En l'eternel glore et vaillance,
Laquelle nous doint et octroyt
Par sa bonté, grace, et plaisance, 20
Cellui qu'en vraye obeïssance
Tout bon ceur sert, craint, aime et croit.
Amen.[21]

---

[21] On lit en bas de la page les mots suivants, écrits d'une main plus récente: 'Fin des 5 livres de la Consolation de la Philosophie de Boëce'.

ANNEXE 1

Table du Nombre Total de Vers dans les Mètres

Texte latin		Böece de Confort	Böece de Confort remanié
Livre I			
i	22	64	28[1]
ii	27	47[2]	46
iii	10	16	16
iv	18	32	32
v	48	88	88
vi	22	40	40
vii	31	64	64
	178	351	314
Livre II			
i	9	26	26
ii	20	10	18
iii	18	30	30
iv	22	34	34
v	30	72	56
vi	17	56	34
vii	26	158	60
viii	30	54	-
	172	440	258
Livre III			
i	13	20	-
ii	38	63	-
iii	6	14	-
iv	8	22	-
v	10	20	20
vi	9	30	28
vii	6	14	14
viii	22	58	48
ix	28	78	76

---

[1] Il manque la traduction des vers 1–12 du texte latin; voir l'Annexe 2.

[2] Il manque un vers à la fin du livre I, m. ii, numéroté d'ailleurs v. 388, que nous ne comptons pas.

ANNEXE 1

x	18	46	46
xi	16	38	36
xii	58	184	184
	232	587	452

Livre IV

i	30	70	15
ii	10	34	32
iii	39	76	70
iv	12	36	36
v	22	64	58
vi	48	92	88
vii	35	530	498
	196	902	797

Livre V

i	12	36	36
ii	14	22	24
iii	31	64	68
iv	40	94	90
v	15	38	38
	112	254	256

TOTAL

890	2534	2077

ANNEXE 2

Le Texte du *Böece de Confort*, vv. 157–193
(livre I, m. i)[1]

Chançons jadis souloie faire
Quant l'estude estoit en ses flours.
Las, or sui contrains au contraire
De plaindre mes tristes dolours.   160
Encor m'y vousissent actraire
Pöetries par leurs douçours,
Mais misere m'en fait retraire
Et faire mectres de vrais plours.   164
Au mains m'ont tenu compaignie
En ma doulour et ma destrece
Ces scïences de pöetrie
Qu'apris en ma verde jeunece;   168
Pour paour ne merancolie
Ne m'ont laissie, ains ma foiblece
M'ont conforté et fait aÿe
A ma maleuree vieillece.   172
Je suy or viellars par semblance,
Ma vieillece s'est moult hastee;
Elle m'a souspris en m'enfance;
N'a pas actendu sa journee.   176
Tristour, doulour et desplaisance
La vieillece m'ont amenee.
Folz est cilz qui met sa fiance
En chose si tost transmuee.   180
Ma teste, qui fu aournee
De cheveux blondez et menus,
Est maintenant demy pelee
Et les cheveux sont tous chenus.   184
Ma pel, tendant et saoulee
Quant lors estoie aise tenus,
Est orendroit voide et ridee
Devant que li temps soit venus.   188
On devroit moult la mort prisier:

---
[1] Ed. M. Noest, pp. 7–8.

Se propriëté tele avoit
Que, quant uns homs si bien aisier
A sa volenté se pourroit, 192
Elle le souffrist soulagier; […]

Le Texte du *Böece de Confort*, vv. 6725-6776 (livre IV, m. i)[2]

Je te donray deux pennes belles,
Force et prudence, par lesquelles
Voler pourras legierement
Par dessus le hault firmament. 6728
Se prendre le veult ta pensee
Quant elle sera hault volee,
La terre elle despitera
Et tout le ciel seurmontera 6732
Et par hault isnel mouvement
Derriere son dos belement
Du feu et les nues verra;
Et si hault se transportera 6736
Tant que passera les planetes
Et du soleil les voies nettes,
Puis volera hault d'une part
Vers Saturne, le froit vieillart, 6740
Et en volant et contemplant
Par son grant labour fera tant
Que par chevalereux harnages
Verra li reluisans visages 6744
De l'estoille de Deïté
Ou est plaine felicité;
Puis en volant descendera
Et le cercle regardera 6748
Du ciel ou pluseurs paintes sont

---

[2] Ed. M. Noest, pp. 195-96.

Estoilles, qu'en nuyt cleres sont;
Et quant aura par tout volé
Et puis l'un, puis l'autre escolé, 6752
Quant avisee bien sera,
Le dos au bas ciel tournera;
Ciel et tout laissera derriere
Pour la reverente lumiere 6756
Qui sur tous autres est assise
D'infinité clarté esprise.
Lors d'un tres embrazé desir
Et en tres desireux plaisir 6760
Joieuse dira en tel guise:
 - Vez cy dont toute honneur est prise,
Vez cy le ceptre et royal siege
De celui qui par previlege 6764
Le char isnel du ciel gouverne
Et le monde trempe et discerne,
Resplendissant cler et serain,
De tout le vray roy souverain. 6768
 - Ta penseë ore endormie
Par voler, ainsy esveillie
Sera par contemplacion.
Lors en grant consolacion 6772
Et dira: 'Or ay remembrance
De ce qu'avoie en oubliance
Mis pour m'engoisseuse tristeur;
Orendroit cognois mon seigneur, […] 6776

ANNEXE 3

Concordances des Gloses du *Böece de Confort remanié* et des *Glosae super Boetium* de Guillaume de Conches
(éd. L. Nauta, Turnhout: Brepols, 1999)

BdCr		GSB
		(Les chiffres se rapportent aux lignes)
Livre	I, 1, 1, n. 2	34–44
	I, 1, 6, n. 4	376–396
	I, iii, 12, n. 7	29–38
	I, 5, 2, n. 15	cf. 7–37[1]
Livre	III, xii, 9, n. 9	40–50
	III, xii, 14, n. 10[2]	50–85, 201–02
	III, xii, 30, n. 11	100–111
	III, xii, 57, n. 14	207–238
	III, xii, 68, n. 15	239–252
	III, xii, 81, n. 19	259–301
	III, xii, 94, n. 20[3]	302–315

---

[1] Le contexte est moins précis que dans les autres exemples. *Le Livre de Boece de Consolacion*, dont les gloses dérivent de la tradition conchienne, a presque la même glose: 'Note que le païs de chascun est la transquillité et la paix de sa pensee que l'en pert par la pesanteur de la char et et par les cures et par les turbacions des choses terriennes et temporelles' (éd. Cropp, p. 110, ll. 10–12).

[2] Voir l'Annexe 4.

[3] Les gloses du *Böece de Confort remanié* ont été publiées dans L' *"Orphée"de Boèce au Moyen Age. Traductions françaises et commentaires latins (XIIe-XVe siècles)*, éd. J. Keith Atkinson et Anna Maria Babbi, Medioevi, Testi 2 (Verona: Edizioni Fiorini, 2000), pp. 119–124. En plus, deux versions du commentaire de Guillaume de Conches sont éditées: celle du XIIe siècle et la révision du XIIIe siècle (pp. 143–179).

ANNEXE 4

Livre III, mètre xii – la Glose accompagnant v. 14, note 10.
Commentaire latin et tentative d'explication

Cette glose se base sur l'integumentum de la révision du XIIIe siècle du commentaire de Guillaume de Conches.[1] Quelques éléments particuliers de cette glose créent une correspondance à la révision plutôt qu'au commentaire du XIIe siècle de Guillaume de Conches; par exemple:

• la vertu d'Aristeus est dite 'divine';

• le mot 'conjoincte' est accompagné des adverbes 'naturellement et inseparablement', traduisant 'naturaliter et inseparabiliter', adverbes qui font défaut dans le commentaire du XIIe siècle;

• la désignation des seigneurs infernaux comme 'temporalium bonorum possessores' appartient à la révision.

Nous reproduisons ici des extraits de la révision qui correspondent à la glose française.

Texte de la révision du commentaire

Exponitur autem sic: ORPHEUS ponitur pro quolibet sapiente et eloquente. Vnde Orpheus dicitur quasi oreaphone, id est bona uox, et bene dixi quod ponitur pro sapiente et eloquente. Istius est coniunx Euridicen, id est naturalis concupiscentia, que unicuique naturaliter et inseparabiliter quamdiu uiuit coniuncta est. [...] Data enim est naturalis concupiscentia ad appetendum bonum. HEC AB ARISTO ADAMATVR HEC DVM PER PRATA VAGATVR. Aristeus quidem iste interpretatur uirtus diuina; ares enim uirtus; unde ariopagus uirtutis uilla; theos uero deus. Et dicitur uirtus diuina, quia in se habet uis diuinum. Huic pastoris officium ascribitur, quia sicut pastoris est greges congregare, ita uirtutis est bonos sermones, bonas operationes congregare. ISTE ARISTEUS PASTOR, id est uirtus, HANC EVRIDICEN id est naturalem cupidatatem, VAGANTEM

---

[1] Ed. Atkinson et Babbi, L' "Orphée" de Boèce, pp. 169-179 (pp. 170-71, 178-79). Voir aussi le commentaire du XIIe siècle de Guillaume de Conches (pp. 151-167).

PER PRATA id est per terrena, que recte dicuntur prata, quia modo uirent modo exsiccantur uel sunt arida sicut prata, ADAMANS CONSEQVITUR, quia semper uirtus naturalem concupiscentiam a terrenis extrahere nititur. SED FVGIT EVRIDICE ARISTEVM quia naturalis concupiscencia uirtuti contradicit, quia appetit propriam uoluntatem, cui uirtus contradicit et fugiens tangendo serpentem moritur. [...] Mortua ergo est concupiscencia naturalis per uenenum delectationis boni temporalis.

SED AD INFEROS TRAHITVR id est ad temporalia relictis celestibus penitus ducitur. Sed cum cuncta modulationibus suis uincat, dolorem de amissa coniuge non uincit. Quamuis enim sapiens eloquencia et sapientia sua uicia aliorum uincat, tamen concupiscenciam suam a terrenis non potest auferre. Tunc iste Orpheus dolorem suum non potens sedare, ad inferos descendit cum lira sua, ut inde uxorem suam extrahat, id est iste sapiens uxoris sue morte commotus, AD INFEROS id est ad temporalia per commotionem descendit, ut uisa eorum fragilitate VXOREM id est concupiscenciam, inde extrahat. VMBRARVM DOMINOS DEMVLCET id est temporalium bonorum possessores. Tandem post diu cantauit, id est sapienciam et eloquenciam sibi diu exercuit, VXOREM RECEPIT id est concupiscenciam a terrenis extrahit, HAC LEGE VT EAM PERDAT SI RETRO ASPICIAT id est si iterum ad temporalia se reflectat. (ll. 47–92)

NVNC TANDEM ETC. Hic ostendit quid fecit Orpheus in inferis, id est sapiens in terrenis. [...] Certe inde lucratur coniugem, id est retrahit concupiscenciam suam a terrenis et superat omnia temporalia. [...] Iste iudex [Radamantus] fatetur se uinci ab Orpheo quia ex uerbis et carminibus Orphei, id est sapientis, iudicat sapientiam omnia bona temporalia superare et pronunciat sic.

[...] SED LEX DONA ETC. Quasi diceret: Orpheo datur et redditur naturalis concupiscencia extracta a terrenis sed ei redditur tali lege QVOD SI RETRO ASPICIAT id est si retro concupiscenciam ponat in terrenis quod eam amittat. [...] QVIS LEGEM ETC.? Et subdit quasi solutionem bene potuit istis dari lex ista uel coactio. Et bene obseruabunt legem illam sed non propter coactionem sed propter amorem; maior enim lex amor est quam coactio: coactio aufert aperte peccare sed peccandi uoluntatem non, sed amor aufert utrumque.

HEV PROPE TERMINOS NOCTIS id est cum prope esset intentio extracta a terrenis Orpheus VIDIT EVRIDICEN SVAM id est retro aspiciendo retulit intentionem ad terrena, ET EAM AMISIT id est cecidit de summo rationis ad yma temporalium uel terrenorum. (ll. 320-350)

Explication du texte de la traduction française (voir supra, pp. 98-99)

En omettant certains détails et en condensant certaines explications, le glossateur a parfois obscurci le sens, que nous essayons ici d'élucider un peu. En ce qui concerne la syntaxe, toutes les phrases ne sont pas complètes. A part la ponctuation et l'emploi des majuscules, nous n'avons pas modifié la leçon du manuscrit.

Eurydice signifie 'Naturelle Concupiscence, ou Desir de Bien', c'est-à-dire désir des biens temporels. Le glossateur désigne les personnages d'abord par leur nom, et ensuite par la qualité abstraite qu'ils représentent: 'Vertu', 'Desir Naturel de Bien'. Par conséquent, le pronom personnel qui se rapporte à Eurydice peut être au masculin ou au féminin. Apercevant chez Eurydice le désir des biens temporels, Aristée veut l'enlever à cet amour des choses de ce monde ('leur amour'). Elle s'enfuit. Au début de la phrase le pronom 'Il' représente Eurydice en tant que 'Desir Naturel', mais à la fin le pronom 'elle' nous rappelle sa mortalité humaine.

Orphée veut retirer des enfers 'son Desir', Eurydice, qui est désignée dans le commentaire latin par 'uxorem suam', c'est-à-dire son épouse. L'allusion faite aux biens mondains suscite une glose supplémentaire, reportant le lecteur à la discussion antérieure (livre II, pr. 5–m.vii; livre III, pr. 1–m. vii). L'alternance de 'doulceur de prieres' et de 'force' anticipe peut-être la fin du commentaire latin appartenant aux vers 47-48 du texte latin, où la loi de l'amour est jugée l'emporter sur la force, 'coactio'. Par sa sagesse, Orphée peut libérer Eurydice de l'amour des biens mondains et la retirer des enfers, mais à condition qu'il n'y ait pas de récidive.

La condition traditionnellement imposée à Orphée, à savoir qu'il ne doit pas se retourner pour voir Eurydice qui le suit en sortant de l'enfer, fait défaut ici, le traducteur se concentrant plutôt sur l'explication: 'id est si iterum ad temporalia se reflectat', avec recours au verbe 'rebouter', 'faire reculer, repousser'. Il est difficile de préciser dans le contexte le sens de ce verbe, si ce n'est qu'une reprise du désir des biens mondains est à rejeter, à éviter, au prix de perdre pour toujours Eurydice.

Les cinq gloses qui suivent sont assez brèves. A partir du vers 94, qui introduit le cas de Tantalus, il n'y a plus de gloses. Inutile de spéculer sur les raisons possibles.

ANNEXE 5

Table des sources citées

Aristote

De Caelo II, 1, 283b-284b   V, 6, 6
Fragmenta 59   III, 8, 10
Physique II, 195b-196b   V, 1, 12

Cicéron

De Diuinatione II, 8, 20-21   V, 4, 1
De Re publica VI, 20-22   II, 7, 8

Euripide

Andromache 319   III, 6, 1[1]
Andromache 420   III, 7, 6

Homère

L'Iliade II, 204-05   I, 5, 4
          III, 277   V, ii, 1
          XII, 176   IV, 6, 53[2]
L'Odyssée XI, 90-150   V, 3, 25-26

Lucain

Pharsalia I, 128   IV, 6, 33

Platon

Gorgias 466b-481b   IV, 2, 45
cf. *Phaedo* 72e-76c   III, xi, 33-36
La République V, xviii, 473D   I, 4, 5
          VI, li, 485C   I, 4, 24
          II, xviii, 379   I, 4, 30

---

[1] Sur la confusion perpétuée par les traducteurs et par les auteurs de commentaires, voir *Le Livre de Boece de Consolacion*, p. 303.

[2] Traduit ici approximativement, le vers est cité en grec dans le texte latin. Voir *Del Confortement de Philosofie* (éd. Bolton-Hall), p. 155, ll. 236-37; *Le Livre de Boece de Consolacion*, pp. 320-21.

Sophiste 244e   III, 12, 37
Timée 27c   III, 9, 32
    29b   III, 12, 38
    28 et seq.   V, 6, 9–10
    37d et seq.   V, 6, 14

Pythagore

    Précepte ancien attribué à
Pythagore, mais figurant dans
plusieurs écoles de philosophie   I, 4, 38

Les références se rapportent aux éditions normales, surtout de la Loeb Classical Library. Leurs sources n'ayant pas été citées, les mètres mythologiques ne figurent pas dans cette table.

TABLE DES NOMS PROPRES

Cette table identifie les noms propres relevés dans le texte. Pour chaque nom on a la forme de la première occurrence ou de celle employée le plus fréquemment. Les chiffres se rapportent aux livres, aux sections des proses et aux vers des mètres. Les gloses sont identifiées par des références aux notes. Les multiples occurrences de *Boece, Dieu, Fortune, Philosophie, Rome*, ne sont pas toutes enregistrées, mais celles d'un intérêt particulier sont spécifiées.

Abréviations: gl. – glose; rub.– rubrique.

Achelons, IV, vii, 230, 231, 241, 257; dieu du fleuve Achéloüs, qui combattit avec Hercule pour gagner Deïanira; vaincu, il se transforma en taureau; en le revainquant, Hercule lui enleva une corne.

Affrique, III, xii, 57, gl. note 14; l'Afrique (cf. **Aufrique**).

Agamenon, IV, vii, 15, 23, 43, 53; Agamemnon, chef des Grecs qui assiégèrent Troie. Il sacrifia sa fille, Iphigénie, pour apaiser la déesse Artémis/Diane et pour faire revenir le vent à sa flotte abritée devant Aulide.

Alcipiades, III, 8, 10; Alcibiade (vers 450–404 av. J.-C.), général athénien réputé pour sa beauté et souvent tenu pour femme.

Aletho, III, xii, 68, gl. note 15; Alecto, une des Erinyes, déesses de la vengeance, à qui les Romains donnèrent le nom de Furies.

Anaxagoras, I, 3, 9; Anaxagoras (vers 500–428 av. J.-C.), philosophe grec, de l'école ionienne.

Antheüs, IV, vii, 323; Antée, géant, fils de Poséidon et de Gaia, qui reprenait force chaque fois qu'il touchait la terre, dont il était issu. Hercule l'étouffa en le maintenant en l'air.

Aristeus, III, xii, 9, gl. note 9, 14, gl. note 10; Aristée, amant d'Eurydice.

Aristote, III, 8, 10; V, 1, 12; V, 6, 6; Aristote (384–322 av. J.-C.), philosophe grec, fondateur de l'école péripatéticienne.

Arménie, V, i, 5; l'Arménie.

Arpes, IV, vii, 136, 137, 141; les Harpies, mi-femmes, mi-oiseaux, pourvoyeuses des Enfers.

Arturus, I, v, 45; IV, v, 3; Arcturus, étoile principale de l'Ourse mineure (Arctophylax), qui a prêté son nom à la constellation tout entière.

Asie, III, xii, 57, gl. note 14; l'Asie.

Table des Noms Propres

Asillus, III, x, 19; personnification erronée du latin *asylum*, 'refuge, asile' (voir *Böece de Confort*, p. 329).

Athenes, I, 5, 4; V, iv, 5; Athènes, capitale de l'Attique et la ville la plus importante de la Grèce ancienne.

Athlas, IV, vii, 154, 455, 463; Atlas, Titan révolté contre les dieux, condamné par Zeus à soutenir sur ses épaules la voûte du ciel.

Atrides, IV, vii, 24; nom d'Agamemnon, fils d'Atreus.

Aubin, I, 4, 14, 32; Albin, consul de Rome, accusé de trahison par Cyprien et défendu par Boèce.

Auffricans, II, 6, 11; les Africains

Aufrique, IV, iii, 20; l'Afrique

Basille, I, 4, 16; Basile, Romain de la cour du roi Théodoric; accusateur de Boèce.

Boece, I, 1, rub.; I, 5, rub.; I, 6, rub.; II, 4, 3; Anicius Manlius Severinus Boethius (vers 480-525), philosophe, sénateur romain, ministre du roi Théodoric, auteur et interlocuteur de la *Consolatio Philosophiae*.

Böectes, IV, v, 7; Boötes, constellation de la Petite Ourse.

Brutus, II, vii, 24, 36; Lucius Junius Brutus, principal auteur de la révolution qui expulsa de Rome les Tarquins et institua la république (509 av. J.-C.); consul, il condamna ses fils qui avaient conspiré pour rétablir la royauté.

Bursidus, II, 6, 10; Busiris, roi légendaire d'Egypte, qui faisait périr sur l'autel tous les étrangers.

Cacus, IV, vii, 379, 396, 400, 406, 412, 423; Cacus, brigand qui vivait sur l'Aventin. Il déroba à Hercule les bœufs de Géryon en les faisant sortir à reculons. Hercule déjoua la ruse et le tua.

Calioppe, III, xii, 45; Calliope, muse de la poésie épique et de l'éloquence, représentée dans l'art avec une tablette et un style.

Cancassus, II, 7, 8; le Caucase, chaîne de montagnes s'étendant entre la mer Noire et la mer Caspienne.

Cancre, I, vi, 1; le Cancer, constellation zodiacale; quatrième signe du zodiaque, dans lequel le soleil entre au solstice d'été.

Canions, Canius, I, 3, 9; I, 4, 27; Julius Canius, philosophe stoïcien, condamné à mort par l'empereur Caligula (40 apr. J.-C.).

Cathon, II, vii, 28, 36; Marcus Porcius Cato (234-149 av. J.-C.), homme d'état romain, élu censeur en 184 av. J.-C.

Cathon, IV, 6, 33; Marcus Porcius Cato (95–46 av. J.-C.), militaire et homme d'état romain; célèbre pour sa morale stoïcienne.

Centaures, III, xii, 81, gl. note 19; IV, vii, 99; les Centaures, monstres fabuleux, moitié hommes, moitié chevaux, exterminés par les Lapithes. On leur attribue Ixion comme père.

Cerberus, III, xii, 57 et gl. note 14; IV, vii, 179, 190, 199; Cerbère, chien monstrueux à trois têtes, gardien des Enfers, dompté par Hercule.

Cesar, Julius, IV, 6, 33; Jules César, Caius Julius Caesar (vers 100–44 av. J.-C.), homme d'état, général et dictateur romain.

Circés, IV, iii, 7; Circé, fille du Soleil et de la nymphe Persa; magicienne qui fit boire aux compagnons d'Ulysse une liqueur enchantée qui les transforma en pourceaux.

Coribans (les), IV, v, 24; traduction erronée du mot "Cori", de *Corus*, 'vent du nord-ouest' (voir *Böece de Confort*, p. 329).

Createur, I, v, 1; I, 5, 10; I, 6, 4; II, 5, 26; Dieu, le Créateur.

Cresus, II, 2, 11; Crésus, dernier roi de Lydie (vers 560–546 av. J.-C.), très riche, vaincu par Cyrus.

Cyprien, I, 4, 14; Cyprien, noble romain, ministre à la cour du roi Théodoric, accusateur d'Albin et de Boèce.

Dedalus, III, 12, 30; Dédale, personnage mythique qui a fait construire le labyrinthe de Cnossos.

Dieu, I, 4, 8, 29, 30, 31, 38, 39, 46; I, 5, 4, 5; I, vi, 25; I, 6, 4, 7, 11, 19; III, 12, 8, 13, 17, 23, 24, 26, 28, 31, 32, 33, 34, 36; V, 1, 8, 9; V, ii, rub.; V, 3, 14, 16, 17, 22, 23, 24, 32; V, 4, 23; V, 5, 12; V, 6, 2, 11, 14, 15, 18, 42, 45, 46, 47, 48; Dieu.

Dyane, IV, vii, 41; Diane, déesse romaine de la chasse et de la nature sauvage; patronne de la chasteté, chasseresse vierge. Elle était identifiée avec Artémis, déesse grecque, qui déventa la flotte hellène d'Agamemnon en Aulide. Ainsi Diane est dite 'de la mer … maistresse', v. 42. (cf. *Le Roman de Fortune et de Felicité*, v. 6705–06; *Böece de Confort*, v. 8928).

Dÿogenes, IV, vii, 208; Diogène le Cynique, philosophe grec (413-vers 323 av. J.-C.). Le nom apparaît ici par erreur; il s'agit en fait de Diomède, roi cruel de Thrace. Hercule le fit dévorer par ses propres juments, que le roi nourrissait de chair humaine (cf. *Le Roman de Fortune et de Felicité*, v. 6870; *Böece de Confort*, v. 9096).

Effigene, IV, vii, 44; Iphigénie, fille d'Agamemnon.

Epilion, I, 4, 17; Opilion, frère de Cyprien, informateur contre Boèce.

Epycuriens, I, 3, 7; les Epicuriens, disciples d'Epicure (341-270 av. J.-C.), philosophe grec.

Erudice(s), III, xii, 9, gl. note 9, 14, gl. note 10, 18; Eurydice, épouse d'Orphée.

Espaigne, IV, vii, 392, 401; l'Espagne.

Ethna, II, v, 44; II, 6, 1; Etna, volcan du nord-est de la Sicile.

Euffrates, V, i, rub., 2; l'Euphrate, fleuve qui naît en Arménie turque et se réunit au Tigre.

Euripe, II, i, 7; Euripe, petite passe entre l'île d'Eubée et la Béotie, aux courants violents (cf. *Le Livre de Boece de Consolacion*, p. 122).

Euripides, III, 7, 6; Euripide (485-406 av. J.-C.), auteur grec, surtout de tragédies.

Europpe, III, xii, 57, gl. note 14; l'Europe.

Evandres, IV, vii, 387; Evandre, roi grec mythique, venu d'Arcadie s'établir sur le site futur de Rome. Le monstre Cacus avait ravagé ses terres (voir Virgile, *l'Enéïde*, VIII, 185 et seq.).

Fabrice, II, vii, 19, 36; Gaius Fabricius, consul de Rome en 282 et 278 av. J.-C., célèbre par la simplicité de ses mœurs, la frugalité de sa vie, et sa probité.

Fortune, I, v, 56, 59, 79, 81; I, 5, 10; I, 6, 3, 4, 20; II, 1, 9, 12, 18; II, i, 1, 8; II, 2, 1, 12; II, 3, 1, 9, 13; II, 6, 6, 15, 20 etc.; Fortune, divinité des Romains, personnification du hasard et de l'imprévu.

Frige, IV, vii, 1, 53; Phrygie, ancienne région occidentale de l'Asie mineure.

Gaudaces, I, 4, 17; Gaudentius, informateur contre Boèce.

Gayus Cesar, I, 4, 27; Gaius Julius Caesar Germanicus, empereur romain (37-41 apr. J.-C.), connu sous le sobriquet de Caligula.

Germain, I, 4, 27; Germanicus, père de l'empereur Caligula.

Glacus, IV, vii, 210, 211; Glacus, fils de Sisyphe et père de Bellerophontes. Il fut déchiré par ses propres juments parce qu'il avait méprisé le pouvoir d'Aphrodite. Le nom de Glaucus, fils d'Hippolochus, est aussi lié à celui de Diomède (ici **Dÿogenes**, voir supra); ils s'opposèrent dans la guerre de Troie, mais se rappelant tous les deux l'amitié qui avait associé étroitement leurs deux pères, ils ne firent qu'échanger leurs armes (Homère, *L'Iliade*, XVI).

Grece, II, i, 7; III, xii, 16, 81, gl. note 19; IV, vii, 6, 7, 100; la Grèce.

Helaine, IV, vii, 9, 14, 17; Hélène, très belle femme de Ménélas, enlevée par Pâris, ce qui provoqua l'expédition des Grecs contre les Troyens.

Hercules, II, 6, 10; IV, vii, 95, 104, 118, 145, 166, 169, 178, 181, 189, 206, 207, 219, 229, 239, 244, 251, 255, 260, 265, 267, 283, 292, 302, 309, 311, 342, 345, 355, 363, 371, 391, 405, 415, 427, 436, 443, 469; Hercule, demi-dieu latin identifié par les Romains à l'Héraclès grec; connu par sa taille et ses forces extraordinaires.

Hermus, III, x, 22; Gediz, fleuve en Turquie, source d'alluvions aurifères.

Homerus, V, ii, rub., 1; Homère, poète épique grec du IXe s. av. J.-C.

Indes, IV, iii, 27; les Indes.

Indus, III, x, 25; l'Indus, grand fleuve d'Asie, né au Tibet et qui se jette dans la mer d'Oman en formant un vaste delta.

Junon, III, xii, 81, gl. note 19; Junon, divinité romaine, épouse de Jupiter, protectrice des femmes et aussi des finances de l'état.

Jupiter, II, 2, 13; Jupiter, divinité romaine, père et seigneur des cieux. A l'entrée de son temple à Rome se trouvent deux tonneaux, l'un plein de bien, l'autre de mal. Il faut goûter des deux (Homère, *L'Iliade*, XXIV, 527 et seq.; Platon, *La République*, II, xviii, 379).

Lucan, IV, 6, 33; Lucain (39–65 apr. J.-C.), poète romain.

Lucifer, IV, vi, 30; Lucifer, étoile du matin.

Lydiens, II, 2, 11; Lydiens, habitants du royaume de Lydie, pays situé sur la mer Egée.

Marcus Tulius, V, 4, 1; Cicéron, Marcus Tullius Cicero (104–43 av. J.-C.), homme politique romain, orateur et auteur; voir aussi **Tules**.

Megera, III, xii, 68, gl. note 15; Mégère, une des Erinyes (voir ci-dessus **Aletho**).
Menelaüs, IV, vii, 16, 17; Ménélas, roi achéen, frère d'Agamemnon et époux d'Hélène.
Mercure, IV, iii, 44; Mercure, dieu romain des voyageurs.
Muses, I, 1, 7, 12; les Muses, les neuf déesses de l'Antiquité qui présidaient aux arts libéraux.
Musique, II, 1, 8; Musique, un des arts libéraux.

Nature, II, 2, 4; Nature.
Neron, II, vi rub., 2; Néron, Nero Claudius Caesar Drusus Germanicus, empereur romain (54-68 apr. J.-C.), qui condamna à mort Sénèque.

Orpheus, III, xii, rub., 9, gl. note 9, 14, gl. note 10, 58, 68, gl. note 15, 79, 89, 93, 139, 165; Orphée, prince d'origine thrace, fils de la muse Calliope, poète, musicien et chanteur, époux d'Eurydice.
Ourse, la Grant, IV, vi, 15; la constellation zodiacale de l'Ourse, située près du pôle arctique.

Parche, V, i, 7; pays des Parthes, dans la région nord-est de l'Iran; en fuyant, les chevaliers tirèrent leurs flèches en arrière.
Paris, IV, vii, 29; Pâris, ravisseur troyen d'Hélène, épouse de Ménélas.
Paulin, I, 4, 13; Paulin, consul de Rome que défendit Boèce contre les Goths.
Paulus, II, 2, 12; L. Aemilius Paulus (vers 228-160 av. J.-C.), consul de Rome 182 et 168 av. J.-C.
Permenides, III, 12, 37; Parménide (vers 515-440 av. J.-C.), philosophe grec.
Perse, le roy de, II, 2, 12; Persée, le dernier roi de Macédoine (179-168 av. J.-C.).
Phebus, III, x, 26; Phébus, 'celui qui brille', autre nom d'Apollon, dieu grec de la beauté, de la lumière et du soleil.
Philosophie, Philozophie, I, 1, rub., 1-6 et gl. note 2; I, 3, rub., 5; I, 4, 22; I, 5, rub., 1; I, 6, rub.; Philosophie, interlocutrice de Boèce.

Phineüs, IV, vii, 131; Phineus, devin thrace célèbre, qui révéla un secret des dieux; ils le punirent en lui ôtant la vue et en envoyant les Harpies le tourmenter.

Piricheüs, IV, vii, 182; Pirithoos, roi des Lapithes, qui, s'étant enamouré de Proserpine, descendit en Enfer avec son compagnon Thésée, pour la chercher. Saisis, tous les deux, par Pluton, Thésée fut libéré par Hercule, mais Pirithoos a dû continuer à se faire tourmenter.

Pithagoras, I, 4, 38; Pythagore (vers 580–500 av. J.-C.), philosophe et mathématicien grec.

Platon, I, 3, 6; I, 4, 5; III, 9, 32; III, xi, 33; III, 12, 1, 38; IV, 2, 45; V, 6, 9, 10, 14; Platon (427–347 av. J.-C.), philosophe grec, disciple de Socrate, fondateur de l'Académie d'Athènes.

Poliphemus, IV, vii, 71; Polyphème, un des Cyclopes. Ulysse lui creva l'œil unique.

Pompee, IV, 6, 33; Pompée, Cn. Pompeius Magnus (106–48 av. J.-C.), général et homme d'état romain.

Proserpine, IV, vii, 184; Proserpine, nom romain de Perséphone, fille de Zeus et de Déméter, enlevée par le roi des Enfers, où elle règne sur les Ombres.

Ptolomee, II, 7, 4; Ptolémée (vers 100–170), astronome, géographe et mathématicien grec.

Ravenne, I, 4, 17; Ravenne, ville d'Italie, capitale de Théodoric le Grand, roi des Ostrogoths.

Regulus, II, 6, 11; Marcus Atilius Regulus, consul de Rome en 267 av. J.-C.

Rethorique, II, 1, 8; Rhétorique, un des arts libéraux.

Rommain, I, 4, 26; II, 6, 2; Romain.

Romme, I, 4, 3, 13, 36; I, 5, 5; II, 3, 5, 8; II, 4, 7; II, 6, 2; II, vi, 2, 6; II, 7, 8, 9; III, x, 13; IV, 6, 33; Rome, capitale de l'empire d'Occident jusqu'à 476.

Romulus, III, x, 13; Romulus, fondateur légendaire de Rome (753 av. J.-C.), dont il fut le premier roi.

Roy d'enfer (le), III, xii, 143, 153; Hadès, dieu grec des Enfers, désigné par euphémisme Pluton.

Sapience, I, 1, rub., et gl. note 2; Sapience; désignation de Philosophie.

Seneque, I, 3, 9; Sénèque (vers 2–65 apr. J.-C.), philosophe romain qui, selon les ordres de Néron, se suicida.

Seraines, I, 1, 11; Sirènes, monstres fabuleux, moitié femmes, moitié poissons; terme employé par Philosophie pour s'adresser aux Muses.

Simachus, Symacus, I, 4, 40; II, 4, 5; Symmaque, Quintus Aurelius Memmius Symmachus, d'une famille patricienne chrétienne, consul romain (485), sénateur; beau-père de Boèce; mis à mort sur ordre du roi Théodoric en 525.

Sires, nostre, IV, vii, 370; Dieu, notre Seigneur.

Socrates, I, 3, 6, 9; I, 4, 24; Socrate (470–399 av. J.-C.), philosophe grec.

Sorains, I, 3, 9; Marcus Barea Soranus, consul suffectus en 52 apr. J.-C., condamné à mort en 66, victime de la tyrannie de Néron.

Stoïciens, I, 3, 7; les philosophes stoïciens, disciples de Zénon.

Syrïus, I, v, 47; Sirius, étoile de la constellation du Grand Chien; la plus brillante du ciel au mois d'août, cette étoile se couche avec le soleil.

Syrus, II, 2, 11; Cyrus, roi et empereur de la Perse (559–529 av. J.-C.), qui vainquit le roi Crésus.

Tagus, III, x, 21; le Tage, le plus long fleuve de la péninsule ibérique; source d'alluvions aurifères.

Tantalus, III, xii, 94, gl. note 20, 95, 105, 123; Tantale, roi de Lydie. Zeus le punit en le précipitant dans le Tartare où il est sans cesse en proie à une soif insatiable.

Tesiphone, III, xii, 68, gl. note 15; Tisiphoné, une des Erinyes (voir ci-dessus **Aletho**).

Thiresie, V, 3, 25; Tirésias, devin aveugle de Thèbes.

Thymeon, III, 9, 32; le *Timée*, dialogue de Platon.

Tigris, V, i, rub., 2; le Tigre, fleuve de Turquie et d'Iraq.

Trece, III, xii, 15; la Thrace, région du sud-est de l'Europe, occupant l'extrémité nord-est de la Grèce, la Turquie d'Europe, et le sud de la Bulgarie.

Trigille, I, 4, 10; Triguilla, officier du roi Théodoric.

Troye, IV, iii, 1; IV, vii, 4, 12, 54; Troie, cité antique assiégée par les Achéens pendant dix ans, selon l'*Iliade* d'Homère.

Tucïus, III, xii, 129; Titys, géant condamné aux Enfers.

Tules, II, 7, 8; Cicéron, Marcus Tullius Cicero (106-43 av. J.-C.), homme politique romain, orateur et auteur.
Turcz, II, 7, 8; les Turcs. Il s'agit en fait des Parthes.
Tylle, III, v, 10; l'île de Thulé (peut-être l'Islande ou une île des Shetland), qui représente la limite nord du monde connu des Romains.

Ulixes, IV, iii, 1, 33, 41; IV, vii, 65, 76, 78, 83, 90, 93; Ulysse, roi d'Ithaque, héros grec du siège de Troie.

Venus, IV, vi, 27; Vénus, planète du système solaire, visible tantôt dès le coucher du soleil, tantôt avant son lever.
Venus, IV, vii, 186; Vénus, déesse des jardins, puis de l'amour et de la beauté.
Vesee, I, iv, 9; le Vésuve, volcan actif.
Vulcain, IV, vii, 384, 385, 400; Vulcain, dieu romain du feu et du travail des métaux, identifié au dieu grec Héphaïstos.

Ydra, IV, 6, 3; IV, vii, 293; Hydre, serpent (de Lerne) à sept têtes, auquel il renaissait plusieurs dès qu'on lui en avait coupé une.
Ynde, III, v, 8; l'Inde, l'extrémité est du monde connu par les Romains.
Yxion, III, xii, 81, gl. note 19, 83; Ixion, roi des Lapithes, condamné par Zeus à être torturé aux Enfers.

Zenon, I, 3, 9; Zénon d'Elée (490/485-vers 430 av. J.-C.), philosophe grec; un des trois philosophes dont Diogène Laërce (IIIe s.) raconta l'histoire qu'il arracha sa propre langue en mépris du tyran qui le torturait.
Zephirus, I, v, 41; II, iii, 10; Zéphyr, nom du vent d'ouest dans la mythologie grecque, passé dans la langue pour désigner un vent doux et léger.

GLOSSAIRE

Le glossaire réunit les termes qui peuvent poser un problème d'interprétation. Il n'offre qu'un nombre limité des occurrences nombreuses d'un terme. En général, les verbes sont cités à l'infinitif, les substantifs ont été relevés au cas régime singulier, et les adjectifs au cas régime masculin. Nous avons consulté surtout le *Dictionnaire du Moyen Français 2009* (ATILF / Nancy Université – CNRS, 2009).

Abréviations

adj.	adjectif
adv.	adverbe
c. s.	cas sujet
conj.	conjonction
f.	féminin
gl.	glose
ind.	indicatif
inf.	infinitif
interrog.	interrogatif
loc.	locution
m.	masculin
n.	note
p. p.	participe passé
p. pr.	participe présent
pl.	pluriel
pron.	pronom
rub.	rubrique
s.	substantif
sg.	singulier
tr.	traduit
v. intr.	verbe intransitif
v. pron.	verbe pronominal
v. tr.	verbe transitif
*	voir l'Introduction, Etude linguistique

abilité *s. f. capacité, habileté*: III, viii, 7.
acordance *s. f. harmonie (musicale)*: III, xii, 44.
acroistre *v. tr.* (**alevé et**) **acreu** (**de nos viandes**) (tr. 'nostris educatus alimentis') *nourri, formé*: I, 2, 2.

actrempance *s. f. modération*: IV, 3, 18; *mélange équilibré des éléments ou des humeurs*: IV, vi, 51.
actrempé *adj. tempéré, adouci*: II, 4, 6.
actremper *v. tr. modérer, équilibrer*: IV, 6, 18; IV, vi, 39.
adevancier *v. tr. anticiper, préfigurer*: IV, 2, 25; V, 6, 40.
adherent *adj. attaché*: IV, 6, 9, 16; V, 4, 26.
adicion *s. f. ajout, accroissement*: IV, 2, 34.
adjoindre *v. tr. attacher, réunir*: II, 6, 20.
adjunction *s. f. addition*: IV, 4, 18.
adouchir *v. tr. apaiser*: III, xii, 30, gl. n. 11.
aduner *v. tr. assembler, réunir*: IV, 6, 10.
advenement *s. m. arrivée, occurrence*: I, 4, 43; V, 4, 6, 14, 18, 23; V, 5, 9, 12.
advenir *v. intr. arriver*: V, 4, 6, 10, 11, 20; *inf. employé comme adj.* (= *a venir*): V, 4, 4, 10, 20; V, 6, 40, 41, 42.
advisement, avisement *s. m. conseil*: I, vi, 40; **jour d'avisement** *ajournement, suspension*: I, i, 20.
aelle *s. f. aile*: V, v, 11.
ague *s. f. eau*: V, i, 4.
agueict *s. m. ruse*: III, 8, 4.
aians *p. pr., f. pl., ayant*: IV, 6, 27.
aide *s. m. auxiliaire*: II, 5, 23.
aises *s. f. pl. agréments de la vie, éléments de confort qui procurent le bien-être*: IV, ii, 27.
alever *v. tr. élever*: I, 2, 2.
allegement *s. m. soulagement*: II, 3, 3.
allegier *v. tr. rendre plus leger, soulager*: IV, ii, 12.
amatir (sa chiere) *v. tr. baisser (la tête)*: I, ii, 43.
amendrir *v. tr. diminuer*: IV, 3, 10.
amplier *v. tr. augmenter*: IV, 7, 18.
animer *v. tr. exciter, irriter*: II, 1, 17.
appareillier *v. tr. préparer*: II, vii, 54.
appert *adj. évident, visible*: IV, v, 47.
appetable *adj. désirable*: II, 6, 4, 20; III, 10, 38; III, 11, 5.
appeter *v. tr. désirer*: II, 1, 15; II, ii, 7; III, 10, 37, 41; III, 11, 5, 32, 34.
ardoir *v. intr. brûler*: III, xii, 184.
areine *s. f. sable*: III, x, 23.
arme *s. f. âme*: IV, iii, 56.
arroy, *s. m. arrangement, ordre*: V, i, 34.

asillus *s. m. refuge, lieu inviolable*: III, x, 19. Suivant sans doute le *Böece de Confort*, v. 5895, le traducteur a employé 'asillus' au lieu de *asylum* du texte latin (v. 6). Le latin *asilus* signifie 'taon'.
assazier *v. tr. satisfaire, assouvir*: II, 5, 15.
atouchement *s. m. toucher*: V, 4, 26.
avespree *s. f. crépuscule*: I, v, 20.
aÿmant *s. m. aimant*: IV, vii, 193.

baudeur *s. f. joie*: IV, vii, 87.
beatitude *s. f. béatitude, bonheur parfait dont jouissent les élus*: III, 10, 23, 41.
bemol *s. m. musique d'un caractère doux*: III, xii, 124.
bendel *s. m. bande qui sert à lier un heaume*: IV, vii, 352.
bestourner *v. tr. tourner à l'envers*: II, iii, 20; II, 5, 25.
bove *s. f. caverne, antre, grotte*: IV, vii, 70, 422. Mot régional picard (P. Rézeau, *Dictionnaire des Régionalismes de France* (Paris: Duculot, 2001), p. 154).

cachier *v. tr. chasser*: I, v, 80.
caduque *adj. faible, frêle*: II, 4, 26.
cartee *s. f. charretée*: IV, vii, 316.
cas *adj. abîmé, endommagé*: V, iv, 42.
casuel(l)ement *adv. fortuitement*: IV, 6, 20, 53; V, 1, 8, 13, 14.*
causellement *adv. par les causes*: I, ii, 36.*
cautele *s.f. ruse*: III, viii, 8.
cauteleusement *adv. avec ruse, avec l'intention de tromper*: II, iv, 3.
challemel *s. m. chalumeau, flûte champêtre*: III, xii, 25.
challemeler *v. intr. jouer du chalumeau*: III, xii, 24.
chantepleure *s. f.* **faire la chantepleure** *se lamenter après s'être réjoui*: II, i, 26.
charïot *s. m. chariot, constellation de la petite Ourse*: IV, v, 7.
chartier *s. m. charretier*: V, 4, 15.
charroy *s. m. charrette*: V, 4, 15.
chermes *s. m. pl. charmes magiques*: IV, iii, 10, 48.*
chevance *s. f. biens, richesses*: II, iv, 33.
chierté *s. f. affection*: II, 3, 5.
circuite *s. m. tour, circuit*: II, 7, 3.
clairé *s. m. vin rouge mélangé de miel et d'épices*: II, v, 14.
closture *s. f. barrière*: I, 6, 9.
collacion *s. f. comparaison*: V, iii, 67; V, iv, 49.

collocucion *s. f. conversation, entretien*: V, 3, 34.
complexion *s. f. tempérament*: I, v, 40.
concurrence *s. f. convergence*: V, 1, 19.
concurrent *adj. convergent*: V, 1, 16.
congregacion *s. f. réunion, assemblée*: III, 8, 12.
conjecturer *v. intr. se livrer à des suppositions*: V, 3, 2.
conseillier *s. m. consul, conseiller*: II, 3, 8; II, 4, 7.
conservateur *s. m. conservateur, gardien*: IV, 6, 29.
consule *s. m. consul*: I, 4, 13, 14; II, 6, 2.
contendre *v. intr. tendre à, s'efforcer*: III, 11, 30-31, 39; III, 12, 15.
controuver *v. tr. concevoir, découvrir*: I, 4, 46.
convertir *v. pron.* **se convertir en**: *se transformer en*: IV, v, 56; **se convertir a** *se tourner vers, s'adresser à*: IV, vi, 85.
cordelle *s. f. corde d'un archet*: III, xii, 62.
correlaire *s. m. argument supplémentaire*: III, 10, 22, 26.
corsage *s. m. corps, apparence du corps*: IV, vii, 137.
courouché *adj. courroucé, affligé*: II, iv, 18.
creable *adj. digne d'ête cru*: I, v, 2. Le terme fait l'écho du mot 'Createur' (v. 1).
credence *s. f. croyance, ce que l'on croit*: I, 4, 41; IV, 2, 4.
cure *s. f. souci, charge*: II, 3, 5; III, xii, 14, gl. n. 10 et 57, gl. n. 14.
curer *v. tr. guérir*: II, 3, 4; IV, 4, 38.
curieux *adj. désireux, important*: II, 4, 8.

debiliter *v. tr. affaiblir*: I, iii, 11.
debouter *v. tr. écarter*: I, 4, 45; IV, i, 11.
decis *adj. décidé, résolu*: IV, 6, 3.*
decorre *v. intr. s'écouler*: V, 6, 8.
declarer *v. tr. expliquer*: IV, 6, 5, 32.
deffension *s. .f. défense, protection*: I, 4, 46.
deffier *v. tr. défier, résister*: II, iv, 16.
degecté *p. p. employé comme adj. méprisable*: III, 9, 9.
deïfier *élever au rang des dieux, diviniser*: IV, 3, 16.
delicatif *adj. faible*: II, 4, 16.
demener *v. tr. jouer (d'un instrument musical)*: III, xii, 90.
demeurer *v. intr. continuer d'être dans tel état*; **estre demeuré par** *continuer à souffrir*: III, 8, 5.
demourance *s. f. résidence*: I, 5, 4.
denoter *v. tr. exprimer*: III, xii, 124.
deppartir *v. tr. distribuer, séparer*: III, 9, 16; III, 11, 5, 7, 12.

depulsion *s. f. le fait de chasser, expulsion*: I, 5, 4.*
derrenier *adj. final*: II, 5, 10; III, v, 10.
desatrempance *s. f. intempéries, dérèglement dans les conditions atmosphériques*: III, 11, 22.
descendue *s. f. descente, arrivée*: IV, vii, 427.
descouvert *p. p. de* **descouvrir**, *employé comme adj. visible, évident*: IV, v, 48.
descongnoissance *s. f. manque de connaissance*: III, xii, 14, gl. n. 10.
desjoindre *v. tr. séparer*: III, 12, 5, 6.
desjuner *v. intr. rompre le jeûne*: I, vi, 35.
deslyer *v. tr. dégager, délier*: V, 4, 9, 18; V, 6, 24, 26, 44.
desnouer *v. tr. dénouer, découvrir*: V, iv, 56.
despoincter *v. tr. destituer*: I, 4, 45.
destinee *s. f. destinée*: IV, 6, 4, 8–18, 22, 31.
destour *s. m. moyen de diversion*: IV, vii, 267.
destremper *v. tr. tremper*: IV, v, 43.
desvoyer *v. pron. s'égarer, se détourner*: V, 1, 5.
detraction *s. f. dénigrement*: IV, 3, 17.
devinaille *s. f. divination, prédiction*: V, 3, 25.
devine *s. f. devineresse (c'est-à-dire Circé)*: IV, iii, 46.
dilater *v. pron. et tr. (s')étendre*: II, v, 5; II, 7, 9.
distincteement *adv. clairement*: I, 5, 8.
doulouser *v. pron. se faire de la peine*: IV, iii, 30.
dru *adj. cher, fidèle, ami*: I, i, 21.
duc *s. m. guide*: III, ix, 76.
ducteur *s. m. guide, chef*: I, 3, 12; **ducteure** *s. f.*: I, 3, 13.
duracion *s. f. pérennité, durée*: II, 7, 13, 15, 16; III, 11, 25.
durant *adj. durable, permanent*: II, iv, 2.
duree *s. f. durée de vie, existence, résistance*: III, xii, 72. Il est difficile de préciser dans ce vers le sens de 'durees'. On lit dans le *Böece de Confort* (v. 6526) et le *Roman de Fortune et de Felicité* (v. 5842) la leçon 'denrees', mais 'durees' figure parmi les variantes du *Roman*.

efficace *s. f. efficacité*: V, 3, 33; V, 4, 4; V, 6, 46.
embatre *v. pron. saisir, s'installer*: I, iv, 27.
emmielé *p. p. employé comme adj. d'une douceur trompeuse*: V, ii, 1.
empraindre *v. tr. imprimer*: V, iv, 35, 37.
enbrachemens *s. m. pl. étreintes*: III, xii, 9, gl. n. 9.
encacher *v. tr. cacher*: IV, vii, 418.
engin *s. m. intelligence*: II, 3, 8; II, 4, 7.

engouler *v. tr. avaler, engloutir*: III, xii, 120.
enlacier *v. tr. enlacer, lier*: III, 12, 35; IV, 6, 9; V, 3, 33.
enseigneresse *s. f. instructrice*: IV, 1, 2.
enterin *adj. entier, intègre*: V, iv, 54.
entredeux *adv. entre les deux, de façon intermédiaire*: III, xii, 81, gl. n. 19.
entrelacier *v. tr. entrelacer*: III, 12, 30.
erre *s. m. chemin*: IV, 6, 7.
escheoir *v. intr. arriver*: II, 6, 1.
esclarchir *v. tr. éclairer*: IV, 6, 1.
esclipser *v. tr. éclipser*: IV, v, 21, 25.
escorner *v. tr. enlever une corne*: IV, vii, 284, 285.
escript *s. m. écrit, écriture*: II, 7, 13; II, vii, 39.
escriptel *s. m. inscription*: II, vii, 41.
escripture *s. f. écrit, document*: II, 7, 14.
escripvain *s. m. écrivain*: II, 7, 13.
esnuer *v. pron. se dépouiller*: I, iv, 30.
espartir *v. intr. s'étendre*: III, 11, 21.
esse *interrog. est-ce*: I, 2, 4.
estraindre *v. tr. entraver, opprimer*: II, 6, 18.
estraine *s. f. chance*: IV, vii, 213.
evidanment, evidentement *adv. de manière évidente*: III, 9, 25; IV, 2, 28, 39; V, 1, 7.
experimenter *v. tr. faire l'expérience de q.c., connaître*: II, 4, 15.
expulseur *s. m. celui qui chasse, expulse*: IV, 6, 29.*
exterior *adj. qui vient de dehors*: IV, 6, 8.

façon *s. f. apparence, manière d'être*: II, 7, 13.
facture *s. f. création*: III, 12, 14; *configuration, contours*: IV, iii, 31.
failli *p. p. employé comme adj. terminé, fini*: III, 8, 9.
faindre *v. pron. hésiter*: II, ii, 8.
faisan(t) *s. m. celui qui fait, auteur*: V, 1, 18.*
fallace *s. f. tromperie*: IV, 3, 18.
familier *s. m. ami, intime*: IV, 6, 33.
feable *adj. digne de confiance, fiable*: II, 3, 13.
fermer ung champ de bataille *loc. verbale décider de se combattre*: IV, vii, 248.
fieble *adj. faible*: IV, 2, 3, 15, 24, 45.
figure *s. f. forme*: IV, iii, 32.
finer *v. intr. cesser, se terminer*: II, 4, 28, 29.

flabe *s. f. fable, récit d'événements*: III, 12, 24; III, xii, rub., 9, gl. n. 9, 14, gl. n. 10, 81, gl. n. 19, 172, 173; IV, vii, rub.
flaitri *p. p. employé comme adj. fané*: III, 8, 9.
floibesse *s. f. faiblesse*: IV, 2, 3, 37; IV, 6, 41.*
forbanir *v. tr. interdire, bannir*: IV, i, 11.
forlingner *v. intr. dégénérer, s'écarter des principes*: III, 6, 9; III, vi, 26.
fortiffier *v. tr. renforcer*: IV, 7, 4.
fortunel *adj. de fortune, soumis au hasard, fortuit*: II, 4, 4, 24; IV, 5, 5; V, i, 20.
forvoyer *v. tr. écarter, égarer*: III, 8, 1.
fouller *v. tr. maltraiter*: IV, 1, 4.
fraelle *adj. fragile*: III, 10, 6.

gaignier *v. tr. mériter*: III, xii, 156.
geometrien *s. m. géomètre, mathématicien*: III, 10, 22.
greffe *s. m. poinçon, stylet dont on se servait pour écrire*: V, iv, 32.
grevable *adj. douloureux, pénible*: IV, 4, 42.

hault *s. m. hauteur*: V, 6, 17.
horaire *adj. d'une heure*: III, xii, 181.*
hurter *v. tr. heurter*: III, 12, 25.
hystore *s. f. histoire, récit d'événements*: IV, vii, rub.

immuablement *adv. d'une manière immuable*: V, 3, 33.*
imposer *v. tr. accuser, imputer*: I, 4, 20.
impourveu *p. p. employé comme adj. imprévu*: V, 1, 14, 18.
impugnicion *s. f. absence de punition*: IV, 4, 18.
inaccessible *adj. inaccessible, qui n'est pas de la portée de l'homme*: I, 3, 14; V, 3, 34.
incomparablement *adv. d'une manière incomparable*: V, 5, 12.
incompatible *adj. incompatible*: V, 1, 8.
incredible *adj. impossible à croire, incroyable*: IV, 4, 3.
inestable *adj. inconstant*: III, xii, 30, gl. n. 11.*
inestimable *adj. inestimable, qui est au-dessus de toute estimation*: V, 3, 34.
inevitable *adj. qui ne peut être évité, qui s'impose forcément*: V, 1, 19.
inevitablement *adv. inévitablement*: V, 3, 23.*
inexpuisible, inexpuysible *adj. qu'on ne peut épuiser*: I, 1, 1; II, 7, 18.*
infalliblement *adv. infailliblement*: V, 3, 4, 17.*

infamer *v. tr. déshonorer*: IV, 5, 2.*
inferer *v. tr. déduire, tirer (une conséquence)*: III, 10, 17.
inflexible *adj. inflexible, qui ne cède pas*: V, 3, 33.
innumerable *adj. sans nombre*: IV, 6, 3.
inopinable *adj. incroyable, imprévu*: IV, 7, 5, 14.
inprenable *adj. qui ne peut être pris militairement*: I, 3, 14.
inraisonnable, irraisonnable *adj. privé de raison*: II, 5, 26; *contraire à la raison* III, xii, 81, gl. n. 19.
insaciable *adj. insatiable, qui ne peut être rassasié*: II, 2, 8; II, ii, rub.; II, 6, 18.
inseparable (de) *adj. inséparable (de), convenable (à)*: IV, 3, 11.*
integrité *s. f. intégrité, état de ce qui est entier*: V, 4, 23.
intellectif *adj. qui concerne l'intellect*: V, iv, 29, 86.
intemperance *s. f. manque de modération*: IV, 2, 31.
inthroniser *v. tr. introniser, établir la souveraineté*: Epilogue, v. 17.
item *adv. semblablement, aussi*: II, 6, 9, 13; III, 10, 15–16; IV, 2, 36.

ja soit ce que *conj. bien que*: I, 1, 1.
joincture *s. f. assemblage, union*: II, 5, 9.
jugeur *s. m. celui qui juge*: V, 4, 39.

lamentable *adj. qui exprime le chagrin*: I, 1, 1.
lierres *s. m., c. s. voleur*: IV, vii, 379.
lins *s. m. lynx*: III, 8, 10.
lippe *s. f.* **faire la l.** *loc. verbale bouder*: II, i, 8.
loable *adj. louable*: III, 6, 4.
locucion *s. f. manière de s'exprimer, parole*: I, 4, 41.
loquence *s.f. éloquence*: II, 3, 8.

maleurté *s. f. malheur*: IV, 4, 16, 17.
marese *s. f. marais*: III, 11, 19.*
mast *adj. abattu, vaincu*: I, iv, 31.
mecte *s. f. limite, borne*: III, 12, 37.*
mercennaire *s. m. auxiliaire payé*: II, 5, 23.
merveillable *adj. merveilleux, étonnant*: IV, 6, 31.
mesfaire *v. intr. endommager, faire du mal à*: I, vi, 26.
meurer *v. tr. mûrir*: IV, vi, 48.
miresse *s. f. femme médecin*: I, 3, 1.
moleste *s. f. tourment, douleur*: IV, vii, 272; **faire (grant) m.** *créer des ennuis, causer du dommage*: III, xii, 98; IV, vii, 192, 204.

mon *adv. assurément*: III, 10, 2.
mordre *v. tr. mordre, aux sens propre et figuré*: III, vii, 14; III, 9, 20; III, xii, 9, gl. n. 9.
moriginé *p. passé employé comme adj. élevé, instruit aux bonnes meurs*: V, iv, 8.
mortir *v. tr. faire mourir*: I, 1, 9; V, 3, 36; *v. intr. s'anéantir, mourir*: III, xii, 14, gl. n. 10.
moullier *v. tr. absorber*: IV, vi, 22.
mu *adj. muet*: III, 7, 4; IV, iii, 58.
muable *adj. variable*: I, 6, 4; II, 4, 26.
muance *s. f. variation*: III, xii, 43; IV, iii, 63.
mucher *v. tr. cacher*: II, 7, 1.
mucheur *s. m. celui qui cache q. c.*: V, 1, 15.*
müement *s. m. changement*: IV, iii, 65.
müer *v. tr. changer, transformer*: II, 1, 2; V, 6, 37, 38.
mutabilité *s. f. caractère de ce qui est sujet au changement*: II, 1, 10, 15.
mutacion *s. f. changement, transformation*: II, 1, 6.

navee *s. f. cargaison d'un bateau*: V, i, 24.
naÿf *adj. naturel*: II, 6, 20.
neu *s. m. nœud*: V, 3, 7, 9.
neys *adv. même, aussi*: I, v, 75.
nigromance *s. f. nécromancie, magie*: IV, vii, 232.

öant *p. pr. oÿr, entendre*: II, 3, 2.
obfusquer, offusquer *v. tr. obscurcir*: III, 12, 1; V, iii, 24; V, 5, 1.
obtemperer *v. intr. obéir, se conformer*: I, 5, 4; II, 6, 18.
office *s. m. ou s. f. fonction, charge*: IV, 2, 17, 20, 21, 22, 23.
orbe *adj. sombre, obscur*: I, iv, 11; IV, v, 55; V, ii, 16; V, v, 23.
ordoyer *v. tr. salir, déshonorer*: IV, vii, 142.
oultre *adv. de plus, en outre*: I, 4, 40.
ouvrer *v. intr. travailler*: V, iv, 34.
ouvertement *adv. clairement*: III, 9, 3.

pacïent *adj. passif*: V, iv, 44.
paelle *s. f. poêle*: IV, v, 30.
pardurable *adj. perpétuel*: IV, 4, 9.
pardurableté *s. f. perpétuité*: II, 7, 14.
parent *adj. apparent, visible*: IV, ii, 11.

parfaire *v. tr. accomplir*: V, v, 14.
parfonder *v. tr. creuser profondément*: II, iv, 10.
parmanence *s. f. durée, constance*: V, 6, 13.
parmanent, permanent *adj. éternel, perpétuel, inaltérable*: III, 12, 7; V, 6, 12.
participacion *s. f. action de participer*: III, 11, 7, 8.
penalité *s. f. peine, souffrance*: IV, 4, 23.
percher *v. tr. percer, trouer*: V, ii, 18.
perdable *adj. qui peut être perdu*: II, 4, 26.
perecheux *adj. paresseux*: IV, 3, 19.
perpetuel *adj. perpétuel, sans limitation de durée*: V, 6, 13, 14.
perpetuelement *adv. indéfiniment, sans limitation de durée*: II, 4, 12.
perseveracion *s. f. persistance*: IV, 4, 8.
pervertir *v. tr. détourner*: III, 9, 4.
piteux *adj. qui éprouve de la pitié*: IV, vii, 330.
plinger *v. pron. s'enfoncer*: III, xii, 108; IV, 3, 20; IV, vii, 289. Monsieur Gilles Roques connaît la forme comme un normandisme de *plongier*.
poindre *v. tr. piquer, faire souffrir*: II, vi, 33; III, vii, 8, 14.
poingnant *p. pr. comme adj. piquant*: III, vii, 2.
pointure *s. f. piqûre*: III, vii, rub.; *douleur aiguë*: III, xii, 57, gl. n. 14.
pole *s. m. pôle*: IV, v, 4.
posé que *conj. de concession suivie du subj. à supposer que*: IV, 6, 26.
pou *adv. peu*: I, i, 15; II, 1, 6; II, i, 10, 25.
pouair *v. tr. pouvoir*: I, 1, 5; *s. m. pouvoir*: III, 11, 9.*
pourcacher, pourchacer *v. tr. poursuivre, chercher à obtenir*: I, 4, 28; IV, vii, 413.*
pourveance *s. f. providence*: IV, 6, 8–14, 17, 22, 52.
poy *adv. peu*: II, 2, 11; IV, 4, 26.
precelent *adj. qui excelle*: II, 4, 6.
precongnoissance *s. f. connaissance des choses à venir*: V, iii, 7.*
predecesseur *s. m. ancêtre, aïeul*: III, vi, 20.
preferer *v. tr. dépasser, être supérieur à*: II, 4, 25; III, 8, 7; V, 5, 4.
prefix *adj. arrêté, déterminé d'avance*: I, 4, 17.
premettre *v. tr. mettre en avant, exposer ci-dessus*: IV, 4, 11.
prescavoir *v. tr. savoir d'avance*: V, 3, 5, 9; V, 4, 5, 14, 23.*
prescience *s. f. connaissance particulière qu'a Dieu des choses futures*: V, 3, rub.; V, 3, 6, 9; V, 4, 2, 4, 6; V, 5, 10, 12; V, 6, 16, 42.*
presentement *adv. à présent*: V, 6, 15, 19.

presumption *s. f. présomption, jugement fondé sur des indices*: I, 4, 41; II, 1, 14.*
prevenir *v. tr. prévoir*: IV, 2, 25.
previdence *s. f. prévision*: V, 6, 17.*
prison *s. m. prisonnier, captif*: IV, vii, 63.
privé *adj. proche, familier*: I, i, 13; *particulier, individuel*: I, 4, 11, 37; II, 3, 9.
probacion *s. f. preuve*: III, 12, 35, 37; V, 4, 13.
procedement *s. m. manière de procéder*: IV, 6, 7.*
prompt *adj. évident, manifeste*: III, 9, 4.
propinquité *s. f. proximité dans le domaine de la parenté*: II, 3, 5.
prouchain *adj. adjoint, qui se rapporte (à q. c.)*: IV, 6, rub.; V, 4, rub. Voir le cas spécial: V, i, 9 et n. 3.
prouuesse *s. f. prouesse, courage*: IV, vii, 222, 345.
providence *s. f. providence*: IV, 6, 4, 30, 32, 37, 56; V, 6, 17, 37, 38, 43, 44.
purgatore *adj. de purgatoire, qui purge*: IV, 4, 23.

quer(r)e *v. tr. chercher, désirer*: I, 4, 41; II, 7, 21.
querrelle *s. f. cause*: II, 3, 1.
quesne *s. m. chêne*: III, xii, 26. Graphie normanno-picarde, cf. *FEW* 2, 459a.

rade *adj. rapide*: V, iv, 32.
ramage *adj. sauvage, qui vit dans la forêt*: IV, iii, 16.
ravir *v. tr. enlever de force*: I, 3, 13.
rebouter *v. tr, repousser, écarter*: III, xii, 14, gl. n. 10; voir l'Annexe 4.
recteur *s. m. directeur*: III, 11, 39; IV, 6, 29.
redarguer *v. tr. réfuter*: V, iv, 55.
redonder *v. intr. être en abondance, affluer*: IV, 5, 3; IV, 6, 56.
refection *s. f. le fait d'être rétabli, renouveau*: IV, 6, 57.
ref(f)uir *v. tr. éviter, refuser*: II, 7, 22; III, 11, 14, 29, 32.
rempler (remplir) *v. tr. remplir*: I, vii, 30.
renge *s. f. ceinturon* ou *anneau dans lequel passe le fourneau de l'épée*: IV, vii, 352.
reprobacion *s. f. réprobation, désapprobation vive*: IV, 6, 4.
repugnance *s. f. opposition, contradiction*: V, 3, 3; V, iii, rub., 8.
repugner *v. intr. être contraire à, résister*: IV, 6, 49; V, 4, 22.
resconser *v. intr. se coucher (en parlant d'un astre)*: IV, v, 10.
reservé que *loc. conj. sauf que*: I, v, 53.

resister *v. intr. nier, contredire*: III, 10, 17; *résister*: III, 12, 19, 20-21; III, xii, 14, gl. n. 10.
resplendisseur *s. f. éclat, splendeur*: IV, 4, 29.
resveillant *adj. stimulant, excitant*: V, iv, 64.
resveiller *v. intr. voir la lumière*: IV, v, 58.
rethoricien *s. m. rhétoricien*: II, 6, 16-17.
reverend *adj. digne d'être révéré ou respecté*: I, 1, 1.*

sacïeté *s. f. satiété*: II, ii, 10.
sainement *adv. raisonnablement, clairement*: III, 10, 11.
saisir *v. tr. mettre en possession*: II, ii, 14.
saveur *s. f. plaisir*: II, vii, 26.
science *s. f. connaissance, science*: I, 4, 42; V, 4, 22, 23; V, 5, 12; V, 6, 15, 16, 20, 21, 31.
secher *v. intr. sécher, s'épuiser*: V, 3, 36.
sengler *s.m. sanglier*: IV, vii, 433, 445, 452.
sengler *v. tr. ceindre (l'épée)*: IV, vii, 434.
sensitif *adj. qui concerne les sens*: V, iv, 30, 85.
sequestrer *v. tr. séparer*: II, 5, 20.
serpillere *s. f. grosse toile d'emballage, serpillière, ballot*: I, 3, 13.
significacion *s. f. sens, signification*: II, 6, 19.
sillogiser *v. intr. raisonner par déduction, par syllogismes*: III, 9, 21.
sillogisme *s. m. argument, syllogisme*: III, 12, 30.
sonnement *s. m. le fait de sonner*: IV, v, 33.
souffre *s. m. soufre, feu de l'enfer*: III, xii, 184.
souffrete *s. f. manque, pénurie, privation*: III, 9, 4; III, xii, 94, gl. n. 20; IV, 6, 45.
souffrir *v. tr. permettre, tolérer*: II, 4, 9, 11, 26.
soupprendre *v. tr. prendre, saisir, s'emparer de*: IV, 3, 13.
sourdre *v. intr. surgir, arriver*: III, 10, 4; IV, 4, 37; IV, 6, 3; V, 3, 36.
sourplus *s. m. le complément*: III, 10, 35; IV, 6, 57.
sourse *s. f. source, origine*: III, 10, 4; IV, 6, 22.
souvenance *s. f. souvenir*: II, 4, 2.
spacieux *adj. vaste*: III, 8, 8.
subdict *p. p. employé comme adj. soumis, subjugué*: V, iv, 44.
subversion *s. f. anéantissement*: II, 2, 12.
supposé que *loc. conj. suivie du subj. supposons que*: V, 6, 6.
surté *s. f. sécurité*: I, 4, 46.
suspiction *s. f. fait de tenir pour suspect*: I, 4, 40.

tencher *v. intr. disputer, se quereller*: IV, 3, 17.
tendrement *adv. d'une façon incertaine, vaguement* (tr. 'tenui ... ueluti rimula'): III, 9, 3.
tire *s. f. affaire* **estre une trop longue tire** *être trop long*: IV, vii, 298.
torchier *v. tr. essuyer*: I, 2, 6.
tournÿemen(t) *s. m. action de tourner sur soi-même*: V, i, 26.
transmuer *v. tr. transformer, déplacer*: IV, 5, 4.
traveillé *p. p. employé comme adj. inquiet, soucieux*: III, x, 7.
tresperchant *p. pr. employé comme adj. qui transperce, pénètre*: V, ii, 23.
trespercher, trespercier *v. tr. pénétrer, transpercer*: II, 3, 4; III, 8, 10; V, ii, 13.
tres plus *adv. intensifiant un adj. pour en créer un superlatif*: II, 4, 2; voir T.-L. 10, 598.

uler *v. intr. hurler*: IV, iii, 24.
umbrage *adj. sombre*: III, xii, 52.
université *s. f. totalité, universalité*: III, 12, 34; V, 4, 33.

vain *adj. inutile, vide*: V, i, 4.
veille *s. f. veille, veillée*: II, i, 24.
vent mol *s. m. et adj. vent léger* (tr. Corus, 'vent du nord ouest'): I, iii, 3 et gl. n. 7.
vilipender *v. tr. mépriser*: I, 4, 42.
virer *v. tr. tourner*: II, iii, 20.
vireton *s. m. flèche rotative d'une arbalète*: V, i, 12.
vitaille *s. f. provisions*: III, xii, 99, 122.
vituperable *adj. honteux, ignominieux*: III, 6, 4.
vol(l)age *adj. volage, léger*: IV, 2, 28; IV, 3, 20; IV, v, 38.
voyde *adj. dépourvu (de)*: II, 7, 3.

ymaginable *adj. que l'on peut concevoir*: V, 4, 34; V, 5, 6, 7.
ymaginatif *adj. capable d'imaginer*: V, 4, 37.
ynel *adj. rapide*: V, v, 12.
ynellement *adv. rapidement*: I, v, 5.

BIBLIOGRAPHIE

TEXTE LATIN: **A.** *Editions, Traductions, Commentaire*

Bieler, L., éd., *Anicii Manlii Severini Boethii Philosophiae Consolatio*, Corpus Christianorum, Series Latina, 94 (Turnholt: Brepols, 1957).

Moreschini, Claudio, éd., et Eric Vanpeteghem, tr., *Boèce: La Consolation de Philosophie* (Paris: Livre de Poche, 2008).

Nauta, Lodi, éd., *Guillelmi de Conchis. Glosae super Boetium*, Corpus Christianorum, Continuatio Mediaeualis, 158 (Turnhout: Brepols, 1999).

Stewart, H. F., E. K. Rand et S. J. Tester, éd. et tr., *Boethius: The Theological Tractates; The Consolation of Philosophy*, Loeb Classical Library (Cambridge, MA-London: Harvard U. P., 1973).

Watts, V. E., tr., *Boethius: The Consolation of Philosophy* (Harmondsworth: Penguin, 1978).

B. *Etudes*

Chadwick, Henry, *Boethius: the Consolations of Music, Logic, Theology and Philosophy* (Oxford: Clarendon, 1981).

Courcelle, Pierre, *La Consolation de Philosophie dans la tradition littéraire. Antécédents et postérité de Boèce* (Paris: Etudes augustiniennes, 1967).

Marenbon, John, *Boethius* (Oxford: Oxford University Press, 2003).

O'Daly, Gerard, *The Poetry of Boethius* (Chapel Hill-London: University of Northern Carolina Press, 1991).

TRADUCTIONS FRANÇAISES MEDIEVALES: **A.** *Editions de textes*

Atherton, Béatrice, 'Edition critique de la version longue du *Roman de Fortune et de Felicité* de Renaut de Louhans, traduction en vers de la *Consolatio Philosophiae* de Boèce' (thèse de Ph.D., University of Queensland, 1994).

Atkinson, J. Keith, éd., *Boeces: De Consolacion. Edition critique d'après le manuscrit Paris, Bibl. nationale, fr. 1096, avec Introduction, Variantes, Notes et Glossaires*, Beihefte zur Zeitschrift für romanische Philologie, 277 (Tübingen: Niemeyer, 1996).

Atkinson, J. Keith et Anna Maria Babbi, éd., *L' "Orphée" de Boèce au Moyen Age. Traductions françaises et commentaires latins (XIIe-XVe siècles)*, Medioevi, Testi 2 (Verona: Edizioni Fiorini, 2000).

Babbi, Anna Maria, éd., *Rinascite di Ercole. Convegno internazionale Verona, 29 maggio-1 giugno 2002. Atti*, Medioevi, Studi 5 (Verona: Edizioni Fiorini, 2002). (Appendice, traductions françaises du livre IV, mètre vii, pp. 379–493).

Bolton-Hall, Margaret, éd., '*Del Confortement de Philosofie*. A Critical Edition of the Medieval French Prose Translation and Commentary of *De Consolatione Philosophiae* of Boethius in MS 2642 of the National Library of Austria, Vienna', *Carmina Philosophiae: Journal of the International Boethius Society*, 5–6 (1996–97), v-xiii, 1–228.

Cropp, Glynnis M., éd., *Le Livre de Boece de Consolacion. Edition critique*, Textes littéraires français, 580 (Genève: Droz, 2006).

Dedeck-Héry, V. L., éd., 'Boethius' *De Consolatione* by Jean de Meun', *Mediaeval Studies*, 14 (1952), 165–275.

Noest, Marcel, éd., 'A Critical Edition of a Late Fourteenth Century French Verse Translation of Boethius' *De Consolatione Philosophiae*: the *Böece de Confort*', *Carmina Philosophiae: Journal of the International Boethius Society*, 8–9 (1999–2000), v-xviii, 1–331; 11 (2002), 9–15 (notes de l'Introduction).

B. *Etudes*

Atkinson, J. Keith et Glynnis M. Cropp, 'Trois Traductions de la *Consolatio Philosophiae* de Boèce', *Romania*, 106 (1985), 198–232.

Cropp, Glynnis M., 'The Medieval French Translation of the *Consolatio Philosophiae* in National Library of Wales Manuscript 5038D. Prose Style and Translation of Boethian Concepts', in *Medieval Codicology, Iconography, Literature and Translation. Studies for Keith Val Sinclair*, éd. Peter Rolfe Monks et D. D. R. Owen (Leiden: Brill, 1994), pp. 333–342.

— —, 'The Medieval French Tradition', in *Boethius in the Middle Ages. Latin and Vernacular Traditions of the "Consolatio Philosophiae"*, éd. Maarten J. F. M. Hoenen et Lodi Nauta (Leiden: Brill, 1997), pp. 243–265.

— —, 'Boethius in Translation in Medieval Europe', in *Ein internationales Handbuch zur Übersetzungsforschung*, 2, éd. Harald Kittel et al. (Berlin: Walter de Gruyter, 2007), art. 141, pp. 1329–1338.

— —, 'Boethius in Medieval France: Translations of the *Consolatio Philosophiae* and Literary Influence', in *A Companion to Boethius in the Middle Ages*, éd. N. Harold Kaylor et Philip E. Phillips (Leiden: Brill, à paraître).

Dwyer, Richard A., 'Another Boèce', *Romance Philology*, 19 (1965), 268-270.

— —, *Boethian Fictions. Narratives in the Medieval French Versions of the Consolatio Philosophiae* (Cambridge, MA: Mediaeval Academy of America, 1976).

Evdokimova, Ludmilla, 'La Traduction en vers et la traduction en prose à la fin du XIIIe et au début du XIVe siècles: quelques lectures de la *Consolation* de Boèce', *Le Moyen Age*, 109.2 (2003), 237-260.

MANUSCRITS

Briquet, Charles-Moïse, *Les Filigranes, dictionnaire historique des marques de papier dès leur apparition vers 1282 jusqu'en 1600*, 4 vols (Paris: A. Picard, Genève: A. Julien, 1907).

Munby, Alan N. L., *Catalogues of Manuscripts and Printed Books of Sir Thomas Phillipps: their composition and distribution*, Phillipps Studies, 1 (Cambridge University Press, 1951).

— —, *The Formation of the Phillipps Library up to the year 1840*, Phillipps Studies, 3 (Cambridge University Press, 1954).

— —, *The Formation of the Phillipps Library from 1841 to 1872, with an account of the Phillipps Art Collections by A. E. Popham*, Phillipps Studies, 4 (Cambridge University Press, 1956).

— —, *Dispersal of the Phillipps Library*, Phillipps Studies, 5 (Cambridge University Press, 1960).

EDITION DES TEXTES

Bourgain, Pascale et F. Vielliard, *Conseils pour l'Edition des textes médiévaux, Fascicule III, Textes littéraires*, Ecole nationale des Chartes (Paris: Ed. du CTHS, Ecole des Chartes, 2002).

Foulet, André et M. Blakely Speer, *On Editing Old French Texts* (Lawrence: Regents Press of Kansas, 1979).

Roques, Mario, 'Etablissement de règles pratiques pour l'édition des anciens textes français et provençaux. Société des anciens textes français, Compte rendu de la séance tenue à Paris les 18 et 19 octobre 1925', *Romania*, 52 (1926), 242-256.

DICTIONNAIRES

Dictionnaire du Moyen Français (1330-1500). (*DMF2009*) (ATILF / Nancy Université – CNRS, 2009). Site internet: <http://www.atilf.fr/dmf2009> [*DMF*]

Di Stefano, Giuseppe, *Dictionnaire des locutions en moyen français* (Montréal: CERES, 1991).

Du Cange, Charles, *Glossarium Mediae et infimae latinitatis*, 10 vols (Paris: F. Didot, 1883–87).

Glare, P. G. W., *Oxford Latin Dictionary*, 2 vols (Oxford: Clarendon, 1968–76).

Godefroy, Frédéric E., *Dictionnaire de l'ancienne langue française du IXe au XVe siècles*, 10 vols (Paris: F. Vieweg, 1881–1902; repr. New York: Kraus, 1961). [*Gdf*]

Imbs, Paul et Bernard Quémada, *Trésor de la langue française*, 16 vols (Paris: Editions du CNRS, Gallimard, 1971–1994). [*TLF*]

Rey, Alain et al., *Dictionnaire historique de la langue française*, 2 vols (Paris: Dictionnaires Le Robert, 1992). [*RDH*]

Tobler, Adolf et Erhard Lommatzsch, *Altfranzösisches Wörterbuch*, 11 vols (Tübingen et Wiesbaden: F. Steiner; Stuttgart: GMBH, 1925–2002). [*T.-L.*]

Wartburg, Walther von, *Französisches Etymologisches Wörterbuch*, 25 vols (Tübingen: Mohr; Basel: Zbinden, 1928–). [*FEW*]

LANGUE

Billotte, Denis, *Le Vocabulaire de la traduction par Jean de Meun de la "Consolatio Philosophiae" de Boèce*, 2 vols (Paris: Honoré Champion, 2000).

Gossen, Charles Théodore, *Grammaire de l'ancien picard* (Paris: Klincksieck, réimpr. 1976).

Jodogne, Omer, '*povoir* ou *pouoir*? Le cas phonétique de l'ancien verbe *pouoir*', *Travaux de linguistique et de littérature*, 4.1, *Mélanges de linguistique et de philologie romanes offerts à Monseigneur Pierre Gardette* (Strasbourg: Klincksieck, 1966), 257–266.

Marchello-Nizia, Christiane, *La Langue française aux XIVe et XVe siècles* (Paris: Nathan, 1997).

Martin, Robert et Marc Wilmet, *Manuel du français du moyen âge 2. Syntaxe du moyen français* (Bordeaux: SOBODI, 1980).

NOTE

En ce qui concerne l'Etude linguistique de l'Introduction, les détails bibliographiques des références secondaires figurent dans les notes en bas de la page.

TABLE DES MATIERES

Avant-propos	5
Introduction	7
L'Identité et la Genèse de la Traduction	7
Description du Manuscrit	8
L'Auteur	10
L'Etablissement du Texte	11
Les Rubriques et les Gloses	12
La Versification	13
Etude linguistique	14
Les Proses	23
Le Remaniement des Mètres	26
Böece de Confort remanié	31
Livre I	31
Livre II	51
Livre III	75
Livre IV	105
Livre V	148
Annexes (1–5)	174
Table des Noms Propres	186
Glossaire	195
Bibliographie	208
Table des Matières	213

MHRA European Translations

guiding principle of this series is to make available translations that had a ıficant impact on the receiving culture at the time of their publication, but that now either completely or relatively inaccessible. Aimed at an academic market, es in this series will also reflect current areas of scholarly debate and/or topics ıdied on undergraduate and postgraduate courses.

ach volume will include a substantial introduction, and textual and explanatory otes. The introduction will describe the ways in which this particular translation or these translations) shaped literary and/or intellectual currents in the receiving culture, and will provide a coherently argued account of the omissions and distortions of the translation/s.

Titles will be selected by members of the Editorial Board and edited by leading academics.

Alison Finch
General Editor

Editorial Board

Professor Malcolm Cook (French)
Professor Alison Finch (French)
Professor Ritchie Robertson (Germanic)
Dr Mark Davie (Italian)
Dr Stephen Parkinson (Portuguese)
Professor David Gillespie (Slavonic)
Professor Derek Flitter (Spanish)
Dr Jonathan Thacker (Spanish)

Published titles

1. *Böece de Confort remanié. Edition critique.*
   (Glynnis M. Cropp, 2011)

For details of how to order please visit our website at:
www.translations.mhra.org.uk

www.ingramcontent.com/pod-product-compliance
Lightning Source LLC
Chambersburg PA
CBHW050558170426
43201CB00011B/1737